古典文獻研究輯刊

二八編

潘美月・杜潔祥 主編

第 5 冊

21世紀西夏學論著目錄（2001～2015 年）

周 峰 著

國家圖書館出版品預行編目資料

21 世紀西夏學論著目錄（2001～2015 年）／周峰 著 — 初版
— 新北市：花木蘭文化事業有限公司，2019〔民 108〕
目 4+258 面；19×26 公分
（古典文獻研究輯刊 二八編；第 5 冊）
ISBN 978-986-485-682-4（精裝）
1. 西夏史 2. 主題目錄
011.08   108001130

ISBN-978-986-485-682-4

9 789864 856824

古典文獻研究輯刊
二八編 第五冊   ISBN：978-986-485-682-4

21世紀西夏學論著目錄（2001～2015 年）

作　　者　周峰
主　　編　潘美月　杜潔祥
總 編 輯　杜潔祥
副總編輯　楊嘉樂
編　　輯　許郁翎、王筑　美術編輯　陳逸婷
出　　版　花木蘭文化事業有限公司
發 行 人　高小娟
聯絡地址　235 新北市中和區中安街七二號十三樓
　　　　　電話：02-2923-1455／傳眞：02-2923-1452
網　　址　http://www.huamulan.tw 信箱 hml810518@gmail.com
印　　刷　普羅文化出版廣告事業
初　　版　2019 年 3 月
全書字數　191067 字
定　　價　二八編 12 冊（精裝）新台幣 30,000 元

版權所有・請勿翻印

21世紀西夏學論著目錄（2001～2015 年）

周峰 著

作者簡介

周峰，男，漢族，1972 年生，河北省安新縣人。中國社會科學院民族學與人類學研究所研究員，歷史學博士，碩士生導師。主要從事遼金史、西夏學的研究。出版《完顏亮評傳》《21 世紀遼金史論著目錄（2001 ～ 2010 年）》《西夏文〈亥年新法・第三〉譯釋與研究》《奚族史略》《遼金史論稿》等著作 10 部（含合著），發表論文 80 餘篇。

提　　要

　　本目錄共收錄 2001 ～ 2015 年出版、發表的中文、日文、英文、俄文、法文西夏學論著 4090 條，將全部目錄分爲專著、總論、文獻及文獻考釋、黑水城元代與其他朝代文獻及黑水城地區研究、政治、法律、經濟、民族、人物、社會、文化、語言文字、宗教、科學技術、歷史地理、考古、文物等共 16 大類，每類下再分細目，如文獻及文獻考釋下再分文獻介紹與綜述、漢文世俗文獻、漢文宗教文獻、西夏文世俗文獻、西夏文宗教文獻等細目。每條目錄按照序號、篇名、作者、文獻來源的順序編排。

目

次

前　言

　　西夏學（Tangutology）是一門以研究西夏（党項族所建立的中國古代王朝）爲主體的綜合性學科，其研究對象，包括西夏的歷史、文獻、語言文字、政治、經濟、地理、文化、宗教、科學技術、文物考古等方方面面。由於黑水城文獻是研究西夏學的最重要的資料，而其中不僅包括西夏文獻，還包含其他朝代如遼、宋、金、元的文獻，對這些文獻的研究及黑水城地區的研究，也是西夏學的一項重要研究內容。

　　自 1920 年日本學者石濱純太郎在《西夏學小記》中提出西夏學以來，近 100 年來，伴隨著各國所藏黑水城文獻以及中國各地西夏文獻與文物考古資料的大量刊布，西夏學得到了長足的進展，已經從一門絕學發展爲研究人員眾多的顯學。楊志高先生《二十世紀西夏學論著資料索引》〔註 1〕收錄了 1900 年至 2003 年出版、發表的西夏學論著目錄共 2820 多條。進入 21 世紀以來，研究成果更爲大量湧現，筆者統計，從 2001 年至 2015 年，刊布的成果目錄已達近 4100 條。對這些論著目錄進行系統地搜集整理，無疑爲學科發展之所必須。

　　本目錄共收錄中文、日文、英文、俄文、法文西夏學論著 4090 條，將全部目錄分爲專著、總論、文獻及文獻考釋、黑水城元代與其他朝代文獻及黑水城地區研究、政治、法律、經濟、民族、人物、社會、文化、語言文字、宗教、科學技術、歷史地理、考古、文物等共 16 大類，每類下再分細目，如文獻及文獻考釋下再分文獻介紹與綜述、漢文世俗文獻、漢文宗教文獻、西

〔註 1〕　楊志高：《二十世紀西夏學論著資料索引》，載杜建錄主編：《二十世紀西夏學》，寧夏人民出版社，2004 年，第 281～478 頁。

夏文世俗文獻、西夏文宗教文獻等細目。每條目錄按照序號、篇名、作者、文獻來源的順序編排。

　　由於個人的水平與見識畢竟有限，本目錄的搜集整理，不可能做到無所遺漏，目錄的編排，也不可能做到十全十美。讀者諸君如有意見建議與拾遺補缺，可發至我的郵箱：zhoufeng@cass.org.cn，謝謝！

一、專著

（一）文獻

1. 俄藏黑水城文獻（12），史金波、魏同賢、Е.И.克恰諾夫主編，上海古籍出版社，2006 年。
2. 俄藏黑水城文獻（13），史金波、魏同賢、Е.И.克恰諾夫主編，上海古籍出版社，2007 年。
3. 俄藏黑水城文獻（14），史金波、魏同賢、Е.И.克恰諾夫主編，上海古籍出版社，2011 年。
4. 俄藏黑水城文獻（15），史金波、魏同賢、Е.И.克恰諾夫主編，上海古籍出版社，2011 年。
5. 俄藏黑水城文獻（16），史金波、魏同賢、Е.И.克恰諾夫主編，上海古籍出版社，2012 年。
6. 俄藏黑水城文獻（17），史金波、魏同賢、Е.И.克恰諾夫主編，上海古籍出版社，2012 年。
7. 俄藏黑水城文獻（18），史金波、魏同賢、Е.И.克恰諾夫主編，上海古籍出版社，2012 年。
8. 俄藏黑水城文獻（19），史金波、魏同賢、Е.И.克恰諾夫主編，上海古籍出版社，2012 年。
9. 俄藏黑水城文獻（20），史金波、魏同賢、Е.И.克恰諾夫主編，上海古籍出版社，2013 年。
10. 俄藏黑水城文獻（21），史金波、魏同賢、Е.И.克恰諾夫主編，上海古籍

出版社，2013 年。

11. 俄藏黑水城文獻（22），史金波、魏同賢、E.И.克恰諾夫主編，上海古籍出版社，2013 年。

12. 俄藏黑水城文獻（23），史金波、魏同賢、E.И.克恰諾夫主編，上海古籍出版社，2014 年。

13. 俄藏黑水城文獻（24），史金波、魏同賢、E.И.克恰諾夫主編，上海古籍出版社，2015 年。

14. 中國藏西夏文獻（全 20 冊），史金波、陳育寧總主編，甘肅人民出版社、敦煌文藝出版社，2005～2007 年。

15. 中國藏黑水城漢文文獻（全 10 冊），塔拉、杜建錄、高國祥主編，國家圖書館出版社，2008 年。

16. 國家圖書館藏西夏文獻中漢文文獻釋錄，林世田主編，北京圖書館出版社，2005 年。

17. 西夏方塔出土文獻（全 2 冊），羅豐主編，敦煌文藝出版社、甘肅人民出版社，2006 年。

18. 英藏黑水城文獻（全 4 冊），謝玉傑、吳芳思主編，上海古籍出版社，2005 年。

19. 法藏敦煌西夏文文獻，李偉、（法）郭恩主編，上海古籍出版社，2007 年。

20. 日本藏西夏文文獻（全二冊），武宇林、荒川愼太郎主編，中華書局，2011 年。

21. 西夏社會文書研究，杜建錄、史金波著，上海古籍出版社，2010 年。

22. 西夏社會文書研究（增訂本），杜建錄、史金波著，上海古籍出版社，2012 年。

23. 西夏文《孔子和壇記》研究，E.И.克恰諾夫、聶鴻音著，民族出版社，2009 年。

24. 西夏文《新集慈孝傳》研究，聶鴻音著，寧夏人民出版社，2009 年。

25. 十二國，（俄）索羅寧著，粟瑞雪譯，寧夏人民出版社，2012 年。

26. 西夏語譯《眞實名經》釋文研究，林英津著，中央研究院語言學研究所，2006 年。

27. 西夏新譯佛經陀羅尼的對音研究，孫伯君著，中國社會科學出版社，2010 年。

28. 西夏文《孟子》整理研究，彭向前著，上海古籍出版社，2012 年。

29. 西夏文《經律異相》整理研究，楊志高著，社會科學文獻出版社，2014
年。

30. 武威出土西夏文獻研究，梁繼紅著，社會科學文獻出版社，2015 年。

31. 黑水城出土西夏文醫藥文獻整理與研究，梁松濤著，社會科學文獻出版
社，2015 年。

32. 西夏文《維摩詰經》整理研究，王培培著，社會科學文獻出版社，2015
年。

33. 西夏漢傳密教文獻研究，崔紅芬著，社會科學文獻出版社，2015 年。

34. 西夏文《吉祥遍至口合本續》整理研究，孫昌盛著，社會科學文獻出版社，
2015 年。

35. 西夏《功德寶集偈》跨語言對勘研究，段玉泉著，上海古籍出版社，2015
年。

36. 西夏文妙法蓮華経研究，高橋まり代著，（日）山喜房佛書林，2008 年。

37. 西夏文大方廣蓮華嚴経研究，高橋まり代著，（日）山喜房佛書林，2008
年。

38. 俄藏黑水城漢文非佛教文獻整理與研究（上中下），孫繼民等著，北京師
範大學出版社，2012 年。

39. 考古發現西夏漢文非佛教文獻整理與研究，孫繼民、宋坤、陳瑞青、杜立
暉著，社會科學文獻出版社，2014 年。

40. 英藏及俄藏黑水城漢文文獻整理（上下），孫繼民、宋坤、陳瑞青、杜立
暉、郭兆斌編著，天津古籍出版社，2015 年。

41. 俄藏黑水城所出《宋西北邊境軍政文書》整理與研究，孫繼民著，中華書
局，2009 年。

42. 黑水城宋代軍政文書研究，陳瑞青著，知識產權出版社，2014 年。

43. 中國藏黑水城所出元代律令與詞訟文書整理與研究，張重豔、楊淑紅著，
知識產權出版社，2015 年。

44. 黑水城元代漢文軍政文書研究，杜立暉、陳瑞青、朱建路著，上海古籍出
版社，2015 年。

45. 黑水城出土錢糧文書專題研究，潘潔著，寧夏人民出版社，2013 年。

46. 黑水城西夏文獻研究，束錫紅著，商務印書館，2013 年。

47. 中國藏西夏文獻研究，杜建錄編著，上海古籍出版社，2012 年。

48. 元代西夏遺民文獻《述善集》校注，焦進文、楊富學校注，甘肅人民出版社，2001 年。

49. 西夏文珍貴典籍史話，史金波著，國家圖書館出版社，2015 年。

50. 漢文西夏文獻叢考，胡玉冰著，寧夏人民出版社，2004 年。

51. 傳統典籍中漢文西夏文獻研究，胡玉冰著，中國社會科學出版社，2007 年。

52. 西夏文書檔案研究，趙彥龍著，寧夏人民出版社，2010 年。

53. 西夏公文寫作研究，趙彥龍著，寧夏人民出版社，2012 年。

（二）哲學、宗教

1. 西夏人的精神世界，張迎勝著，寧夏人民出版社，2009 年。

2. 西夏佛典探微，胡進杉著，上海古籍出版社，2015 年。

3. *Обретение учения: традиция Хуаянь-Чань в буддизме тангутского государства Си-Ся*, К. Ю. Солонин, Санкт-Петербург : Изд-во Санкт-Петербургского ун-та, 2007.

4. 西夏河西佛教研究，崔紅芬著，民族出版社，2010 年。

5. 文化融合與延續：11～13 世紀藏傳佛教在西夏的傳播與發展，崔紅芬著，民族出版社，2014 年。

（三）政治、法律

1. 儒風漢韻流海內——兩宋遼金西夏時期的中國意識與民族觀念，劉揚忠著，河北教育出版社，2015 年。

2. 西夏與周邊關係研究，楊富學、陳愛峰，甘肅民族出版社，2012 年。

3. 西夏對外政策研究，王德忠著，吉林人民出版社，2005 年。

4. 宋夏關係史，李華瑞著，中國人民大學出版社，2010 年。

5. 遼夏關係史，楊浣著，人民出版社，2010 年。

6. 北宋與遼、西夏戰略關係研究——從權力平衡觀點的解析，蔡金仁著，（臺灣）花木蘭文化出版社，2015 年。

7. 國策、貿易、戰爭——北宋與遼夏關係研究，廖隆盛著，（臺灣）萬卷樓圖書股份有限公司，2002 年。

8. 西夏法典初探，島田正郎著，創文社，2003 年。

9. 西夏法律制度研究，姜歆著，蘭州大學出版社，2005 年。

10. 西夏法律制度研究，陳永勝著，民族出版社，2006 年。

11. 西夏法制研究，邵方著，人民出版社，2009 年。

12. 法典中的西夏文化——西夏《天盛改舊新定律令》研究，楊積堂著，法律出版社，2003 年。

13. 《天盛律令》與西夏法制研究，杜建錄著，寧夏人民出版社，2005 年。

14. 《天盛律令》研究，杜建錄、伊莉娜‧波波娃主編，上海古籍出版社，2015 年。

15. *"Новые законы" тангутского государства : (первая четверть XIII в.)/изд. текста, перевод с тангутского, введение и комментарий, Е.И. Кычанова, Москва : Наука : Восточная литература РАН, 2013.*

（四）軍事

1. 西夏軍事制度研究‧《本續》密咒釋考，胡若飛著，內蒙古大學出版社，2003 年。

2. 宋遼夏金元兵器研究初稿，林智隆、陳鈺祥編著，（臺灣）文史哲出版社，2008 年。

3. 拓邊西北——北宋中後期對夏戰爭研究，曾瑞龍著，中華書局（香港）有限公司，2006 年。

4. 拓邊西北——北宋中後期對夏戰爭研究，曾瑞龍著，北京大學出版社，2013 年。

5. 天傾——十至十一世紀宋夏和戰實錄，顧宏義著，上海書店出版社，2012 年。

6. 中國歷代戰爭史——宋、遼、金、夏（上），臺灣三軍大學編著，中信出版社，2013 年。

7. 中國歷代戰爭史——宋、遼、金、夏（下），臺灣三軍大學編著，中信出版社，2013 年。

（五）經濟

1. 西夏經濟史，杜建錄著，中國社會科學出版社，2002 年。

2. 中國財政通史‧第五卷‧宋遼西夏金元財政史（上下），黃純豔著，湖南人民出版社，2015 年。

3. 宋遼夏金經濟史研究（增訂版），喬幼梅著，上海古籍出版社，2015 年。
4. 中國農業通史（宋遼夏金元卷），曾雄生著，中國農業出版社，2014 年。
5. 遼西夏金元四朝貨幣圖錄精選，內蒙古遠方出版社，2003 年。
6. 中國錢幣大辭典·宋遼西夏金編遼西夏金卷，中國錢幣大辭典編纂委員會編，中華書局，2005 年。
7. 西夏錢幣，吳峰雲著，寧夏人民出版社，2003 年。
8. 西夏錢幣匯考，楊森著，文物出版社，2007 年。
9. 西夏錢幣研究，牛達生著，寧夏人民出版社，2013 年。

（六）民族

1. 中國西北少數民族通史（第八冊·遼、宋、西夏、金卷），劉建麗著，民族出版社，2009 年。
2. 西夏姓氏研究，佟建榮著，寧夏人民出版社，2013 年。
3. 西夏姓名研究，佟建榮著，社會科學文獻出版社，2015 年。

（七）文化

1. 中國文化通史·宋遼西夏金元卷，任崇岳主編，北京師範大學出版社，2009 年。
2. 宋遼夏金元文化史，葉坦、蔣松岩著，東方出版中心，2007 年。
3. 中國文化小通史（第六卷·遼西夏金元），邱樹森著，福建人民出版社，2006 年。
4. 神秘的河隴西夏文化，于光建著，甘肅教育出版社，2014 年。
5. 中國出版通史·宋遼西夏金元卷，李致忠著，中國書籍出版社，2008 年。
6. 西夏出版研究，史金波著，寧夏人民出版社，2004 年。
7. 西夏活字印刷研究，牛達生著，寧夏人民出版社，2004 年。
8. 西夏古國的探秘者，朱鵬雲主編，寧夏人民出版社，2012 年。
9. *Translating Chinese tradition and teaching Tangut culture : manuscripts and printed books from Khara-Khoto*, Imre Galambos, De Gruyter, 2015.

（八）體育

1. 遼夏金元體育文化史，王俊奇著，人民出版社，2011 年。

（九）語言、文字

1. *Analysis of the Tangut script*, Eric Grinstead,Studentlitteratur, 2014.
2. 西夏研究（第 1 輯），李範文主編，中國社會科學出版社，2005 年。
3. 西夏研究（第 2 輯），李範文主編，中國社會科學出版社，2006 年。
4. 西夏研究（第 6 輯），李範文主編，中國社會科學出版社，2007 年。
5. 西夏研究（第 7 輯），李範文主編，中國社會科學出版社，2008 年。
6. 西夏研究（第 8 輯），李範文主編，中國社會科學出版社，2008 年。
7. 西夏語比較研究，李範文主編，寧夏人民出版社，2004 年。
8. 西夏語音研究，張竹梅著，寧夏人民出版社，2004 年。
9. 《同音文海寶韻合編》整理與研究，韓小忙著，中國社會科學出版社，2008 年。
10. 黑水城出土音韻學文獻研究，聶鴻音、孫伯君著，文物出版社，2006 年。
11. 黑水城出土等韻抄本《解釋歌義》研究，孫伯君著，甘肅文化出版社，2009 年。
12. 俄藏黑水城漢文文獻詞匯研究，蔡永貴著，寧夏人民出版社，2014 年。
13. 破譯天書，楊蕤著，寧夏人民出版社，2008 年。
14. 打開西夏文字之門，聶鴻音著，國家圖書館出版社，2014 年。
15. 西夏文字數字化方法及其應用，馬希榮、王行愚編著，寧夏人民出版社，2004 年。

（十）文學

1. 中國古典文學圖志——宋、遼、西夏、金、回鶻、吐蕃、大理國、元代卷，楊義著，生活‧讀書‧新知三聯書店，2006 年。
2. 宋夏戰事詩研究，張廷傑著，寧夏人民出版社，2004 年。

（十一）藝術

1. 西夏藝術，湯曉芳主編，寧夏人民出版社，2003 年。
2. 異形之美：西夏藝術，徐莊編著，寧夏人民出版社，2003 年。
3. 西夏藝術史，陳育寧、湯曉芳著，上海三聯書店，2010 年。
4. 西夏藝術研究，高春明著，上海古籍出版社，2009 年。
5. 西夏美術史，韓小忙、孫昌盛、陳悅新著，文物出版社，2001 年.
6. 宋遼金西夏繪畫史，白巍著，海風出版社，2004 年。

7. 武威西夏木板畫，張寶璽編，甘肅人民美術出版社，2001 年。

8. 西夏藏傳繪畫——黑水城出土西夏唐卡研究，謝繼勝著，河北教育出版社，2001 年。

9. 中國石刻藝術編年史：愉悅卷‧兩宋遼金西夏元明清，向以鮮著，東方出版中心，2015 年。

10. 中國舞蹈通史——宋 遼 西夏 金 元卷，董錫玖著，上海音樂出版社，2010 年。

11. 宋遼金西夏舞蹈史，馮雙白著，北京燕山出版社，2008 年。

（十二）歷史

1. *История тангутского государства*, Кычанов, Евгений Иванович, Фак. филологии и искусств Санкт-Петербургского гос, 2008.

2. 西夏書校補（全四冊），（清）周春著，胡玉冰校補，中華書局，2014 年。

3. 西夏紀事本末，（清）張鑑著，龔世俊、王偉偉點校，浙江古籍出版社，2015 年。

4. 白話精評西夏紀事本末，（清）張鑒原著，黃中業、田禾譯評，遼海出版社，2006 年。

5. 宋史夏國傳集注，羅福萇、羅福頤集注，彭向前補注，寧夏人民出版社，2004 年。

6. 宋西事案，（明）祁承㸁編纂，楊志高校證，寧夏人民出版社，2004 年。

7. 中華大典：歷史典‧編年分典‧宋遼夏金總部，上海古籍出版社，2008 年。

8. 遼夏金元史徵‧西夏卷，王雄編著，內蒙古大學出版社，2007 年。

9. 遼宋夏金元五朝日曆，洪金富編著，臺灣中央研究院歷史語言研究所，2004 年。

10. 遼宋西夏金代通史‧政治軍事卷，漆俠主編，人民出版社，2010 年。

11. 遼宋西夏金代通史‧典章制度卷，漆俠主編，人民出版社，2010 年。

12. 遼宋西夏金代通史‧社會經濟卷（上、下），漆俠主編，人民出版社，2010 年。

13. 遼宋西夏金代通史‧教育科學文化卷，漆俠主編，人民出版社，2010 年。

14. 遼宋西夏金代通史‧宗教風俗卷，漆俠主編，人民出版社，2010 年。

15. 遼宋西夏金代通史・周邊民族與政權卷，漆俠主編，人民出版社，2010年。

16. 遼宋西夏金代通史・文物考古史料卷，漆俠主編，人民出版社，2010年。

17. 遼宋夏金史講義，鄧廣銘著，中華書局，2013年。

18. 中華二千年史・卷四・宋遼金夏元，鄧之誠著，東方出版社，2013年。

19. 王曾瑜說遼宋夏金，王曾瑜著，上海科學技術文獻出版社，2009年。

20. 中國通史・宋遼西夏金元卷，李伯欽主編，萬卷出版公司，2009年。

21. 遼夏金元——草原帝國的榮耀，杭侃著，上海辭書出版社、（香港）商務印書館有限公司，2001年。

22. 中華文明傳眞・8・遼夏金元——草原帝國的榮耀，杭侃著，（香港）商務印書館，2004年。

23. 中國の歷史 08・疾驅する草原の征服者：遼、西夏、金、元，杉山正明著，（日）講談社，2005年。

24. 疾馳的草原征服者：遼 西夏 金 元，（日）杉山正明著，烏蘭、烏日娜譯，廣西師範大學出版社，2014年。

25. 遼夏金大事本末，朱筱新編著，中國國際廣播出版社，2007年。

26. 遼西夏金元史十五講，屈文軍著，上海古籍出版社，2008年。

27. 中華上下五千年全知道・金戈鐵馬：遼夏金元卷，張豔玲主編，北京燕山出版社，2009年。

28. 刀鋒上的文明——宋遼金西夏的另類歷史，梅毅著，中國海關出版社，2006年。

29. 遼金西夏——邊域稱雄，于元編著，吉林文史出版社，2012年。

30. 金戈鐵馬的交匯・遼西夏金，《圖說中國歷史》編委會編，吉林出版集團有限責任公司，2006年。

31. 圖說天下：遼・西夏・金，龔書鐸、劉德麟主編，吉林出版集團有限責任公司，2006年。

32. 中國通史全編（9～10）宋遼金西夏元歷史編，馮克誠、田曉娜主編，青海人民出版社，2002年。

33. 中國通史：少年彩圖版・遼西夏金，童超主編，北京聯合出版公司，2015年。

34. 講給孩子聽的中國歷史故事：遼西夏金元・公元916年～公元1368年，

益博軒著，北京聯合出版公司，2015 年。

35. 刀鋒上的帝國：宋遼夏金元亂史，馬兆鋒編著，北京工業大學出版社，2014 年。

36. 遼金西夏 英法德──中外文明同時空──宋元 VS 王國崛起，林言椒、何承偉主編，上海錦繡文章出版社，2009 年。

37. 塞北三朝，聶鴻音著，中華書局，2001 年。

38. 講述遼金夏，王連升主編，山西教育出版社，2010 年。

39. 圖聞天下──遼西夏金（彩色精編版），張樹敏編著，內蒙古人民出版社，2010 年。

40. 圖說中國歷史・下卷・宋遼西夏金元明清，李波編，內蒙古大學出版社，2010 年。

41. 中國小通史・遼夏金元，邱樹森著，金盾出版社，2003 年。

42. 遼夏金史，鄧書傑著，吉林大學出版社，2005 年。

43. 遼夏金元宮廷故事，王蘊冬、劉肅勇編著，陝西旅遊出版社，2006 年。

44. 中古時代・五代遼宋夏金時期，白至德編著，中國友誼出版公司，2011 年。

45. 中國斷代史系列・遼金西夏史，李錫厚、白濱著，上海人民出版社，2003 年。

46. 西夏社會（上下），史金波著，上海人民出版社，2007 年。

47. 中國歷史（10・西夏史），李蔚著，人民出版社，2009 年。

48. 西夏史稿，吳天墀著，廣西師範大學出版社，2009 年。

49. 西夏史稿，吳天墀著，商務印書館，2010 年。

50. 遼、金、西夏史，蔡美彪、吳天墀著，中國大百科全書出版社，2011 年。

51. 遼、金、西夏史，蔡美彪、吳天墀著，中國盲文出版社，2015 年。

52. 西夏簡史，鍾侃、吳峰雲、李範文著，寧夏人民出版社，2001 年。

53. 西夏通史，李範文主編，寧夏人民出版社、人民出版社，2005 年。

54. 他者的視野──蒙藏史籍中的西夏，楊浣著，寧夏人民出版社，2013 年。

55. 西夏王朝，張靈編著，寧夏人民出版社，2001 年。

56. 遺失了的西夏王國，張靈著，甘肅人民美術出版社，2006 年

57. 西夏──消逝在歷史記憶中的國度，邊人主編，和平圖書有限公司，2006 年。

58. 西夏——消逝在歷史記憶中的國度，邊人著，外文出版社，2005 年。

59. 西夏王國與東方金字塔，僧人著，四川人民出版社，2002 年。

60. 湮沒的神秘王國——西夏，魏淑霞著，寧夏人民出版社，2008 年。

61. 黃沙深處的西夏魅影，郭文佳著，中州古籍出版社，2007 年。

62. 王朝湮滅，唐榮堯著，風雲時代出版股份有限公司，2007 年。

63. 王族的背影，唐榮堯著，寧夏人民出版社、中國民主法制出版社，2008 年。

64. 西夏帝國傳奇，唐榮堯著，中國國際廣播公司，2011 年。

65. 西夏王朝，唐榮堯著，中信出版社，2015 年。

66. 神秘的西夏，唐榮堯著，時代文藝出版社，2015 年。

67. 塵封西夏，方春霞著，寧夏人民出版社，2007 年。

68. 塵封西夏，方春霞著，寧夏人民教育出版社，2015 年。

69. 鐵血西夏之立馬賀蘭，周天著，金城出版社，2012 年。

70. 說西夏，杜建錄主編，寧夏人民出版社，2009 年。

71. 塞北三朝——西夏，袁騰飛著，電子工業出版社，2013 年。

72. 西夏史話，邱新榮著，寧夏人民出版社，2014 年。

73. 借党項人說事，牛撇捺著，寧夏人民出版社，2007 年。

74. 沙漠に消えた西夏王國，齊藤進著，（日）文芸社，2007 年。

75. 誇り高き王國・西夏，平山郁夫監修、長澤和俊執筆，（日）講談社，2005 年。

76. 西夏物質文化，（俄）А・Л・捷連吉耶夫－卡坦斯基著，崔紅芬、文志勇譯，民族出版社，2006 年。

77. 中國禮制史・宋遼夏金卷，陳戍國著，湖南教育出版社，2001 年。

78. 插圖本中國古代思想史・宋遼西夏金元卷，劉復生著，廣西人民出版社，2006 年。

79. 宋遼西夏金社會生活史，朱瑞熙、劉復生、張邦煒、蔡崇榜、王曾瑜著，中國社會科學出版社，2005 年。

80. 甘肅通史——宋夏金元卷，劉建麗著，甘肅人民出版社，2013 年。

81. 內蒙古通史・第二卷・遼、西夏、金時期的內蒙古地區，郝維民、齊木德道爾吉主編，人民出版社，2012 年。

82. 二十世紀中國人文學科學術研究史叢書・遼西夏金史研究，李錫厚、白濱、

周峰著，福建人民出版社，2005 年。

83. 二十世紀西夏學，杜建錄主編，寧夏人民出版社，2004 年。

84. 遼金西夏歷史文獻（2008），景愛、孫伯君主編，中國民族古文字研究會，2009 年。

85. 遼金西夏研究年鑒 2009，景愛主編，學苑出版社，2010 年。

86. 遼金西夏研究 2010，景愛主編，同心出版社，2012 年。

87. 遼金西夏研究 2011，景愛主編，同心出版社，2013 年。

88. 遼金西夏研究 2012，景愛主編，同心出版社，2014 年。

89. 中國遼夏金研究年鑒 2013，史金波、宋德金主編，中國社會科學出版社，2015 年。

90. 遼金西夏研究年鑒 2013，景愛主編，中國社會科學出版社，2015 年。

（十三）地理

1. 西夏地理研究，楊蕤著，人民出版社，2008 年。

2. 西夏地理志，魯人勇著，寧夏人民教育出版社，2012 年。

3. 中國行政區劃通史・宋西夏卷，李昌憲著，復旦大學出版社，2007 年。

（十四）考古文物

1. 遼夏金元陵，閻崇東著，中國青年出版社，2004 年。

2. 西夏陵，銀川西夏陵區管理處編著，寧夏人民出版社，2013 年。

3. 西夏三號陵，寧夏文物考古研究所編著，科學出版社，2007 年。

4. 西夏六號陵，寧夏文物考古研究所、銀川西夏陵區管理處編著，科學出版社，2013 年。

5. 西夏陵突出普遍價值研究，銀川西夏陵區管理處編著，科學出版社，2013 年。

6. 東方金字塔——西夏皇陵，鍾侃、鍾雅玲著，天津古籍出版社，2008 年。

7. 閩寧村西夏墓地，寧夏文物考古研究所編著，科學出版社，2004 年。

8. 拜寺溝西夏方塔，寧夏文物考古研究所編著，文物出版社，2005 年。

9. 山嘴溝西夏石窟，寧夏文物考古研究所編著，文物出版社，2007 年。

10. 大佛寺史探，吳正科著，甘肅人民出版社，2004 年。

11. 中國古代建築史（第三卷・宋、遼、金、西夏建築），郭黛姮著，中國建築工業出版社，2009 年。

12. 党項西夏碑石整理研究，杜建錄著，上海古籍出版社，2015 年。
13. 西夏文物·甘肅編，史金波總主編，俄軍本卷主編，中華書局、天津古籍出版社，2014 年。
14. 西夏文物·內蒙古編，史金波總主編，塔拉、李麗雅本卷主編，中華書局、天津古籍出版社，2014 年。
15. 大夏遺珍：西夏文物精品展，山西博物院、寧夏博物館編著，山西人民出版社，2010 年。
16. 西夏瓷器，杭天著，文物出版社，2010 年。
17. 西夏瓷器，李進興著，寧夏人民出版社，2003 年。
18. 西夏遺跡，牛達生著，文物出版社，2007 年。
19. 尋找被遺忘的王朝（修訂版），白濱著，山東畫報出版社，2010 年。
20. 西夏探古，陳炳應著，甘肅文化出版社，2002 年。
21. 探尋西夏文明，吳峰雲、楊秀山著，寧夏人民出版社，2006 年。
22. 圖說西夏國寺未解之謎，唐國增著，甘肅文化出版社，2014 年。
23. 西夏博物館，王志平、王昌豐、王爽編著，寧夏人民出版社，2006 年。

（十五）人物傳記

1. 人物中國——隋唐五代十國遼宋西夏金元，《人物中國》編委會編，中國大百科全書出版社，2009 年。
2. 宋遼金西夏人物故事（上下），郭雪玲編著，北京語言大學出版社，2005 年。
3. 遼西夏金蒙元頂級文臣，魏堅著，花山文藝出版社，2007 年。
4. 西夏皇太后秘史，宏志遠著，寧夏人民出版社，2008 年。

（十六）論文集

1. 國家圖書館學刊（西夏研究專號），2002 年增刊。
2. 西夏學（第一輯），杜建錄主編，寧夏人民出版社，2006 年。
3. 西夏學（第二輯·中國藏西夏文獻專號），杜建錄主編，寧夏人民出版社，2007 年。
4. 西夏學（第三輯·中國藏西夏文獻出版紀念專號），杜建錄主編，寧夏人民出版社，2008 年。
5. 西夏學（第四輯·黑水城文獻研究專號），杜建錄主編，寧夏人民出版社，

2009 年。

6. 西夏學（第五輯），杜建錄主編，上海古籍出版社，2010 年。

7. 西夏學（第六輯），杜建錄主編，上海古籍出版社，2010 年。

8. 西夏學（第七輯），杜建錄主編，上海古籍出版社，2011 年。

9. 西夏學（第八輯），杜建錄主編，上海古籍出版社，2011 年。

10. 西夏學（第九輯）——第三屆西夏學國際學術論壇暨王靜如先生學術思想研討會專輯（上），杜建錄主編，上海古籍出版社，2014 年。

11. 西夏學（第十輯）——第三屆西夏學國際學術論壇暨王靜如先生學術思想研討會專輯（下），杜建錄主編，上海古籍出版社，2014 年。

12. 西夏學（第十一輯），杜建錄主編，上海古籍出版社，2015 年。

13. 西夏研究（第 3 輯·第二屆西夏學國際學術研討會論文集），李範文主編，中國社會科學出版社，2006 年。

14. 西夏研究（第 4 輯），李範文主編，中國社會科學出版社，2007 年。

15. 西夏歷史與文化——第三屆西夏學國際學術研討會論文集，薛正昌主編，甘肅人民出版社，2010 年。

16. 述善集研究論集，何廣博主編，甘肅人民出版社，2001 年。

17. 歷史深處的民族科技之光——第六屆中國少數民族科技史暨西夏科技史國際會議論文集，萬輔彬、杜建錄主編，寧夏人民出版社，2003 年。

18. 中國多文字時代的歷史文獻研究，聶鴻音、孫伯君編，社會科學文獻出版社，2010 年。

19. 黑水城人文與環境研究——黑水城人文與環境國際學術討論會文集，沈衛榮、中尾正義、史金波主編，中國人民大學出版社，2007 年。

20. 吳天墀教授百年誕辰紀念文集，四川大學歷史文化學院編，四川人民出版社，2013 年。

21. 史金波文集，史金波著，上海辭書出版社，2005 年。

22. 西夏語文研究論文集，龔煌城著，中央研究院語言學研究所籌備處，2002 年。

23. 西夏語言文字研究論集，龔煌城著，民族出版社，2005 年。

24. 龔煌城西夏語文研究論文集，龔煌城著，中央研究院語言學研究所，2011 年。

25. 西夏史若干問題探索，李蔚著，寧夏人民出版社，2004 年。

26. 宋夏史研究，李華瑞著，天津古籍出版社，2006 年。

27. 國外早期西夏學論集（一），孫伯君編，民族出版社，2005 年。

28. 國外早期西夏學論集（二），孫伯君編，民族出版社，2005 年。

29. 西夏學譯叢，景永時主編，民族出版社，2005 年。

30. 西夏語言與繪畫研究論集，景永時編，寧夏人民出版社，2008 年。

31. 西夏史論稿，陳廣恩著，（香港）天馬出版有限公司，2010 年。

32. 西夏學論集，杜建錄主編，上海古籍出版社，2012 年。

33. 黑水城文獻論集，杜建錄著，學苑出版社，2015 年。

34. 西夏研究論文集，寧夏社會科學院歷史研究所編，鳳凰出版社，2015 年。

35. 西夏研究（第 5 輯），李範文主編，中國社會科學出版社，2007 年。

36. 王靜如文集（上下），王靜如著，社會科學文獻出版社，2015 年。

37. *Тангуты в Центральной Азии: Сборник статей в честь 80-летия профессора.* Е.И.Кычанова, ирина попова,Восточная литература,2012.

38. 薪火相傳——史金波先生 70 壽辰西夏學國際學術研討會論文集，中國社會科學院民族學與人類學研究所編，中國社會科學出版社，2012 年。

39. 西夏文化研究，史金波著，中國社會科學出版社，2015 年。

40. 李範文西夏學論文集，李範文著，中國社會科學出版社，2012 年。

41. 党項西夏史探微，湯開建著，允晨文化實業股份有限公司，2005 年。

42. 党項西夏史探微，湯開建著，商務印書館，2013 年。

43. 西夏文獻論稿，聶鴻音著，上海古籍出版，2012 年。

44. 古代語文論稿，聶鴻音著，中國社會科學出版社，2014 年。

45. 視野、社會與人物——宋史、西夏史研究論文稿，李華瑞著，中國社會科學出版社，2012 年。

46. 遼金夏元史研究／遼與五代外交研究，蔣武雄著，（臺灣）花木蘭文化出版社，2013 年。

47. 西夏文獻叢考，孫伯君著，上海古籍出版社，2015 年。

二、總論

（一）研究綜述

1. 西夏學小記，（日）石濱純太郎著，劉紅軍、劉克斌譯，國外早期西夏學論集（一），民族出版社，2005 年。

2. 西夏學之一，（日）石濱純太郎著，管彥波、侯麗傑譯，國外早期西夏學論集（二），民族出版社，2005 年。

3. 西夏研究小史，（蘇）聶歷山著，聶鴻音譯，國外早期西夏學論集（二），民族出版社，2005 年。

4. 評《西夏研究小史》，（法）伯希和著，聶鴻音譯，國外早期西夏學論集（二），民族出版社，2005 年。

5. 評聶歷山《西夏研究小史》，（法）加斯帕爾頓著，聶鴻音譯，國外早期西夏學論集（二），民族出版社，2005 年。

6. 西夏學概說，史金波，西夏學（第一輯），寧夏人民出版社，2006 年。

7. 百年西夏學，史金波，光明日報，2001 年 3 月 27 日 B03 版。

8. 西夏學百年回顧（代序），史金波，國家圖書館學刊（西夏研究專號），2002 年增刊。

9. 西夏學百年回顧，史金波，民族研究年鑒（2000 年卷），民族出版社，2001 年。

10. 西夏學在中國的 100 年，趙志研，中國民族報，2008 年 5 月 30 日第 7 版。

11. 百年西夏學研究碩果累累，薛正昌，中國社會科學院院報，2005 年 10 月 18 日第 4 版。

12. 二百年中國西夏學著作概述，張琰玲，寧夏社會科學，2009 年第 9 期。

13. 中國西夏學的昨天和今天，陳育寧，中國史研究動態，2004 年第 8 期。

14. 清代學者對西夏史的研究，劉邵思，蘭州大學碩士學位論文，2008 年。

15. 論清代學者對西夏史的貢獻，任長幸，劍南文學（經典教苑），2013 年第 1 期。

16. 簡論西方學者早期西夏學研究中的幾個問題，牛達生，寧夏社會科學，2009 年第 2 期。

17. 十九、二十世紀之交英、法兩國的西夏研究，聶鴻音，世界民族，2005 年第 1 期。

18. 西夏學研究獨具中國特色，杜娟，社會科學報，2006 年 2 月 16 日第 3 版。

19. 西夏學：國際顯學 仍有隱憂，莊電一，光明日報，2010 年 12 月 2 日第 1 版。

20. 西夏學正在成為一門國際性「顯學」，薛倩，中國社會科學報，2013 年 9 月 23 日 A02 版。

21. 西夏學：從絕學走向顯學——訪中國社會科學院學部委員、西夏學專家史金波，蘇荷，博覽群書，2013 年第 11 期。

22. 「絕學」不絕 學科建設推動西夏學走向繁榮，杜建錄，中國社會科學報，2012 年 11 月 23 日 A04 版。

23. 神秘黑水城的前世今生與「西夏學」的誕生，廉軍，華興時報，2010 年 11 月 30 日第 12 版。

24. 20 世紀中國西夏學的回顧與展望，李範文，寧夏大學學報（人文社會科學版），2003 年第 1 期。

25. 從絕學到顯學：新世紀西夏研究的展望，聶鴻音，中國史研究，2008 年第 4 期。

26. 世紀回首：中國西夏學的歧路彷徨，聶鴻音，中國民族研究年鑒（2007 年卷），中央民族大學出版社，2009 年。

27. 西夏學 我們應該做什麼？聶鴻音，中國社會科學報，2012 年 11 月 23 日 A05 版。

28. 敦煌西域學界面臨的新形勢與俄藏黑水城藝術品的研究和出版，束錫紅，西北民族大學學報（哲學社會科學版），2009 年第 2 期。

29. 開創我國西夏研究的新局面，白濱，西夏學（第三輯），寧夏人民出版社，2008 年。

30. 黑水城和西夏學，史金波，遼金西夏研究年鑒 2009，學苑出版社，2010 年。

31. 西夏學和藏學的關係，史金波，西藏民族學院學報（哲學社會科學版），2006 年第 1 期。

32. 西夏學和藏學的關係（續），史金波，西藏民族學院學報（哲學社會科學版），2006 年第 2 期。

33. 敦煌學與西夏學的關係及其研究展望，史金波，敦煌研究，2012 年第 1 期。

34. 西夏學研究在寧夏，張琰玲，西夏研究，2010 年第 2 期。

35. 百年西夏學國內外著作概述，李勝剛，寧夏大學學報（人文社會科學版），2003 年第 1 期。

36. 二十世紀西夏宗教研究，史金波，二十世紀西夏學，寧夏人民出版社，2004 年。

37. 二十世紀日本西夏學研究，史金波，二十世紀西夏學，寧夏人民出版社，2004 年。

38. 承百年傳統　創未來新業──二十世紀西夏研究回顧與展望，陳育寧，二十世紀西夏學，寧夏人民出版社，2004 年。

39. 二十世紀党項拓跋部族屬與西夏國名研究，李華瑞，二十世紀西夏學，寧夏人民出版社，2004 年。

40. 二十世紀西夏社會分期與社會性質研究，陳炳應，二十世紀西夏學，寧夏人民出版社，2004 年。

41. 二十世紀西夏官制研究，杜建錄，二十世紀西夏學，寧夏人民出版社，2004 年。

42. 二十世紀西夏軍事制度研究，湯開建，二十世紀西夏學，寧夏人民出版社，2004 年。

43. 二十世紀西夏經濟研究，杜建錄，二十世紀西夏學，寧夏人民出版社，2004 年。

44. 二十世紀西夏文化藝術研究，張迎勝，二十世紀西夏學，寧夏人民出版社，2004 年。

45. 二十世紀西夏與周邊民族關係研究，劉建麗，二十世紀西夏學，寧夏人民出版社，2004 年。

46. 二十世紀西夏文字研究，聶鴻音，二十世紀西夏學，寧夏人民出版社，2004 年。

47. 二十世紀西夏語言研究，孫宏開、聶鴻音，二十世紀西夏學，寧夏人民出版社，2004 年。

48. 二十世紀西夏文文獻研究，白濱，二十世紀西夏學，寧夏人民出版社，2004 年。

49. 二十世紀漢文西夏文獻整理研究，龔世俊、楊志高，二十世紀西夏學，寧夏人民出版社，2004 年。

50. 二十世紀西夏考古重大發現，吳峰雲，二十世紀西夏學，寧夏人民出版社，2004 年。

51. 二十世紀西夏錢幣和官印研究，牛達生，二十世紀西夏學，寧夏人民出版社，2004 年。

52. 二十世紀西夏地理研究，楊蕤，二十世紀西夏學，寧夏人民出版社，2004。

53. 二十世紀國內藏學界有關西夏研究，黃顥，二十世紀西夏學，寧夏人民出版社，2004 年。

54. 二十世紀西夏遺民研究，楊富學，二十世紀西夏學，寧夏人民出版社，2004 年。

55. 二十世紀俄國西夏學研究，景永時，二十世紀西夏學，寧夏人民出版社，2004 年。

56. 二十世紀歐美西夏學研究，彭向前、楊浣，二十世紀西夏學，寧夏人民出版社，2004 年

57. 二十世紀西夏中國西夏學學術園地，楊浣，二十世紀西夏學，寧夏人民出版社，2004 年。

58. 中國西夏學學術園地，楊浣，西北第二民族學院學報（哲學社會科學版），2004 年第 4 期。

59. 20 世紀國內外西夏學研究綜述，劉建麗，甘肅社會科學，2005 年第 1 期。

60. 世紀之交的西夏學回顧，朱琪，陰山學刊，2001 年第 3 期。

61. 西夏史研究的四點想法，朱瑞熙，浙江學刊，2013 年第 4 期。

62. 西夏史研究的四點想法，朱瑞熙，吳天墀教授百年誕辰紀念文集，四川人

民出版社，2013 年。

63. 從亞述學的進展看西夏學的得失，唐均，寧夏社會科學，2003 年第 3 期。

64. 西夏珍貴文獻流失俄英九十年，莊電一，光明日報，2003 年 6 月 14 日。

65. 西夏學受到國內外廣泛關注，莊電一，光明日報，2005 年 11 月 28 日第 2 版。

66. 西夏學研究的 10 年——19995～2005 年中國西夏學研究的回顧與展望，李範文，西夏研究（第 3 輯．第二屆西夏學國際學術研討會論文集），中國社會科學出版社，2006 年。

67. 60 年來港臺地區西夏學研究，張琰玲、徐雯，寧夏師範學院學報，2009 年第 4 期。

68. 20 世紀西夏佛教研究概述，崔紅芬，西北第二民族學院學報（哲學社會科學版），2004 年第 2 期。

69. 20 世紀國內西夏與周邊民族關係研究述評，劉建麗，寧夏社會科學，2004 年第 1 期。

70. 二十世紀寧夏西夏研究述評，孫穎慧、張玉海，寧夏社會科學，2001 年第 6 期。

71. 西夏語文學和語言學研究百年評述，徐文堪，西夏研究（第 3 輯．第二屆西夏學國際學術研討會論文集），中國社會科學出版社，2006 年。

72. 近 50 年來我國西夏文獻研究述略，楊志高，中國古典文獻學，國際炎黃文化出版社，2003 年。

73. 西方學者早期西夏學芻議，牛達生，甘肅民族研究，2007 年第 2 期。

74. 國外的西夏學研究，安婭，中國社會科學報，2012 年 2 月 29 日 B05 版。

75. 中國和俄國西夏研究的互動，史金波，（美）中西文化交流學報（第一卷第一期），2009 年 12 月。

76. 俄國西夏學研究述評，景永時，西北第二民族學院學報（哲學社會科學版），2003 年第 4 期。

77. 俄藏黑水城文獻與二十世紀以來的俄羅斯西夏學研究，矯慧，卷宗，2015 年第 6 期。

78. 20 世紀上半葉的日本西夏學研究，孫伯君，寧夏大學學報（人文社會科學版），2005 年第 1 期。

79. 民族史以及西夏史書研究的新進展，史金波，中國歷史學研究現狀和發展趨勢——中國史學界第七次代表大會學術研討文集，中國社會科學出版社，2006 年。

80. 西夏研究三十年，張玉海、張萬靜，寧夏社會科學，2009 年第 1 期。

81. 西夏絕學：注解世界上最難懂的古文字，社會科學報，2007 年 2 月 8 日第 4 版。

82. 五十年來國內藏學家有關西夏的研究，黃顥，國家圖書館學刊（西夏研究專號），2002 年增刊。

83. 建國五十年來我國西夏文獻整理研究簡述，楊志高，古籍整理研究學刊，2002 年第 2 期。

84. 西夏文明，在破解古文獻中「復活」，楊雪梅，人民日報，2011 年 9 月 2 日第 19 版。

85. 21 世紀西夏文獻整理與考釋述略，馬淑萍，西夏研究，2011 年第 2 期。

86. 近十年來西夏地理研究綜述，王曉磊，西夏研究，2011 年第 2 期。

87. 西夏文獻研究概述，楊志高，寧夏大學學報（人文社會科學版），2001 年第 1 期。

88. 1980～2000 年國內西夏學的研究進程——以寧夏三刊發表的西夏學研究論文爲例，楊漢昭，陝西師範大學碩士學位論文，2012 年。

89. 2000 年西夏學研究綜述，楊志高，寧夏大學學報（人文社會科學版），2001 年第 6 期。

90. 2002 年西夏學研究，楊志高，方志出版社，2003 年。

91. 2002 年西夏學研究概述，楊志高，寧夏大學學報（人文社會科學版），2004 年第 5 期。

92. 2002～2003 年我國西夏學研究綜述，魏淑霞、楊燕，寧夏社會科學，2004 年第 3 期。

93. 2004 年西夏學研究概述，馬淑萍，西夏研究（第 3 輯·第二屆西夏學國際學術研討會論文集），中國社會科學出版社，2006 年。

94. 2004～2005 年西夏學研究綜述，馬淑萍，寧夏社會科學，2006 年第 4 期。

95. 2007 年西夏學研究綜述，李建華，西北第二民族學院學報（哲學社會科學版），2008 年第 2 期。

96. 2008 年西夏學研究綜述，任菲菲，寧夏師範學院學報，2009 年第 2 期。

97. 西夏學研究，彭向前，遼金西夏研究年鑒 2009，學苑出版社，2010 年。

98. 西夏學研究，彭向前、王舒宇，遼金西夏研究 2010，同心出版社，2012 年。

99. 2010 年西夏學研究綜述，翟麗萍，寧夏社會科學，2011 年第 6 期。

100. 西夏學研究，彭向前、金洪成，遼金西夏研究 2011，同心出版社，2013 年。

101. 2011 年西夏學研究綜述，王鳳菊，西夏研究，2012 年第 3 期。

102. 西夏學研究，彭向前、金洪成，遼金西夏研究 2012，同心出版社，2014 年。

103. 西夏學研究，彭向前、趙坤，遼金西夏研究年鑒 2013，中國社會科學出版社，2015 年。

104. 給力的西夏學，彭向前，遼金西夏研究 2012，同心出版社，2014 年。

105. 近年來我國西夏學研究述評與展望，張祖群，海南師範大學學報（社會科學版），2012 年第 3 期。

106. 21 世紀中國西夏學研究新趨勢，彭向前、尤麗婭，中國遼夏金研究年鑒 2013，中國社會科學出版社，2015 年。

107. 2000 年國內遼夏金史研究綜述，關樹東，中國史研究動態，2001 年第 11 期。

108. 2001 年國內遼西夏金史研究綜述，屈文軍，中國史研究動態，2002 年第 6 期。

109. 2002 年遼西夏金史研究綜述，陳廣恩，中國史研究動態，2003 年第 9 期。

110. 2003 年遼夏金史研究綜述，關樹東、蔡春娟，中國史研究動態，2004 年第 12 期。

111. 2004 年遼金西夏史研究綜述，都興智、呂洪偉，中國史研究動態，2005 年第 9 期。

112. 2005 年遼金西夏史研究綜述，都興智、仉惟嘉，中國史研究動態，2006 年第 8 期。

113. 2006 年遼西夏金史研究綜述，曹流，中國史研究動態，2007 年第 12 期。

114. 2007 年遼西夏金史研究綜述，曹流，中國史研究動態，2009 年第 1 期。

115. 2008 年遼金西夏史研究綜述，王德朋，中國史研究動態，2009 年第 10 期。

116. 2009 年遼金西夏史研究綜述，康鵬，中國史研究動態，2010 年第 10 期。

117. 2010 年遼金西夏史研究綜述，尤李，中國史研究動態，2011 年第 4 期。

118. 2011 年遼金西夏史研究綜述，周峰，中國史研究動態，2012 年第 5 期。

119. 2012 年遼金西夏史研究綜述，周峰，中國史研究動態，2013 年第 6 期。

120. 2013 年遼金西夏史研究綜述，周峰，中國史研究動態，2014 年第 6 期。

121. 2003 年遼宋西夏金元經濟史研究綜述，李華瑞、邵育欣，中國經濟史研究，2004 年第 2 期。

122. 2004 年遼宋西夏金元經濟史研究述評，李華瑞，中國經濟史研究，2005 年第 2 期。

123. 2005 年遼宋西夏金元經濟史研究述評，李華瑞、郭志安，中國經濟史研究，2006 年第 2 期。

124. 2006 年遼宋西夏金元經濟史研究述評，李華瑞，中國經濟史研究，2007 年第 2 期。

125. 2007 年遼宋西夏金元經濟史研究述評，李華瑞、楊小敏，中國經濟史研究，2008 年第 2 期。

126. 2008 年遼宋西夏金元經濟史研究述評，李華瑞、楊芳，中國經濟史研究，2009 年第 2 期。

127. 2009 年遼宋西夏金元經濟史研究述評，李華瑞、楊瑞軍，中國經濟史研究，2010 年第 2 期。

128. 2010 年遼宋西夏金元經濟史研究述評，李華瑞，中國經濟史研究，2011 年第 2 期。

129. 2011 年遼宋西夏金元經濟史研究述評，李華瑞，中國史研究動態，2012 年第 3 期。

130. 2012 年遼宋西夏金元經濟史研究述評，李華瑞，中國史研究動態，2013 年第 5 期。

131. 2013 年遼宋西夏金元經濟史研究述評，李華瑞，西夏研究，2014 年第 2 期。

132. 2007 年遼、西夏、金、蒙元貨幣研究綜述，張文芳，新疆錢幣，2008 年第 3 期。

133. 2013 年西夏文物考古新發現回顧，于光建，中國遼夏金研究年鑒 2013，中國社會科學出版社，2015 年。

134. 黑城學：一個更爲貼切的學科命名，孫繼民，河北學刊，2007 年第 4 期。

135. 借鑒敦煌學：黑城學研究的必由之路，孫繼民，中國社會科學報，2009年8月20日第5版。

136. 西夏學研究中藏學研究成果的應用，牛達生，中國藏學，2002年第1期。

137. 西夏學科建設與發展的未來：西夏學人才高地，魏淑霞，西夏研究，2011年第4期。

138. 西夏學研究20年文獻計量分析，黃秀蘭，西北第二民族學院學報（哲學社會科學版），2002年第3期。

139. 2001～2004年國內西夏學研究文獻統計分析，黃秀蘭，西夏研究（第3輯·第二屆西夏學國際學術研討會論文集），中國社會科學出版社，2006年。

140. 1980～2001年間西夏學專著計量分析，馬淑萍，固原師專學報，2002年第5期。

141. 2001～2005年國內西夏學研究文獻統計分析，黃秀蘭，寧夏社會科學，2006年第3期。

142. 2002～2009年西夏學專著資料統計分析，馬淑萍，西夏研究，2010年第4期。

143. 近兩年國內西夏學研究文獻統計分析，黃秀蘭，寧夏社會科學，2009年第1期。

144. 近兩年國內西夏學研究文獻統計分析，黃秀蘭，西夏歷史與文化——第三屆西夏學國際學術研討會論文集，甘肅人民出版社，2010年。

145. 2008～2010年西夏學研究文獻統計分析，馬淑萍，西夏學（第七輯），上海古籍出版社，2011年。

146. 《寧夏社會科學》西夏研究十七年，馬淑萍，寧夏社會科學，2009年第6期。

147. 《西夏研究》2010～2012年文獻計量分析與研究，馬淑萍、王姮，西夏研究，2013年第4期。

148. 黑水城出土法律文獻的整理與研究概述，姜歆，西夏研究，2011年第3期。

149. 跨世紀西夏佛教美術研究述略，王曉玲，大眾文藝，2011年第23期。

150. 西夏語研究的發展歷程，西田龍雄著，魯忠慧譯，西夏研究，2011年第3期。

151. スタイン將來黑水城出土西夏文獻について，松澤博，東洋史苑（77），2011 年 3 月。

152. 我國藏黑水城漢文文獻研究取得新成果，莊電一，光明日報，2014 年 5 月 2 日第 2 版。

153. 近百年來漢文西夏文獻整理與研究成果述評，胡玉冰、孔令升，寧夏社會科學，2005 年第 3 期。

154. 21 世紀以來西夏文文獻整理與考釋研究綜述，榮智澗，中國遼夏金研究年鑒 2013，中國社會科學出版社，2015 年。

155. 西夏皇族研究綜述，陳瑋，中國遼夏金研究年鑒 2013，中國社會科學出版社，2015 年。

156. 西夏統治時期的敦煌研究綜述，土曉梅，絲綢之路，2012 年第 4 期。

157. 西夏時期敦煌史研究述評，陳光文，西夏研究，2014 年第 2 期。

158. 近二十年來宋夏金時期西北經濟史研究綜述，董萍，甘肅社會科學，2005 年第 2 期。

159. 十餘年來遼夏金軍事史研究綜述，趙炳林，隴東學院學報（社會科學版），2004 年第 3 期。

160. 西夏地理研究述評，楊蕤，寧夏社會科學，2004 年第 2 期。

161. 遼宋夏金時期城池研究回顧與前瞻，王茂華、王恒蔚，宋史研究論叢（第 16 輯），河北大學出版社，2015 年.

162. 西夏漢人研究述評，張美僑，西夏研究，2015 年第 3 期。

163. 西夏文藏傳佛教文獻整理編目工作綜述，魏文，西夏學（第十一輯），上海古籍出版社，2015 年。

164. 近 30 年國內的西夏史研究述評，李華瑞，西夏研究，2010 年第 4 期。

165. 三十年來西夏考古研究述評，楊蕤、周禹，西夏研究，2014 年第 2 期。

166. 近十年以來黑水城漢文文書研究綜述，翟麗萍，中國史研究動態，2010 年第 4 期。

167. 成果豐碩的西夏學研究——《寧夏社會科學》西夏欄目述評，孫穎慧，甘肅社會科學，2010 年第 6 期。

168. 以名刊工程爲契機，加快寧夏大學學術期刊的發展——以《寧夏大學學報》人文社會科學版「西夏研究」欄目爲中心，王榮華，寧夏大學學報（人文社會科學版），2010 年第 6 期。

169.《固原師專學報》西夏研究二十年，楊浣，固原師專學報，2002 年第 2 期。

170. 西夏文草書研究取得重要進展——辨認解讀研究資料難題有望破解，莊電一，光明日報，2015 年 3 月 23 日第 5 版。

（二）學術活動

1. 西夏學研究院召開「211 工程」重點建設學科首批成果出版座談會，西夏學（第六輯）——首屆西夏學國際論壇專號（下），上海古籍出版社，2010 年。

2. 西夏文獻整理研究的里程碑——《中國藏西夏文獻》出版座談會在北京召開，杜建錄，寧夏大學學報（人文社會科學版），2007 年第 6 期。

3.《中國藏西夏文獻》出版座談會綜述，杜建錄，西夏學（第三輯），寧夏人民出版社，2008 年。

4. 在《中國藏西夏文獻》出版座談會上的講話，李衛紅、閻曉宏、張國祚、劉仲、陳育寧，西夏學（第三輯），寧夏人民出版社，2008 年。

5. 繼往開來　共創輝煌，李範文，西夏研究，2010 年第 1 期。

6. 探索·創新·期望——在《西夏研究》創刊首發儀式上的講話，楊春光，西夏研究，2010 年第 2 期。

7. 西夏歷史文化研究的新平臺——在《西夏研究》創刊首發儀式上的講話，張進海，西夏研究，2010 年第 2 期。

8. 學者及期刊編輯代表致辭，杜建錄、師迎祥、楊富學、胡政平，西夏研究，2010 年第 2 期。

9. 首部西夏學綜合性學術期刊《西夏研究》創刊，莊電一，光明日報，2010 年 3 月 28 日第 3 版。

10. 西夏學學術研究期刊《西夏研究》創刊首發式在銀川舉行，隴右文博，2010 年第 1 期。

11.《西夏研究》創刊首發，馮舒玲、馮千育，寧夏日報，2010 年 3 月 27 日第 2 版。

12. 中國首部《西夏研究》學術期刊正式創刊，吳宏林，華興時報，2010 年 3 月 26 日第 1 版。

13. 第二屆西夏學國際學術研討會召開，張玉海、孫穎慧，寧夏社會科學，2005 年第 5 期。

14. 西夏歷史文化研究的里程碑式盛會——第二屆西夏國際學術研討會綜述，薛正昌，西夏研究（第 3 輯‧第二屆西夏學國際學術研討會論文集），中國社會科學出版社，2006 年。

15. 第二屆西夏學國際學術研討會綜述，孫穎慧，西夏研究（第 3 輯‧第二屆西夏學國際學術研討會論文集），中國社會科學出版社，2006 年。

16. 第二屆西夏學國際學術研討會綜述，孫穎慧，寧夏社會科學，2006 年第 1 期。

17. 西夏學國際學術研討會在銀開幕——寧夏西夏城成為國內唯一研究基地，馬玉濤，寧夏日報，2008 年 11 月 9 日第 2 版。

18. 第三屆西夏學國際學術研討會在寧夏舉行——我區三年出版 75 部研究西夏學專著（輯），吳宏林，華興時報，2008 年 11 月 10 日第 3 版。

19. 第三屆國際西夏學研討會在銀川召開，寧夏師範學院學報，2009 年第 1 期。

20. 第三屆西夏學國際學術研討會綜述，孫穎慧、王豔春，寧夏社會科學，2009 年第 1 期。

21. 第三屆西夏學國際學術研討會綜述，孫穎慧、王豔春，西夏歷史與文化——第三屆西夏學國際學術研討會論文集，甘肅人民出版社，2010 年。

22. 第二屆西夏學國際學術論壇綜述，杜建錄，西夏學（第七輯），上海古籍出版社，2011 年。

23. 第二屆西夏學國際學術論壇論文述評，杜建錄，中國史研究動態，2012 年第 2 期。

24. 第二屆西夏學國際學術論壇在武威隆重召開，滿宏民、劉忠，發展，2011 年第 9 期。

25. 第二屆西夏學國際論壇在甘肅舉行——西夏文數字化前景受關注，張春海，中國社會科學報，2011 年 8 月 23 日第 1 版。

26. 西夏學研究的盛會——武威西夏學國際學術論壇綜述，趙天英，西夏研究，2011 年第 4 期。

27. 第三屆西夏學國際論壇暨王靜如先生學術思想研討會綜述，張笑峰，中國遼夏金研究年鑒 2013，中國社會科學出版社，2015 年。

28. 第三屆西夏學國際學術論壇召開，汪永基，中國文物報，2013 年 9 月 25 日第 1 版。

29. 「第三屆西夏學國際學術論壇暨王靜如先生學術思想研討會」會議綜述，許偉偉，西夏學（第十輯），上海古籍出版社，2014 年。

30. 在第三屆西夏學國際學術論壇暨王靜如先生學術思想研討會上的講話，李培林，西夏學（第九輯），上海古籍出版社，2014 年。

31. 第四屆西夏學國際學術論壇暨河西歷史文化研討會在河西學院隆重召開，河西學院學報，2015 年第 6 期。

32. 「黑水城人文與環境國際學術研討會」綜述，陳文，高校社科動態，2006 年第 6 期。

33. 「黑水城文獻與西夏學國際學術論壇」綜述，樊麗沙，張海娟，甘肅民族研究，2011 年第 1 期。

34. 黑水城漢文文書研究方興未艾——「黑水城漢文文獻與宋夏金元史」學術研討會綜述，陳瑞青，中國社會科學院院報，2007 年 6 月 12 日第 4 版。

35. 「紀念黑水城文獻發現一百週年學術研討會」綜述，陳瑞青、劉廣瑞，中國史研究動態，2008 年第 11 期。

36. 弘揚優秀歷史文化 促進黑水城文獻研究——「紀念黑水城文獻發現一百週年學術研討會」在河北舉行，陳瑞青，中國社會科學院院報，2008 年 6 月 5 日第 4 版。

37. 黑水城文獻研究回顧與展望學術研討會綜述，馬淑萍，西夏研究，2010 年第 2 期。

38. 「黑水城文獻研究回顧與展望學術研討會」綜述，宋坤，中國史研究動態，2010 年第 5 期。

39. 「黑水城文獻研究回顧與展望」學術研討會綜述，樊麗沙、王立恒，甘肅民族研究，2010 年第 2 期。

40. 「黑水城文獻整理與研究學術研討會」綜述，陳瑞青、張重豔，西夏研究，2011 年第 1 期。

41. 「黑水城文獻整理與研究學術研討會」綜述，毛永娟，高校社科動態，2010 年第 6 期。

42. 黑水城出土律令與詞訟文書整理與研究學術研討會在河北社會科學院召開，陳瑞青、張重豔，西夏研究，2012 年第 3 期。

43. 「韓中第四屆宋遼夏金元史國際學術研討會」綜述，劉雲軍、張春蘭，中國史研究動態，2012 年第 4 期。

44. 「中韓第五屆宋遼夏金元史國際學術研討會」綜述，周立志、楊建庭，高校社科動態，2014 年第 2 期。

45. 西夏陵突出普遍價值學術研討會在銀川召開，嚴葉敏，中國文物報，2015 年 11 月 13 日總第 2389 期第 1 版。

46. 西夏陵突出普遍價值學術研討會在銀川召開，羅江澆、解明，中國文化報，2015 年 11 月 12 日第 7 版。

47. 發揮學科優勢 佔領學術高地——寧夏社會科學院重點學科西夏學簡介，寧夏社會科學，2007 年第 1 期。

48. 西夏學在「研究基地」升起，N.D.，西北民族研究，2003 年第 4 期。

49. 寧大西夏學研究院教研基地落戶西夏城，李徽、張唯，寧夏日報，2009 年 5 月 23 日第 2 版。

50. 「西夏在中國，西夏學也在中國」，莊電一，光明日報，2010 年 6 月 1 日第 1 版。

51. 文獻出版打破西夏學研究局限，杜建錄，社會科學報，2010 年 5 月 27 日。

52. Russian Scholarship on the Song-Yuan Era, 1995～2006, Ruth Dunnell, *Journal of Song-Yuan Studies*, No. 37 (2007).

53. 「西夏佛教在藏漢佛教交流中的地位與作用」學術討論會綜述，筱洲，中國藏學，2001 年第 1 期。

54. 遼金西夏歷史文獻學術研討會在京舉行，席瑋，中國社會科學報，2009 年 6 月 25 日 A02 版。

55. 「西夏語文與華北宗教文化」國際研討會綜述，子壽，遼金西夏研究年鑒 2009，學苑出版社，2010 年。

56. 「西夏語文與華北宗教文化」國際研討會綜述，史金波，學術動態，2010 年第 18 期。

57. 西夏學學術研討會暨李範文先生治史 60 週年誌慶在銀川舉行，保宏彪、張萬靜，西夏研究，2012 年第 4 期。

58. 西夏學學術研討會暨李範文先生治史 60 週年賀信，寧夏回族自治區文史研究館，西夏研究，2012 年第 4 期。

59. 西夏遺民在河北——「元代夏漢文合璧墓誌銘學術研討會」在邯鄲召開，劉廣瑞，西夏研究，2014 年第 2 期。

60. 「西夏語文獻解讀研究成果發表會」會議綜述，段玉泉，中國遼夏金研究年鑒 2013，中國社會科學出版社，2015 年。

61. 「黑水城民族文獻學術研討會」簡述，張淮智，光明日報，2013 年 7 月 11 日第 11 版。

62. 「西夏貨幣與絲綢之路貨幣」學術研討會綜述，楊富學、趙天英，甘肅民族研究，2009 年第 1 期。

63. 「西夏及蒙元錢幣研究」專題研討會召開，中國錢幣，2014 年第 5 期。

64. 遼、西夏、金、元錢幣學術討論會簡報，內蒙古金融研究，2002 年增刊第 1 期。

65. 中國北方草原石窟群——「阿爾寨石窟專家論證會」回顧，王大方，草原文物，2010 年第 2 期。

66. 中俄專家交流西夏學研究成果，馬欽麟、王海龍，寧夏日報，2010 年 6 月 3 日第 2 版。

67. 參加第六屆中國少數民族科技史暨西夏科技史國際會議記，劉昭民，中華科技史同好會會刊（第 6 期），2002 年 12 月。

68. 2002 年「第六屆中國少數民族科技史暨西夏科技史國際會議」論文綜述，彭向前，歷史深處的民族科技之光——第六屆中國少數民族科技史暨西夏科技史國際會議論文集，寧夏人民出版社，2003 年。

69. 高校人文科研的基地，西夏學研究的中心，楊志高，銀川晚報，2001 年 6 月 15 日。

70. 寧夏大學西夏學研究中心近期推出一批西夏學研究專著，楊志高，宋史研究通訊，2002 年第 2 期。

71. 凝練方向 匯聚隊伍 構築高地——寧夏大學西夏學研究，何建國，西夏學（第三輯），寧夏人民出版社，2008 年。

72. 國際西夏學研究所在寧夏成立，孫濱，華興時報，2007 年 7 月 3 日第 1 版。

73. 寧夏大學西夏學研究院成立，馮舒玲，寧夏日報，2009 年 5 月 15 日第 3 版。

74. 寧夏大學首屆西夏文字研修班追憶，謝保國，寧夏大學報，2003 年 5 月 26 日第 4 版。

75. 西夏文字研究面臨後繼無人，馬卷，中國旅遊報，2006 年 4 月 21 日第 7 版。

76. 《西夏文物》編纂工作會議召開，李麗雅，中國文物報，2013 年 5 月 8 日第 2 版。

77. 國家社科基金特別委託項目——《西夏文獻文物研究》獲准立項並順利開局，遼金西夏研究 2011，同心出版社，2013 年。

78. 國家社科基金特別委託項目「西夏文獻文物研究」2013 年工作進展，中國社會科學院西夏文化研究中心，中國遼夏金研究年鑒 2013，中國社會科學出版社，2015 年。

79. 寧夏大學西夏學研究院與中國社科院西夏文化研究中心聯合舉辦西夏文研修班，王培培，西夏研究，2011 年第 2 期。

80. 中國社會科學院西夏文化研究中心和寧夏大學西夏學研究院聯合舉辦西夏文研修班，遼金西夏研究 2011，同心出版社，2013 年。

81. 「西夏學後繼有人了！」莊電一、楊滿忠，光明日報，2012 年 7 月 31 日第 7 版。

82. 俄中西夏學聯合研究所在俄羅斯聖彼得堡揭牌成立，西夏學（第八輯），上海古籍出版社，2011 年。

83. 2013 年度國家社科基金、教育部人文社科立、結項概況，許偉偉，中國遼夏金研究年鑒 2013，中國社會科學出版社，2015 年。

84. 中央電視臺大型史實紀錄片《神秘的西夏開拍》，高仁，中國遼夏金研究年鑒 2013，中國社會科學出版社，2015 年。

85. 寫在大型史詩紀錄片《神秘的西夏》獲獎之後，馬雲，寧夏日報，2015 年 10 月 19 日第 10 版。

86. 中華民族多元文化的生動再現——觀紀錄片《神秘的西夏》，陳育寧，光明日報，2015 年 4 月 27 日第 14 版。

87. 《神秘的西夏》「熱能」正在釋放——訪《神秘的西夏》製片人焦連新，張碧遷，銀川日報，2015 年 3 月 27 日第 3 版。

（三）學者介紹

1. 論張澍的西夏學成就，胡玉冰，西北第二民族學院學報（哲學社會科學版），2004 年第 3 期。

2. 淺談清代學者王仁俊對敦煌學、西夏學的貢獻，胡玉冰，西北第二民族學院學報（哲學社會科學版），2001 年第 2 期。

3. 陳寅恪與藏語、西夏文的解讀，劉進寶，中國社會科學報，2013 年 4 月 17 日 A05 版。

4. 羅振玉父子對西夏學的貢獻，白濱，遼金西夏研究年鑑 2009，學苑出版社，2010 年。

5. 緬懷恩師王靜如教授，陳炳應，西夏研究（第 3 輯‧第二屆西夏學國際學術研討會論文集），中國社會科學出版社，2006 年。

6. 緬懷恩師王靜如教授，陳炳應，隴右文博，2006 年第 1 期。

7. 西夏學奠基者──王靜如教授，史金波，遼金西夏研究年鑑 2009，學苑出版社，2010 年。

8. 王靜如先生學術思想研討會發言摘編，西夏學（第九輯），上海古籍出版社，2014 年。

9. 紀念西夏學的開拓者和奠基者王靜如先生，史金波，西夏學（第九輯），上海古籍出版社，2014 年。

10. 王靜如先生和他的《西夏研究》──紀念王靜如先生誕辰 110 週年，薛正昌，西夏學（第九輯），上海古籍出版社，2014 年。

11. 王靜如先生和他編輯出版的《西夏研究》──紀念王靜如先生誕辰 110 週年，薛迎春、薛正昌，南通大學學報（社會科學版），2014 年第 6 期。

12. 目光四射的史學大家──吳天墀先生學述，羅志田，讀書，2013 年第 12 期。

13. 為史學開出光煥之新景──紀念通儒吳天墀先生，羅志田，四川大學學報（哲學社會科學版），2013 年第 2 期。

14. 為史學開出光煥之新景──紀念通儒吳天墀先生，羅志田，吳天墀教授百年誕辰紀念文集，四川人民出版社，2013 年。

15. 為人師表　桃李芬芳──紀念吳天墀教授誕辰百週年，李範文，吳天墀教授百年誕辰紀念文集，四川人民出版社，2013 年。

16. 深切而難忘的懷念──我與吳天墀先生，李蔚，吳天墀教授百年誕辰紀念文集，四川人民出版社，2013 年。

17. 西夏史學家吳天墀，常崇宇，吳天墀教授百年誕辰紀念文集，四川人民出版社，2013 年。

18. 川內開花川外紅──緬懷吳天墀先生，張邦煒，吳天墀教授百年誕辰紀念文集，四川人民出版社，2013 年。

19. 緬懷吳天墀先生，鄧小南，吳天墀教授百年誕辰紀念文集，四川人民出版社，2013 年。

20. 在吳天墀先生指導下學習和工作，杜建錄，吳天墀教授百年誕辰紀念文集，四川人民出版社，2013 年。

21. 紀念吳天墀先生，伍宗華，吳天墀教授百年誕辰紀念文集，四川人民出版社，2013 年。

22. 哲人云逝　典型仍存——紀念吳天墀先生，何崝，吳天墀教授百年誕辰紀念文集，四川人民出版社，2013 年。

23. 憶吳天墀師，鄒重華，吳天墀教授百年誕辰紀念文集，四川人民出版社，2013 年。

24. 雁過長空　影沉寒水——吳天墀先生與我二三憶，段玉明，吳天墀教授百年誕辰紀念文集，四川人民出版社，2013 年。

25. 淚別吳天墀先生，劉復生，吳天墀教授百年誕辰紀念文集，四川人民出版社，2013 年。

26. 崇實不虛，持論公正：徐中舒先生對吳天墀先生治學觀之影響——從回憶吳先生說「我治學是從讀爛書、舊書中出來的」談起，譚繼和，吳天墀教授百年誕辰紀念文集，四川人民出版社，2013 年。

27. 略談吳天墀先生晚年未竟之作：《十至十四世紀中國學術文化繫年》，蔡崇榜，吳天墀教授百年誕辰紀念文集，四川人民出版社，2013 年。

28. 吳天墀先生與《徐中舒歷史論文選集》，徐亮工，吳天墀教授百年誕辰紀念文集，四川人民出版社，2013 年。

29. 吳天墀先生之治史風貌及特點——紀念吳天墀先生誕辰百週年，劉復生，吳天墀教授百年誕辰紀念文集，四川人民出版社，2013 年。

30. 黃振華，聶鴻音，遼金西夏研究 2012，同心出版社，2014 年。

31. 黃振華先生西夏學研究述評，唐均，西夏學（第七輯），上海古籍出版社，2011 年。

32. 陳炳應先生對西夏學的貢獻與垂範，趙天英、陳虎，西夏學（第七輯），上海古籍出版社，2011 年。

33. 西夏瑰寶耀隴原——訪著名西夏學專家陳炳應，甘肅日報，2003 年 6 月 6 日。

34. 懷念陳炳應老師，梁繼紅，隴右文博，2009 年第 1 期。

35. 韓蔭晟，杜建錄，遼金西夏研究 2010，同心出版社，2012 年。

36. 回憶我和韓蔭晟先生的一段交往，王天順，寧夏社會科學，2003 年第 5 期。

37. N.A.Nevsky's Contribution into Tangut Studies（聶歷山對西夏研究的貢獻），M.V.Sofronov（索夫羅諾夫），中國多文字時代的歷史文獻研究，社會科學文獻出版社，2010 年。

38. 克恰諾夫教授不朽，（俄）伊麗娜·波波娃著，聶鴻音編譯，寧夏社會科學，2013 年第 4 期。

39. 克恰諾夫教授不朽，伊麗娜·波波娃著，聶鴻音編譯，遼金西夏研究 2012，同心出版社，2014 年。

40. Стало судьбой, Irina Popova, *Тангуты в Центральной Азии: Сборник статей в честь 80-летия проф. Е.И.Кычанова*, Irina Popova, ed.Moscow: Oriental Literature, 2012.

41. 西夏學的豐碑——克恰諾夫教授西夏研究的重要貢獻和影響，史金波，遼金西夏研究 2012，同心出版社，2014 年。

42. Evgenij Ivanovich Kychanov (1932～2013): The Life of a Tangut Studies Pioneer, Irina F. Popova, *Central Asiatic Journal*, Vol. 57, *(Special Tangut Edition)*, 2014.

43. 西夏學的豐碑——克恰諾夫教授西夏研究的重要貢獻和影響，史金波，華西語文學刊（第六輯），四川文藝出版社，2012 年。

44. The Pillar of Tangutology: E. I. Kychanov's Contribution and Influence on Tangut Studies, Shijinbo, *Тангуты в Центральной Азии: Сборник статей в честь 80-летия профессора*, Е.И.Кычанова, ирина попова, Восточная литература, 2012.

45. 克恰諾夫與黑水城出土文獻——祝嘏克氏八十華誕紀念，李範文，西夏研究，2012 年第 2 期。

46. E. I.克恰諾夫與黑水城文獻研究，李範文，*Тангуты в Центральной Азии: Сборник статей в честь 80-летия проф. Е.И.Кычанова*, Irina Popova, ed.Moscow: Oriental Literature, 2012。

47. 赤子之心 沙裏淘金，李範文，寧夏社會科學，2001 年第 2 期。

48. 揭開西夏王國神秘面紗的人，孫穎慧，寧夏社會科學，2001 年第 3 期。

49. 把西夏「絕學」傳遍世界——訪寧夏社會科學院名譽院長、博士生導師李範文教授，張永強，中國人事報，2006 年 12 月 22 日第 1 版。

50. 西夏文明的守望者與解讀者，賀璐璐，中國民族，2008 年第 9 期。

51. 李範文：不了西夏情，秦灃，新西部（上旬刊），2008 年第 10 期。

52. 「傻人」李範文——記西夏學專家、全國「傑出專業技術人才」李範文，杜峻曉、老渡，人民日報，2007 年 9 月 5 日第 15 版。

53. 李範文：用生命破解西夏絕學，張聖華，中國人才，2007 年第 1 期。

54. 西夏文：其言已逝其學不絕——李範文先生獲法蘭西「儒蓮獎」，倪會智、劉豔豔，共產黨人，2014 年第 1 期。

55. 李範文先生榮獲國際漢學最高榮譽——「儒蓮獎」，西夏研究，2014 年第 1 期。

56. 西夏簡史和一個學者的「西夏學情結」，王蓬，延河，2012 年第 4 期。

57. 牛達生訪談錄（附錄：牛達生西夏學論著目錄），王培培，遼金西夏研究 2010，同心出版社，2012 年。

58. 牛達生與他的《西夏活字印刷研究》，王玉琴，寧夏史志，2006 年第 2 期。

59. 二十年磨一劍——牛達生和他的西夏錢幣研究，劉志良，金融時報，2007 年 11 月 9 日第 11 版。

60. 我的西夏錢幣研究，牛達生，寧夏史志，2013 年第 1 期。

61. 史金波教授，馬光，中國社會科學院研究生院學報，2008 年第 3 期。

62. 國家圖書館、國家古籍保護中心賀信，薪火相傳——史金波先生 70 壽辰西夏學國際學術研討會論文集，中國社會科學出版社，2012 年。

63. 河北大學宋史研究中心賀辭，薪火相傳——史金波先生 70 壽辰西夏學國際學術研討會論文集，中國社會科學出版社，2012 年。

64. 中國文字博物館賀信，薪火相傳——史金波先生 70 壽辰西夏學國際學術研討會論文集　中國社會科學出版社，2012 年.

65. 在「薪火相傳——西夏學國際學術研討會」上的致辭，張昌東，薪火相傳——史金波先生 70 壽辰西夏學國際學術研討會論文集，中國社會科學出版社，2012 年。

66. 在「薪火相傳——西夏學國際學術研討會」上的發言，揣振宇，薪火相傳——史金波先生 70 壽辰西夏學國際學術研討會論文集，中國社會科學出版社，2012 年。

67. 金波泓遠——我所認識的史金波先生，劉兆和，薪火相傳——史金波先生 70 壽辰西夏學國際學術研討會論文集，中國社會科學出版社，2012 年。

68. 星星之火，已經燎原——在祝賀史金波先生 70 壽辰「薪火相傳」學術研討會上的發言，杜建錄，薪火相傳——史金波先生 70 壽辰西夏學國際學術研討會論文集，中國社會科學出版社，2012 年。

69. 半生緣 一世情——史金波先生與國家圖書館西夏文獻，黃潤華，薪火相傳——史金波先生 70 壽辰西夏學國際學術研討會論文集，中國社會科學出版社，2012 年。

70. 薪火相傳——西夏學國際學術研討會上祝賀史先生七十華誕的發言，李華瑞，薪火相傳——史金波先生 70 壽辰西夏學國際學術研討會論文集，中國社會科學出版社，2012 年。

71. 老驥伏櫪 志在千里——賀史先生古稀之年的西夏學研究成就，吳峰雲，薪火相傳——史金波先生 70 壽辰西夏學國際學術研討會論文集，中國社會科學出版社，2012 年。

72. 學者風範 良師益友——我所認識的史金波先生，孫壽齡，薪火相傳——史金波先生 70 壽辰西夏學國際學術研討會論文集，中國社會科學出版社，2012 年。

73. 治學嚴謹 大家風範，吳貴飆，薪火相傳——史金波先生 70 壽辰西夏學國際學術研討會論文集，中國社會科學出版社，2012 年。

74. 厚德載物 明辨篤行——史金波先生印象，邸永君，薪火相傳——史金波先生 70 壽辰西夏學國際學術研討會論文集，中國社會科學出版社，2012 年。

75. 史金波先生與西夏佛教研究，楊富學、樊麗莎，薪火相傳——史金波先生 70 壽辰西夏學國際學術研討會論文集，中國社會科學出版社，2012 年。

76. 史金波先生的西夏之旅，劉建安，薪火相傳——史金波先生 70 壽辰西夏學國際學術研討會論文集，中國社會科學出版社，2012 年。

77. 史金波先生引領我走上學術征途，唐均，薪火相傳——史金波先生 70 壽辰西夏學國際學術研討會論文集，中國社會科學出版社，2012 年。

78. 讓西夏從鮮爲人知到清晰鮮活——訪中國社會科學院學部委員、民族學與人類學研究所研究員史金波，張春海，中國社會科學報，2010 年 12 月 14 日第 4 版。

79. 從西夏學看中華民族多元一體——訪中國社會科學院學部委員史金波，安靜，中國社會科學報，2013 年 12 月 30 日 B03 版。

80. 揭開西夏「神秘王朝」的面紗——訪國家社科基金特別委託項目「西夏文獻文物研究」首席專家史金波，方興，中國社會科學報，2012 年 4 月 18 日 B04 版。

81. 我的西夏研究之路，史金波，中國哲學社會科學發展歷程回憶（政法社會卷），中國社會科學出版社，2014 年。

82. 白濱訪談錄，王培培，遼金西夏研究年鑒 2009，學苑出版社，2010 年。

83. 孫壽齡：癡心研究西夏文化，馬順龍、黃海本，甘肅日報，2011 年 11 月 8 日第 7 版。

84. 孫壽齡：20 載刀筆不輟「復活西夏文化」，王豔明、程楠，中國文物報，2015 年 1 月 30 日第 1 版。

85. 傳播西夏文化的使者——孫壽齡赴杭州、景德鎮講學小記，昊洲，武威日報，2007 年 12 月 12 日第 1 版。

86. 湯曉芳病榻上編成《西夏藝術》，莊電一，光明日報，2003 年 9 月 5 日。

87. 杜建錄：與西夏學一起「進步」，杜建錄、莊電一，光明日報，2010 年 12 月 23 日第 6 版。

88. 杜建錄教授入選教育部 2011 年度「長江學者獎勵計劃」特聘教授，寧夏大學西夏學研究院，中國遼夏金研究年鑒 2013，中國社會科學出版社，2015 年。

89. 彭向前研究員赴俄交流西夏學，彭向前，中國遼夏金研究年鑒 2013，中國社會科學出版社，2015 年。

90. 西夏學「黑馬」岳鍵亮相聖彼得堡，白燕，寧夏日報，2006 年 11 月 9 日第 1 版。

91. 方春霞：與西夏結緣的女性，吳宏林，華興時報，2007 年 2 月 13 日第 2 版。

（四）書評、序、出版信息

1. 評《國立北平圖書館館刊》第四卷第三號西夏文專號及王靜如《西夏研究》第一輯，（法）加斯帕爾頓著，聶鴻音譯，國外早期西夏學論集（二），民族出版社，2005 年。

2. 出版《西夏研究專號》增刊預告，容坤，文獻，2002 年第 3 期。

3. 《國家圖書館學刊》（西夏研究專號）簡介，耿素麗，宋史研究通訊，2002
   年第 2 期。

4. 《王靜如文集》未收的一篇文章，高山杉，南方都市報，2015 年 6 月 28
   日 GB15 版。

5. 《史金波文集》出版發行，普馳達嶺，民族語文，2005 年第 5 期。

6. 復原西夏社會　填補史學空白——院重大課題（B 類）《西夏社會》結項，
   孫龍，中國社會科學院院報，2006 年 6 月 20 日第 2 版。

7. 填補史學空白　透視西夏社會，王婧姝，中國民族報，2006 年 7 月 14 日
   第 9 版。

8. 一部西夏史研究的創新力作——評史金波著《西夏社會》，陳育寧、杜建
   錄，民族研究，2009 年第 3 期。

9. 《西夏社會》再現西夏社會面貌，莊電一，光明日報，2009 年 5 月 31 日
   第 1 版。

10. 再現鮮爲人知的西夏王朝——讀《西夏社會》（上、下卷），黃英，中國社
    會科學院院報，2008 年 8 月 21 日第 2 版。

11. 多方面多角度透視西夏社會——《西夏社會》（上、下卷）簡介，黃英，
    學術動態，2008 年第 21 期。

12. 西夏學研究又出兩項重大成果，彭建東，中國知識產權報，2007 年 3 月
    30 日第 9 版。

13. 書評　龔煌城著『西夏語文研究論文集』，荒川慎太郎，（日）言語研究
    （127），2005 年 3 月。

14. 《西夏與周邊關係研究》序，史金波，西夏研究，2011 年第 2 期。

15. 《西夏與周邊關係研究》簡介，學富，西夏研究，2012 年第 1 期。

16. 滿園春色獨枝俏——讀楊富學、陳愛峰著《西夏與周邊關係研究》，王東，
    甘肅民族研究，2013 年第 4 期。

17. 新材料、新問題、新視角——評《西夏與周邊關係研究》，汪一凡、楊浣，
    中國遼夏金研究年鑒 2013，中國社會科學出版社，2015 年。

18. 一部傳統課題上的探微之作——《西夏與周邊關係研究》評介，常嵐、于
    光建，西北民族大學學報（哲學社會科學版），2013 年第 6 期。

19. 敦煌學視角下的西夏與周邊民族關係研究——評《西夏與周邊關係研

究》，許偉偉，西夏研究，2014 年第 3 期。

20.《遼金西夏史》評介，周峰，中國史研究動態，2004 年第 3 期。

21. 西夏史研究的新成果——評李蔚著《西夏史》，隴夫，西夏研究，2011 年第 3 期。

22.《西夏語語法》緒論，（俄）索弗羅諾夫著，孫穎新譯，西夏學（第七輯），上海古籍出版社，2011 年。

23.《俄藏黑水城西夏文佛經文獻敘錄・緒論》，（俄）葉・伊・克恰諾夫著，崔紅芬譯，西夏研究，2011 年第 4 期。

24.《俄藏黑水城西夏文佛經文獻敘錄・緒論（2）》，（俄）葉・伊・克恰諾夫著，崔紅芬譯，西夏研究，2011 年第 1 期。

25.《俄藏黑水城出土西夏文佛經文獻敘錄》介評，崔紅芬，圖書館理論與實踐，2004 年第 5 期。

26. 西夏文翻譯出版捐贈記，高正錄，檔案，2003 年第 3 期。

27. 一款精心調製的西夏歷史文化套餐——《說西夏》評介，彭向前，寧夏師範學院學報，2010 年第 1 期。

28.《消失的王國——西夏》評介，楊富學、寧萍，甘肅民族研究，2006 年第 1 期。

29. 新版《中國歷史・西夏史》編輯後記，張秀平，新華文摘，2010 年第 4 期。

30.《中國行政區劃通史》宋西夏卷、明代卷和中華民國卷出版，梁建國，中國史研究動態，2008 年第 3 期。

31.《西夏地理研究》評介，祁琛雲，地理學報，2010 年第 2 期。

32.《中國藏黑水城漢文文獻》簡介，杜建錄，遼金西夏研究年鑒 2009，學苑出版社，2010 年。

33.《中國藏黑水城漢文文獻》序，王正偉，西夏學（第四輯），寧夏人民出版社，2009 年。

34. 世界三大藏家西夏文獻公諸於世西夏學研究告別傷心歷史，余傳詩，中華讀書報，2006 年 7 月 19 日第 1 版。

35. 傳世西夏文獻九成以上公諸於世——三大館藏瑰寶悉數刊印，余傳詩，光明日報，2006 年 7 月 20 日第 2 版。

36. 西夏古籍研究成果被編入初中教材，莊電一，光明日報，2007 年 3 月 25

日第 3 版。

37. 內蒙古黑水城文獻研究與黑城學成果顯著，王大方，內蒙古日報（漢），
2007 年 11 月 5 日第 7 版。

38. 《大麥地岩畫》《英藏黑水城文獻》首發，朱俠、王凌，中國新聞出版報，
2005 年 11 月 8 日第 1 版。

39. 《党項與西夏資料索引、標注與異名對照》前言，杜建錄，西夏學（第五
輯）——首屆西夏學國際論壇專號（上），上海古籍出版社，2010 年。

40. 《元代西夏遺民文獻〈述善集〉校注》標點獻疑，問永寧，社科縱橫，2009
年第 6 期。

41. 元代西夏遺民研究的新成果——《〈述善集〉研究論文集》序，朱紹侯，
固原師專學報，2001 年第 4 期。

42. 《元代西夏遺民文獻〈述善集〉校注》簡評，鄭國穆，隴右文博，2002 年
第 1 期。

43. 覓寶於「尋常百姓家故紙堆中」——評《元代西夏遺民文獻〈述善集〉校
注》，劉再聰，甘肅民族研究，2005 年第 3 期。

44. 《元代西夏遺民文獻〈述善集〉校注》述評，李吉和，西夏學（第一輯），
寧夏人民出版社，2006 年。

45. 新出史料『述善集』紹介——新刊の関連書三冊——『元代西夏遺民文獻
《述善集》校注』（焦進文・楊富學校注）『述善集研究論集』（何広博 主
編）『中國北方民族歷史文化論稿』（楊富學著）（特集 元代史研究におけ
る多角的アプローチの試み）——（フィールドワークと新出資料をめぐ
って），舩田善之，（日）史滴（24），2002 年 12 月。

46. 關於《述善集》所收張以寧詩文的幾個問題，朱巧雲，寧夏大學學報（人
文社會科學版），2006 年第 5 期。

47. 傳承文明 自主創新——大型叢書《西夏研究》簡介，卜平、王豔春，寧
夏社會科學，2009 第 3 期。

48. 承百年傳統 創未來新業——《西夏研究叢書》序，陳育寧，寧夏大學學
報（人文社會科學版），2003 年第 1 期。

49. 寧夏大學西夏學研究中心又推力作——第 4 輯《西夏研究叢書》出版，彭
向前，西夏學（第一輯），寧夏人民出版社，2006 年。

50. 《〈天盛律令〉與西夏法制研究》評介，彭向前，西夏學（第一輯），寧夏

人民出版社，2006 年。

51. 《〈天盛律令〉與西夏法制研究》評介，彭向前，寧夏大學學報（人文社會科學版），2009 年第 2 期。

52. 《西夏通史》導論篇——總論（附函一、函二），李範文，（臺灣）遼夏金元史教研通訊，2001 年第 1 期。

53. 《西夏通史》出版，席柯，中國社會科學院院報，2005 年 11 月 29 日第 4 版。

54. 西夏史研究的集大成之作——評《西夏通史》，劉建麗，寧夏社會科學，2006 年第 4 期。

55. 西夏學研究出版連呈碩果，余傳詩、莊建，中華讀書報，2005 年 11 月 9 日第 1 版。

56. 西夏學如今「人丁興旺」，莊電一，光明日報，2009 年 5 月 24 日第 2 版。

57. 《西夏學大詞典》擬於明年出版，馬玉濤、韓國昌，中國新聞出版報，2007 年 3 月 1 日第 4 版。

58. 《李範文西夏學論文集》與《簡明夏漢字典》出版，保宏彪、張萬靜，西夏研究，2013 年第 1 期。

59. 四十寒暑甘寂寞 五百萬言足千秋——評韓蔭晟《党項與西夏資料彙編》，王天順，國家圖書館學刊（西夏研究專號），2002 年增刊。

60. 略論《党項與西夏資料彙編》的文獻學價值，馬學林，圖書館理論與實踐，2002 年第 4 期。

61. 二重互證 鉤沉發隱——評杜建錄著《西夏經濟史》，楊富學，寧夏大學學報（人文社會科學版），2004 年第 5 期。

62. 《西夏經濟史》評介，李華瑞，中國經濟史研究，2003 年第 4 期。

63. 西夏美術史研究的拓荒之作——讀《西夏美術史》，李彤，寧夏社會科學，2003 年第 5 期。

64. 《〈同音文海寶韻合編〉整理與研究》讀後，聶鴻音，書品，2009 年第 2 期。

65. 《〈同音文海寶韻合編〉整理與研究》評介，彭向前，西夏研究，2012 年第 4 期。

66. 《〈同音文海寶韻合編〉整理與研究》評介，段玉泉，辭書研究，2014 年第 4 期。

67. 《俄藏黑水城所出〈宋西北邊境軍政文書〉整理與研究》讀後，聶鴻音，書品，2009 年第 6 期。

68. 《俄藏黑水城所出（宋西北邊境軍政文書）整理與研究》讀後，朱建路，中國史研究動態，2011 年第 2 期。

69. 俄藏黑水城漢文文獻研究的里程碑——評孫繼民《俄藏黑水城所出〈宋西北邊境軍政文書〉整理與研究》，馮金忠、宋燕鵬，寧夏社會科學，2009 年第 6 期。

70. 殘頁做出大文章——評《俄藏黑水城所出〈宋西北邊境軍政文書〉整理與研究》，史金波，安徽史學，2009 年第 6 期。

71. 西夏文獻研究的新探索——評胡玉冰《傳統典籍中漢文西夏文獻研究》，劉建麗、郝軍，寧夏師範學院學報，2009 年第 4 期。

72. 西夏文獻整理研究的里程碑——《中國藏西夏文獻》整理出版，彭向前，寧夏大學學報（人文社會科學版），2005 年第 5 期。

73. 大型系列文獻叢書《中國藏西夏文獻》陸續出版，彭向前，古籍整理出版情況簡報，2006 年第 1 期。

74. 《中國藏西夏文獻》填補西夏學研究眾多空白，趙鳳華，科技日報，2007 年 11 月 8 日第 7 版。

75. 《中國藏西夏文獻》出版——填補國內西夏學研究眾多空白，馮舒玲，寧夏日報，2007 年 11 月 7 日第 1 版。

76. 《中國藏西夏文獻》——復活消失的歷史，馮舒玲，寧夏日報，2007 年 11 月 13 日第 4 版。

77. 大型系列文獻叢書《中國藏西夏文獻》出版，邱永君，學術動態，2005 年第 24 期。

78. 極為珍貴的西夏文獻資料，李致忠，西夏學（第三輯），寧夏人民出版社，2008 年。

79. 西夏文獻整理研究的里程碑——大型文獻叢書《中國藏西夏文獻》整理出版，寧夏大學西夏學研究中心，西夏學（第三輯），寧夏人民出版社，2008 年。

80. 中國少數民族文獻整理研究中的奇葩，張公瑾，西夏學（第三輯），寧夏人民出版社，2008 年。

81. 《中國藏西夏文獻》的內容特點，史金波，西夏學（第三輯），寧夏人民出

版社，2008 年。

82.《中國藏西夏文獻》出版過程，高國祥，西夏學（第三輯），寧夏人民出版社，2008 年。

83. 功在當代 利在千秋——祝賀《中國藏西夏文獻》出版，蔡美彪，西夏學（第三輯），寧夏人民出版社，2008 年。

84. 中國藏西夏文獻綜述，史金波、李進增、王效軍、羅豐、孫昌盛、彭金章、俄軍、楊福、胡愛玲、蘇東、索秀芬、李少兵、孫福喜、趙斌、杜建錄、馬升林、賀吉德，西夏學（第二輯），寧夏人民出版社，2007 年。

85. 中國藏西夏文獻概論，杜建錄，西夏學（第二輯），寧夏人民出版社，2007 年。

86. 西夏文獻整理研究的里程碑（代序），陳育寧，西夏學（第二輯），寧夏人民出版社，2007 年。

87. 中國藏西夏文文獻新探，史金波，西夏學（第二輯），寧夏人民出版社，2007 年。

88.《中國藏西夏文獻》總目錄，西夏學（第三輯），寧夏人民出版社，2008 年。

89. 中國藏西夏文獻敘錄，杜建錄，西夏學（第三輯），寧夏人民出版社，2008 年。

90.《中國國家圖書館藏西夏文獻》全部出齊，金鑫，中國新聞出版報，2006 年 8 月 3 日第 4 版。

91. 敦煌西夏文文獻結集出版，劉泉龍，中華新聞報，2007 年 5 月 16 日 D02 版。

92. 流失西夏文獻悉數「歸國」——《法藏敦煌西夏文獻》出版，周志忠、曹玲娟，人民日報，2007 年 5 月 15 日第 11 版。

93. 大型圖書《法藏敦煌西夏文獻》面世——標誌著流失在俄羅斯、英國、法國近百年的西夏文獻都已「回歸」祖國，莊電一，光明日報，2007 年 5 月 12 日第 2 版。

94. 冷僻的西夏學成為「熱學」——百萬字《西夏學大詞典》呼之欲出，莊電一，光明日報，2001 年 11 月 28 日 A01 版。

95. 繼往開來 再創輝煌——簡述《西夏語比較研究》的學術價值，張安生，寧夏社會科學，2001 年第 2 期。

96. 《西夏語比較研究》簡評，王梅蘭、劉軍燕，寧夏大學學報（人文社會科學版），2005 年第 5 期。

97. 區域研究的若干啓示——兼評前田正名《陝西橫山歷史地理學研究》，楊蕤，西夏研究（第 3 輯・第二屆西夏學國際學術研討會論文集），中國社會科學出版社，2006 年。

98. 西夏文物考古的一面旗幟——牛達生先生《西夏考古論稿》序言，史金波，石河子大學學報（哲學社會科學版），2015 年第 2 期。

99. 西夏文物考古研究的典範之作——讀牛達生先生《西夏考古論稿》有感，于光建，西夏研究，2015 年第 2 期。

100. 西夏文物考古研究的典範之作——讀牛達生先生《西夏考古論稿》有感，于光建，中國遼夏金研究年鑒 2013，中國社會科學出版社，2015 年。

101. 讀《西夏考古論稿》，高山杉，南方都市報，2014 年 3 月 2 日 GB23 版。

102. 《西夏考古論稿》讀後感及補論，孫繼民、宋坤，寧夏社會科學，2014 年第 5 期。

103. 《西夏錢幣研究》出版，寧夏史志，2014 年第 3 期。

104. 西夏錢幣研究的扛鼎之作——讀牛達生先生《西夏錢幣研究》，白秦川，中國遼夏金研究年鑒 2013，中國社會科學出版社，2015 年。

105. 根植西夏 惠施泉界——評牛達生新著《西夏錢幣研究》，楊富學、曹源，西夏研究，2015 年第 2 期。

106. 弘揚先進民族文化的一部好書——《遼西夏金元四朝貨幣圖錄精選》，楊魯安，中國錢幣，2004 年第 1 期。

107. 學習西夏文的一把金鑰匙——史金波先生《西夏文教程》簡評，趙天英，中國遼夏金研究年鑒 2013，中國社會科學出版社，2015 年。

108. 評史金波著《西夏文教程》，高仁，中國遼夏金研究年鑒 2013，中國社會科學出版社，2015 年。

109. 一部實用的西夏學研究工具書——《党項西夏文獻研究——詞目索引、注釋與異名對照》，佟建榮，中國遼夏金研究年鑒 2013，中國社會科學出版社，2015 年。

110. 俄藏文獻整理的里程碑——《俄藏黑水城漢文非佛教文獻整理與研究》評介，潘潔，中國遼夏金研究年鑒 2013，中國社會科學出版社，2015 年。

111. 李昌憲先生《中國行政區劃通史——宋西夏卷》評介，田志光、王曾瑜，中國史研究動態，2010 年第 9 期。

112. 評《宋夏關係史》，焦榮，劍南文學（下半月），2011 年第 8 期。

113. 《宋夏關係史》評介，謝園園、屈湘琴，人間，2015 年第 18 期。

114. 寧夏出版西夏王陵發掘報告，雍斌，西部時報，2007 年 7 月 3 日第 2 版。

115. 《西夏三號陵：地面遺跡發掘報告》簡介，葉知秋，考古，2007 年第 9 期。

116. 《西夏六號陵》簡介，付兵兵，考古，2013 年第 12 期。

117. 關於西夏陵的兩本考古新著——《西夏六號陵》、《西夏陵》簡介，楊弋，中國遼夏金研究年鑒 2013，中國社會科學出版社，2015 年。

118. 現存最早西夏古塔研究成果面世，熊敏，寧夏日報，2005 年 7 月 6 日第 1 版。

119. 《俄藏黑水城文獻敘錄》補，張秀清，邊疆考古研究（第 15 輯），科學出版社，2014 年。

120. 2013 年出版《俄藏黑水城文獻》第 20～22 冊簡介，蘇航，中國遼夏金研究年鑒 2013，中國社會科學出版社，2015 年。

121. 聶鴻音《西夏文獻論稿》讀後，孫伯君，遼金西夏研究年鑒 2013，中國社會科學出版社，2015 年。

122. 《西夏語研究新論》讀後，聶鴻音，遼金西夏研究年鑒 2013，中國社會科學出版社，2015 年。

123. 胡玉冰教授新著《西夏書校補》出版，正昌，西夏研究，2015 年第 1 期。

124. 《西夏文獻研究叢刊》總序，郝平，西夏學（第十一輯），上海古籍出版社，2015 年

125. 《〈天盛律令〉研究》前言，杜建錄、波波娃，西夏學（第十一輯），上海古籍出版社，2015 年。

126. 湯著《党項西夏史探微》序，蕭啓慶，暨南史學（第三輯），暨南大學出版社，2004 年。

127. 《党項西夏史探微》評介，陳文源，暨南學報（哲學社會科學版），2006 年第 5 期。

128. 宋夏戰爭史研究的新視角——《拓邊西北——北宋中後期對夏戰爭研究》評介，寧夏大學學報（人文社會科學版），何玉紅，2009 年第 2 期。

129. 小殘頁中的大歷史——評《黑水城宋代軍政文書研究》，吳玉梅，河北學刊，2015 年第 2 期。

130. 21 世紀遼宋西夏金史研究的里程碑式巨著——《遼宋西夏金代通史》，張春蘭，河北學刊，2012 年第 1 期。

131. 我讀《西夏史稿》，史金波，遼金西夏研究 2010，同心出版社，2012 年。

132. 《西夏社會文書》評介，彭向前，遼金西夏研究 2010，同心出版社，2012 年。

133. 《遼夏關係史》評介，周峰，遼金西夏研究 2010，同心出版社，2012 年。

134. 《遼金西夏研究 2010》評介，李西亞，東北史地，2012 年第 6 期。

135. 《西夏地理研究》再評價——與祁琛雲商榷，張祖群，合肥工業大學學報（社會科學版），2012 年第 4 期。

136. 學術人生　奮鬥不息（代序），陳育寧，薪火相傳——史金波先生 70 壽辰西夏學國際學術研討會論文集，中國社會科學出版社，2012 年。

137. 《西夏藝術史》序，史金波，遼金西夏研究 2010，同心出版社，2012 年。

138. 《西夏藝術史》後記（外一篇），陳育寧，草原，2010 年第 9 期。

139. 西夏藝術研究的探索新成就——《西夏藝術史》評介，潘潔，遼金西夏研究 2010，同心出版社，2012 年。

140. 《日本藏西夏文文獻》書評，高山杉，中西文化交流學報（第 4 卷第 2 號），2012 年 12 月。

141. 我讀《西夏史稿》，史金波，吳天墀教授百年誕辰紀念文集，四川人民出版社，2013 年。

142. 党項西夏研究的百科全書——評《党項西夏文獻研究——詞目索引、注釋與異名對照》，史金波，西夏研究，2013 年第 4 期。

143. 對話西夏文字，杜羽，光明日報，2013 年 12 月 18 日第 5 版。

144. 《党項西夏文獻研究——詞目索引、注釋與異名對照》概要，杜建錄，西夏研究，2013 年第 4 期。

145. 從「絕學」到「顯學」——讀史金波先生《西夏文教程》有感，孫宏開，寧夏社會科學，2014 年第 4 期。

146. 《新編西夏文字典》出版，寧夏社會科學，2014 年第 4 期。

147. 《西夏文〈孟子〉整理研究》評介，湯君、尤麗婭，西夏研究，2014 年第 3 期。

148.《西夏文〈孟子〉整理研究》讀後，段玉泉，中國遼夏金研究年鑒 2013，中國社會科學出版社，2015 年。

149.《西夏佛經序跋譯注》導言，聶鴻音，西夏學（第十輯），上海古籍出版社，2014 年。

150.《西夏物質文化》書評，商明惠，絲綢之路，2009 年第 20 期。

151.《西夏語譯〈眞實名經〉釋文研究》讀後，聶鴻音，書品，2007 年第 3 期。

152.《西夏研究》正式創刊，敦煌學輯刊，2009 年第 4 期。

153.《西夏研究》文獻信息計量分析（2010～2014），張琰玲、王耀，西夏研究，2015 年第 4 期。

154. 捷連提耶夫—卡坦斯基的《西夏書籍業》及其中譯本，聶鴻音，固原師專學報，2001 年第 4 期。

155.（俄）耶・伊・克恰諾夫著《天盛年改舊新定律令》研究專著序言譯文，唐克秀，西夏歷史與文化——第三屆西夏學國際學術研討會論文集，甘肅人民出版社，2010 年。

156. 西夏法典探求への道程——『西夏法典初探』を上梓し得て，島田正郎，（日）創文（458），2003 年 10 月。

157. 書評 島田正郎著「西夏法典初探（その 10）土地法・水利法」，同「西夏法典初探（その 11・完）典當・罪則不同」（『法律論叢』七三卷六號、七四卷一號），佐藤邦憲，（日）法制史研究（52），2002 年。

158. Review: "*New Laws*" of the Tangut State by E.I. Kychanov, Niehongyin, *Written Monuments of the Orient*, 2014, 1.

159. 書評 ed., *Тангуты в Центральной Азии: Сборник статей в честь 80-летия проф. Е.И.Кычанова*, Author Ryzhenkov Semen 壘謝苗，漢學研究通訊（第 33 卷 3 期），2014 年。

（五）目錄索引

1. 二十世紀西夏學論著資料索引，楊志高，二十世紀西夏學，寧夏人民出版社，2004 年。

2.《1990～1997 年西夏論文目錄索引》補遺及續，黃秀蘭，寧夏社會科學，2001 年第 4 期。

3.《1994～2003 上半年西夏論文目錄索引》補遺及續，楊燕，寧夏社會科學，2003 年第 6 期。

4. 1996 年～1999 年西夏研究論文索引，杜曼玲，寧夏大學學報（人文社會科學版），2003 年第 1 期。

5. 西夏學索引，李楊，遼金西夏研究年鑑 2009，學苑出版社，2010 年。

6. 2010 年西夏學論著目錄，周峰，遼金西夏研究 2010，同心出版社，2012 年。

7. 西夏學論著目錄，周峰，遼金西夏研究 2011，同心出版社，2013 年。

8. 2012 年西夏學論著目錄，周峰，遼金西夏研究 2012，同心出版社，2014 年。

9. 2013 年西夏學論著目錄，周峰、張笑峰，中國遼夏金研究年鑑 2013，中國社會科學出版社，2015 年。

10. 2013 年西夏學論著目錄，趙坤，遼金西夏研究年鑑 2013，中國社會科學出版社，2015 年。

11. 1998 年宋遼夏金文化研究論著目錄，王蓉貴，宋代文化研究（第 10 輯），線裝書局，2001 年。

12. 1999 年宋遼夏金文化研究論著目錄，王蓉貴，宋代文化研究（第 11 輯），線裝書局，2002 年。

13. 2000 年宋遼夏金文化研究論著目錄，王蓉貴，宋代文化研究（第 12 輯），線裝書局，2003 年。

14. 2010 年宋遼夏金文化研究論著目錄，王蓉貴，宋代文化研究（第 19 輯），四川文藝出版社，2011 年。

15. 2011 年宋遼夏金文化研究論著目錄，王蓉貴，宋代文化研究（第 20 輯），四川大學出版社，2013 年。

16. 2012 年宋遼夏金文化研究論著目錄，王蓉貴，宋代文化研究（第 21 輯），四川大學出版社，2014 年。

17. 2013 年宋遼夏金文化研究論著目錄，王蓉貴，宋代文化研究（第 22 輯），四川大學出版社，2015 年。

18.《述善集》與西夏遺民研究專題論著索引，楊富學，述善集研究論集，甘肅人民出版社，2001 年。

19. 國內現存出土西夏文獻簡明目錄，史金波、王菡、全桂花、林世田，國家圖書館學刊（西夏研究專號），2002 年增刊。

20. 西夏學專題研究書錄，馬淑萍，西夏歷史與文化——第三屆西夏學國際學

術研討會論文集，甘肅人民出版社，2010 年。

21. 羅福成著述目錄，李勤璞，遼金西夏研究 2010，同心出版社，2012 年。

22. 史金波論著目錄，薪火相傳——史金波先生 70 壽辰西夏學國際學術研討會論文集，中國社會科學出版社，2012 年。

23. Bibliography of English Language Sources, 1996～2002: Five Dynasties, Liao, Song, Xi Xia, Jin, and Yuan, Michael C. McGrath, *Journal of Song-Yuan Studies*, No. 39（2009）.

三、文獻及文獻考釋

（一）文獻介紹與綜述

1. 《遼史·西夏外記》「西夏紀事」探源，陳曉偉，西夏學（第八輯），上海古籍出版社，2011 年。

2. 《金史·西夏傳》點校本標點勘誤一則，梁松濤，中國史研究，2006 年第3 期。

3. 《續資治通鑒長編》人名標點勘誤八則，翟麗萍，西夏學（第八輯），上海古籍出版社，2011 年。

4. 《隆平集·夏國傳》箋證，王瑞來，吳天墀教授百年誕辰紀念文集，四川人民出版社，2013 年。

5. 《宋史筌》西夏列傳，金渭顯，宋史研究論文集——國際宋史研討會暨中國宋史研究會第九屆年會編刊，河北大學出版社，2002 年。

6. 《宋大詔令集》西夏目詔令繫年考，彭向前，寧夏社會科學，2006 年第2期。

7. 《宋大詔令集》西夏目詔令輯補，劉永剛，寧夏大學學報（人文社會科學版），2009 年第5 期。

8. 《續資治通鑒》西夏史事點校疑誤舉隅，劉正平，寧夏社會科學，2002 年第3 期。

9. 《西夏書》考略，胡玉冰，文獻，2001 年第2 期。

10. 關於《西夏書事》的若干問題，胡玉冰，史學史研究，2004 年第2 期。

11. 《西夏書事》的徵實精神與歷史認同意識，羅炳良，華中科技大學學報（社會科學版），2006 年第3 期。

12. 《西夏書事》的徵實精神與歷史認同意識，羅炳良，西夏研究（第 3 輯‧第二屆西夏學國際學術研討會論文集），中國社會科學出版社，2006 年。

13. 淺析《西夏志略》三種傳本之分冊與抄錄質量，胡玉冰，寧夏社會科學，2008 年第 6 期。

14. 日本大阪大學圖書館藏《西夏志略》考述，胡玉冰，西夏歷史與文化——第三屆西夏學國際學術研討會論文集，甘肅人民出版社，2010 年。

15. 張鑒與《西夏紀事本末》，胡玉冰，史學史研究，2003 年第 3 期。

16. 《宋西事案》考略，胡玉冰，民族研究，2005 年第 2 期。

17. 《西夏文綴》、《西夏文存》、《宋大詔令集》論略，胡玉冰，固原師專學報，2004 年第 4 期。

18. 西夏遺文錄，聶鴻音，西夏學（第二輯），寧夏人民出版社，2007 年。

19. 遼、西夏、金、元編譯類儒學文獻考，馬琛，儒藏論壇（第七輯），四川大學出版社，2014 年。

20. 從出土的西夏文獻資料談《西夏文獻類目提要》的撰寫，胡玉冰，圖書館理論與實踐，2004 年第 5 期。

21. 漢文西夏文獻述要，胡玉冰，寧夏大學學報（人文社會科學版），2003 年第 1 期。

22. 漢文西夏文獻之特點及其研究意義和研究方法，胡玉冰，西夏學（第一輯），寧夏人民出版社，2006 年。

23. 傳統典籍中漢文西夏文獻新考，胡玉冰，薪火相傳——史金波先生 70 壽辰西夏學國際學術研討會論文集，中國社會科學出版社，2012 年。

24. 試述漢文西夏文獻之研究，胡玉冰，西夏研究（第 3 輯‧第二屆西夏學國際學術研討會論文集），中國社會科學出版社，2006 年。

25. 宋代重要漢文西夏史料解題，胡玉冰，寧夏師範學院學報，2014 年第 1 期。

26. 宋朝漢文西夏史籍及其著者考述，胡玉冰，寧夏大學學報（人文社會科學版），2001 年第 3 期。

27. 宋朝漢文西夏史籍及其著者續考，胡玉冰，寧夏大學學報（人文社會科學版），2001 年第 6 期。

28. 元朝史家編修漢文西夏史籍功過述略，胡玉冰，中國典籍與文化，2001 年第 4 期。

29. 傳統典籍中党項與西夏史料整理研究，杜建錄，宋史研究論叢（第十三輯），河北大學出版社，2012 年。

30. 明代題涉西夏文獻研究，問王剛，寧夏大學碩士學位論文，2015 年。

31. 明代題涉「西夏」文獻考補，楊浣、王麗鶯，吳天墀教授百年誕辰紀念文集，四川人民出版社，2013 年。

32. 明朝漢文西夏史籍述略，胡玉冰，寧夏社會科學，2001 年第 6 期。

33. 清代學者編修之西夏史籍述要，胡玉冰，寧夏大學學報（人文社會科學版），2005 年第 3 期。

34. 清人著漢文西夏史籍亡佚者考略，胡玉冰，寧夏社會科學，2001 年第 2 期。

35. 遼金元明清及近代重要漢文西夏文獻解題，胡玉冰，寧夏師範學院學報，2014 年第 2 期。

36. 十七種清及近代重要漢文西夏文獻解題，胡玉冰，西夏學（第十輯），上海古籍出版社，2014 年。

37. 王仁俊、羅福頤對有關西夏文獻的整理，胡玉冰，炎黃文化研究（第二輯），大象出版社，2005 年。

38. 《國立北平圖書館館刊·西夏文專號》編刊始末考略，胡玉冰，（臺灣）書目季刊，2006 年第 4 期。

39. 西夏文文獻的價值和整理出版的新進展，史金波，「中國傳統文化與 21 世紀」國際學術研討會論文集，中華書局，2003 年。

40. 西夏文獻的發現與整理研究，杜建錄，圖書館理論與實踐，2009 年第 4 期。

41. 党項與西夏題記敘錄，魏靈芝，寧夏師範學院學報，2007 年第 1 期。

42. 考古發現的西夏文獻資料及其研究價值，胡玉冰，人文雜誌，2004 年第 3 期。

43. 淺談考古發現的西夏文獻資料及其研究價值，胡玉冰，社會科學戰線，2004 年第 3 期。

44. 科茲洛夫考察隊黑城所獲漢文文獻考，（法）伯希和著，聶鴻音譯，國外早期西夏學論集（一），民族出版社，2005 年。

45. 黑城的西夏寫本，（俄）伊鳳閣著，馬忠建譯，國外早期西夏學論集（一），民族出版社，2005 年。

46. 西夏文文獻，（俄）伊鳳閣著，聶鴻音譯，國外早期西夏學論集（一），民族出版社，2005 年。

47. 西夏文本學，（俄）克恰諾夫著，閆廷亮譯，西夏學（第八輯），上海古籍出版社，2011 年。

48. 西夏文書考：カラホト出土文書を中心に（修士論文要旨），寺島重幸，（日）龍谷大學大學院文學研究科紀要（26），2004 年 12 月。

49. 西夏語文獻導讀：（I）緒言，林英津，遼夏金元史教研通訊，2004 年第 2 期。

50. 西夏文獻學研究，束錫紅，南京師範大學博士學位論文，2007 年。

51. 西夏文獻的版本學研究五議，束錫紅，西夏歷史與文化——第三屆西夏學國際學術研討會論文集，甘肅人民出版社，2010 年。

52. 西夏文獻圖像版面分割與分類算法研究與實現，劉麗暉、費向東，計算機光盤軟件與應用，2013 年第 4 期。

53. 創建黑水城出土文獻研究新的里程碑，史金波，河北學刊，2007 年第 4 期。

54. 黑水城文獻的多語文、跨學科研究，沈衛榮，中國社會科學報，2009 年 8 月 20 日第 5 版。

55. 黑水城文獻的考證與還原，白濱，河北學刊，2007 年第 4 期。

56. 黑水城文獻與中國古代史研究，孫繼民，西夏研究，2013 年第 2 期。

57. 黑水城出土西夏文獻について，西田龍雄，日本學士院紀要（60～1），2005 年 10 月。

58. 黑城西夏文書的發現與研究，牛達生，黑水城人文與環境研究——黑水城人文與環境國際學術討論會文集，中國人民大學出版社，2007 年。

59. 黑水城遺書述略，白濱，黑水城人文與環境研究——黑水城人文與環境國際學術討論會文集，中國人民大學出版社，2007 年。

60. 敦煌學視野下的黑水城文獻研究，孫繼民，南京師大學報（社會科學版），2009 年第 3 期。

61. 中國黑水城文獻的百年滄桑，張洪鋼、王鳳娥，圖書情報工作，2010 年第 7 期。

62. 黑水城文獻發現的始年及在近代新材料發現史上的地位，孫繼民、劉廣瑞，中國史研究，2008 年第 4 期。

63. 黑水城文獻：中國近代新材料的第五大發現，孫繼民、劉廣瑞，西夏歷史與文化——第三屆西夏學國際學術研討會論文集，甘肅人民出版社，2010年。

64. 黑水城出土文獻與西夏史研究，李華瑞，中國史研究，2008年第4期。

65. 關於黑水城文獻研究的兩個問題，白濱，中國史研究，2008年第4期。

66. 俄藏黑水城出土西夏文獻的發現與整理相關成果評介，王迎春，圖書館理論與實踐，2004年第6期。

67. 流失海外的西夏文明，史金波，尋根，2003年第5期。

68. 英法俄藏西夏文文獻的分析和比較，束錫紅，西夏研究（第3輯‧第二屆西夏學國際學術研討會論文集），中國社會科學出版社，2006年。

69. 俄藏黑水城西夏漢文文獻數量構成及經濟類文獻的價值，孫繼民，民族研究，2010年第3期。

70. 黑水城漢文文獻綜述，杜建錄，西夏學（第四輯），寧夏人民出版社，2009年。

71. 黑水城漢文文獻的學術價值，杜建錄，宋史研究論叢（第十一輯），河北大學出版社，2010年。

72. 準確把握黑水城文書的史料價值，邢鐵，民族研究，2010年第3期。

73. 黑水城文獻 開啓塵封的西夏記憶，王雯雯、張傑，湖北檔案，2015年第10期。

74. 黑水城出土文書與絲綢之路，張重豔，寧夏社會科學，2012年第2期。

75. 黑水城文獻的多民族性徵，楊富學、樊麗沙，敦煌研究，2012年第2期。

76. 黑水城西夏文文獻整理與研究，韓小忙，中國社會科學報，2012年12月19日A06版。

77. 文苑瑰寶：國家圖書館藏西夏文文獻，史金波，文獻，2003年第1期。

78. 國圖藏西夏文文獻的價值，史金波，中國文物報，2002年3月27日第4版。

79. 我與國家圖書館藏西夏文獻，史金波，光明日報，2009年11月19日第6版。

80. 國家圖書館藏西夏文文獻在西夏學中的地位，史金波，文津流觴，2003年第2期。

81. 國家圖書館收藏的西夏文、契丹文和女眞文文獻，黃潤華，遼金西夏研究年鑒 2009，學苑出版社，2010 年。

82. 歷久彌新：國家圖書館藏西夏文獻的新發現，史金波、林世田，學林漫錄（第 16 集），中華書局，2007 年。

83. 妙手回春　國家圖書館修復百件西夏文獻，王秋實、容麗，中國新聞出版報，2004 年 4 月 8 日第 2 版。

84. 中國藏西夏文文獻新探，史金波，中國社會科學院學術諮詢委員會集刊（第三集），社會科學文獻出版社，2007 年。

85. 重見天日——西夏文獻、文物的再發現，寧夏畫報（生活版），2013 年第 1 期。

86. 稀有的西夏文書，景愛，檔案與社會，2014 年第 5 期。

87. 黑水城出土西夏文獻概述，陳曉芳，圖書館理論與實踐，2013 年第 2 期。

88. 從《俄藏黑水城文獻》看西夏文書的製作與保護，尚世東，寧夏社會科學，2006 年第 4 期。

89. Tangut Fragments Preserved in the China National Institute of Cultural Heritage, 聶鴻音, *Тангуты в Центральной Азии: Сборник статей в честь 80-летия проф. Е.И.Кычанова*, Irina Popova, ed.Moscow: Oriental Literature, 2012.

90. 一批新見的額濟納旗綠城出土西夏文獻，段玉泉，西夏學（第十輯），上海古籍出版社，2014 年。

91. 寧夏靈武出土西夏文文獻探考，白濱，寧夏社會科學，2006 年第 1 期。

92. 寧夏靈武出土西夏文文獻探索，白濱，西夏研究（第 3 輯・第二屆西夏學國際學術研討會論文集），中國社會科學出版社，2006 年。

93. 甘肅省博物館藏西夏文覽珍，陳炳應，甘肅省博物館學術論文集，三秦出版社，2006 年。

94. 甘肅省博物館館藏西夏文獻述略，俄軍，考古與文物，2006 年第 6 期。

95. 寧夏博物館藏西夏文獻概述，王效軍，西夏學（第一輯），寧夏人民出版社，2006 年。

96. 內蒙古博物院、考古所收藏西夏文文獻，荒川愼太郎、趙哈中、高娃，（韓國）北方文化研究（第 6 期），2015 年 12 月。

97. 俄羅斯科學院東方寫本研究所西夏文文獻之收藏與研究，（俄）克恰諾夫

著，楊富學、裴蕾譯，西夏研究，2010 年第 3 期。

98. 俄羅斯科學院東方文獻研究所西夏藏的一些結果與展望, K. M. Bogdanov, *Тангуты в Центральной Азии:Сборник статей в честь 80-летия проф. Е.И.Кычанова*, Irina Popova, ed.Moscow: Oriental Literature, 2012.

99. 埃爾米塔日博物館藏西夏圖刊本（論識別中文原文）, E. A. Kiy, *Тангуты в Центральной Азии: Сборник статей в честь 80-летия проф. Е.И.Кычанова*, Irina Popova, ed.Moscow: Oriental Literature, 2012.

100. 破解西夏文文獻 探尋神秘的西夏，史金波，中國社會科學報，2012 年 11 月 23 日 A04 版。

101. 黑水城西夏文獻價值研究，孫繼民，中國社會科學報，2012 年 11 月 23 日 A05 版。

102. 黑水城漢文文獻的發現及其學術價值，楊曉華，圖書與情報，2005 年第 6 期。

103. 黑水城文獻編纂成果研究，邵明霞，遼寧大學碩士學位論文，2013 年。

104. 「黑水城文獻」解密宋夏金元歷史文化，蘭臺世界，2009 年第 5 期。

105. 論黑水城漢文文獻的學術價值，杜建錄，中國多文字時代的歷史文獻研究，社會科學文獻出版社，2010 年。

106. 公元 1226：「黑水城文獻最晚的西夏紀年，聶鴻音，寧夏社會科學，2012 年第 4 期。

107. 論西夏文獻流失海外的原因、經過和具體分佈，趙彥昌、邵明霞，遼寧大學學報（哲學社會科學版），2013 年第 3 期。

108. 伯希和、奧登堡和敦煌研究院三次發掘所獲北區西夏文文獻的相互關係，束錫紅，暨南史學（第六輯），暨南大學出版社，2007 年。

109. 《俄藏敦煌文獻》中的黑水城文獻，榮新江，黑水城人文與環境研究——黑水城人文與環境國際學術討論會文集，中國人民大學出版社，2007 年。

110. 《俄藏敦煌文獻》中的黑水城文獻補釋，馬振穎、鄭炳林，敦煌學輯刊，2015 年第 2 期。

111. 簡介英國藏西夏文獻，史金波，國家圖書館學刊（西夏研究專號），2002 年增刊。

112. 英藏黑水城文獻社會文書述略，許生根，寧夏社會科學，2004 年第 6 期。

113. 大英博物館藏西夏文殘卷，（英）格林斯坦德著，杜海譯，西夏研究，2013年第 1 期。

114. 大英博物館藏西夏文殘片，（英）格林斯坦德著，杜海譯，朔方論叢（第三輯），內蒙古大學出版社，2013 年。

115. 大英博物館藏西夏文殘片，（英）格林斯坦德著，王東譯，中國邊疆民族研究（第 7 輯），中央民族大學出版社，2013 年。

116. 英藏黑水城文獻概述，胡若飛，固原師專學報，2005 年第 5 期。

117. 英藏黑水城漢文文獻的整理研究，白寧寧，河北師範大學碩士學位論文，2013 年。

118. 黑城殘篇頻回首——英藏黑水城西夏文書的搜集、整理與研究，束錫紅，中國社會科學報，2009 年 8 月 20 日第 5 版。

119. 黑城殘篇頻回首——英藏黑水城西夏文書的搜集整理研究，束錫紅，圖書館理論與實踐，2012 年第 8 期。

120. 試論英藏黑水城出土社會文書的學術價值，許生根，西夏歷史與文化——第三屆西夏學國際學術研討會論文集，甘肅人民出版社，2010 年。

121. 英藏黑水城文獻和法藏敦煌西夏文文獻的版本學價值，束錫紅、府憲展，敦煌研究，2005 年第 5 期。

122. 英藏西夏文獻回歸紀實，雍斌，銀川晚報，2001 年 6 月 16 日。

123. 《英藏黑水城文獻》定名芻議及補正，史金波，西夏學（第五輯）——首屆西夏學國際論壇專號（上），上海古籍出版社，2010 年。

124. 法藏敦煌西夏文文獻考論，束錫紅，敦煌研究，2006 年第 5 期。

125. 法藏敦煌西夏文文獻考補，黃延軍，西夏研究，2010 年第 2 期。

126. 法藏敦煌西夏文文獻的考訂，劉景雲，敦煌研究，2008 年第 3 期。

127. 日本龍谷大學所藏西夏文獻的調研報告，武宇林，寧夏大學學報（人文社會科學版），2009 年第 5 期。

128. 民族のこころ（146）：民博所藏西夏語文獻調查始末，荒川愼太郎，（日）アジア・アフリカ言語文化研究所通信（114），2005 年。

129. 日本藏西夏漢文文書初探——張大千舊藏西夏漢文文書研究之一，劉廣瑞，西夏學（第十輯），上海古籍出版社，2014 年。

130. 張大千西夏文獻題跋考釋——張大千舊藏西夏漢文文書研究之二，劉廣瑞，寧夏師範學院學報，2015 年第 1 期。

131. 迄今西夏研究中的一個失誤，（德）查赫著，安婭譯，國外早期西夏學論集（一），民族出版社，2005 年。

132. 柏林民族博物館藏 T.M.190 號吐魯番寫本釋讀，（德）查赫著，聶鴻音譯，國外早期西夏學論集（一），民族出版社，2005 年。

133. 西夏文獻：解讀的理想和理想的解讀，聶鴻音，中國社會科學院院報，2006年 9 月 28 日第 6 版。

134. 夏譯漢籍校勘價值舉隅，彭向前，寧夏師範學院學報，2009 年第 4 期。

135. 西夏歷史的孑遺，宋得憲，發展，2012 年第 12 期。

136. 關於黑水城的兩件西夏文書，聶鴻音，中華文史論叢（第 63 輯），上海古籍出版社，2001 年。

137. 中國藏黑水城方術類文獻研究，趙小明，西北師範大學碩士學位論文，2011年。

138. 淺談建立西夏檔案文獻中心的必要性，王曉暉，蘭臺世界，2009 年第 23期。

139. 西夏文獻資源庫建設概況，全桂花，國家圖書館學刊，2005 年第 4 期。

140. 建立西夏文獻專題數據庫的設想，黃秀蘭，圖書館理論與實踐，2004 年第 3 期。

141. 開發建立西夏學文獻數據庫的思考，杜曼玲，中國校外教育（理論），2007年第 10 期。

142. 寧夏大學西夏學文獻資源建設探討，杜曼玲，圖書館理論與實踐，2004年第 5 期。

143. 寧夏大學建立西夏學文獻數據庫的可行性分析，杜曼玲，科技經濟市場，2007 年第 9 期。

（二）漢文世俗文獻

1. 俄藏黑水城文獻漢文世俗部分敘錄，魏靈芝，圖書館理論與實踐，2001年第 3 期。

2. 黑城出土的幾件漢文西夏文書考釋，杜建錄，中國史研究，2008 年第 4期。

3. 《中國藏黑水城漢文文獻》印本古籍殘片題名辨正，陳瑞青，薪火相傳——史金波先生 70 壽辰西夏學國際學術研討會論文集，中國社會科學出版

社，2012 年。

4. 西夏乾祐二年材料文書考釋，杜建錄，寧夏社會科學，2007 年第 2 期。

5. 西夏天盛十五年貸錢文契考釋，杜建錄，西夏歷史與文化——第三屆西夏學國際學術研討會論文集，甘肅人民出版社，2010 年。

6.《西夏天盛十五年（1163 年）王受貸錢契等》考釋，孫繼民、許會玲，宋史研究論叢（第九輯），河北大學出版社，2008 年。

7. 中國藏黑水城出土漢文借錢契研究，杜建錄，西夏學（第十輯），上海古籍出版社，2014 年。

8. 黑水城出土的幾件西夏社會文書考釋，杜建錄，宋史研究論叢（第九輯），河北大學出版社，2008 年。

9. 黑水城出土合夥契約再考釋，杜建錄、鄧文韜，西夏研究，2013 年第 4 期。

10. 黑城夏元時期契約文書的若干問題——以穀物借貸文書爲中心，許偉偉，寧夏社會科學，2009 第 3 期。

11. 西夏社會文書補釋，李華瑞，西夏學（第八輯），上海古籍出版社，2011 年。

12. 俄藏黑水城 TK27P 西夏文佛經背裱補字紙殘片性質辨——西夏乾祐年間材植文書再研究之二，孫繼民，西夏學（第十輯），上海古籍出版社，2014 年。

13. 黑水城所出西夏馬料文書補釋，陳瑞青，西夏學（第十輯），上海古籍出版社，2014 年。

14. 西夏漢文乾祐十四年安排官文書考釋及意義，孫繼民，江漢論壇，2010 年第 10 期。

15. 西夏文《瓜州監軍司審判案》遺文，（日）松澤博著，文婧、石尙濤譯，國家圖書館學刊（西夏研究專號），2002 年增刊。

16. 英藏黑水城馬匹草料文書考釋，杜建錄，寧夏社會科學，2009 年第 9 期。

17. 黑水城所出西夏漢文入庫賬復原研究，孫繼民，寧夏社會科學，2013 年第 6 期。

18. 黑水城所出《天慶年間裴松壽處典麥契》考釋，陳靜，文物春秋，2009 年第 2 期。

19. 英藏黑水城文獻中一件西夏契約文書考釋，李曉明、張建強，西夏研究，
    2012 年第 1 期。

20. 俄藏西夏天慶年間典糧文契考釋，杜建錄，西夏研究，2010 年第 1 期。

21. 關於兩件黑水城西夏漢文文書的初步研究，杜立暉，西夏學（第八輯），
    上海古籍出版社，2011 年。

22. 黑水城 M1・1221、M1・1225 漢文文書殘片考釋，邱志誠，寧夏師範學
    院學報，2014 年第 2 期。

23. 黑水城出土的幾件西夏社會文書考釋，杜建錄，宋史研究論叢（第九輯），
    河北大學出版社，2008 年。

24. 俄藏黑水城所出西夏光定十三年殺人狀初探，杜立暉，西夏歷史與文化——
    ——第三屆西夏學國際學術研討會論文集，甘肅人民出版社，2010 年。

25. 《西夏光定未年借穀物契》考釋，王元林，敦煌研究，2002 年第 2 期。

26. 西夏文撲賣餅房契，杜建錄，*Тангуты в Центральной Азии: Сборник
    статей в честь 80-летия проф. Е.И.Кычанова*, Irina Popova, ed.Moscow:
    Oriental Literature, 2012.

27. 西夏光定十二年正月李春狗等撲買餅房契考釋，杜建錄，吳天墀教授百年
    誕辰紀念文集，四川人民出版社，2013 年。

28. 俄藏黑水城 2822 號文書《雜集時要用字》研究，許文芳、韋寶畏，社科
    縱橫，2005 年第 6 期。

29. 敦煌新本 Дх02822《雜集時用要字》芻議，馬德，蘭州學刊，2006 年第 1
    期。

30. 俄敦二八二二號寫卷《雜集時用要字》研究，黃皓，浙江大學碩士學位論
    文，2008 年。

31. 俄藏敦煌文獻 Дx 02822《雜集時用要字》果子部淺析，王晶，和田師範專
    科學校學報（漢文綜合版），2008 年第 1 期。

32. дx02822 號文書再探，濮仲遠，寧夏師範學院學報，2010 年第 1 期。

33. 俄藏文獻 дх.2822 號「字書」的來源及相關問題，王使臻，西夏學（第五
    輯）——首屆西夏學國際論壇專號（上），上海古籍出版社，2010 年。

34. 《俗務要名林》與《雜集時用要字》研究管窺，陳敏，廈門大學碩士學位
    論文，2009 年。

35. 從俄藏漢文《雜字》看西夏社會發展，文志勇，蘭州學刊，2009 年第 2

期。

36. 漢文《雜字》所反映的西夏社會問題探析，崔紅芬，西夏學（第六輯）——首屆西夏學國際論壇專號（下），上海古籍出版社，2010 年。

37. 兩件新刊中國藏黑水城漢文文書殘片考釋，邱志誠，西夏學（第六輯）——首屆西夏學國際論壇專號（下），上海古籍出版社，2010 年。

38. 《解釋歌義》的作者玄髓，聶鴻音、孫伯君，書品，2007 年第 6 期。

39. 黑水城出土《解釋歌義》的作者、體制及版本辨析，張憲榮，圖書館理論與實踐，2015 年第 8 期。

40. 西夏京房易漢文寫本殘佚爻象考略，胡若飛，西夏研究，2011 年第 4 期。

41. 黑水城出土漢文符占秘術文書考釋，王巍，寧夏大學碩士學位論文，2013 年。

42. 俄藏黑水城方術文獻研究：以 TK190《推擇日法》爲中心，余欣，黑水城人文與環境研究——黑水城人文與環境國際學術討論會文集，中國人民大學出版社，2007 年。

43. 關於敦煌文書 S.5514 之定名，聶志軍，首都師範大學學報（社會科學版），2011 年第 5 期。

（三）漢文宗教文獻

1. 西夏史一頁，（俄）伊鳳閣著，江橋譯，國外早期西夏學論集（一），民族出版社，2005 年。

2. 評伊鳳閣《西夏史一頁》，（法）沙畹著，聶鴻音譯，國外早期西夏學論集（一），民族出版社，2005 年。

3. 《俄藏黑水城文獻》漢文佛教文獻擬題考辨，宗舜，敦煌研究，2001 年第 1 期。

4. 西夏漢文文獻誤讀舉例，張秀清，寧夏社會科學，2012 年第 4 期。

5. 元代西夏一行慧覺法師輯漢文《華嚴懺儀》補釋，白濱，西夏學（第一輯），寧夏人民出版社，2006 年。

6. 西夏文獻拾遺——『俄藏黑水域文獻』所收斷片資料を中心として，松澤博，（日）竜谷史壇（116），2001 年 3 月。

7. 西夏文獻拾遺（2）『黑城出土文書（漢文文書卷）』所收佛典斷片を中心として，松澤博，（日）東洋史苑（60・61），2003 年 3 月。

8. 西夏文獻拾遺（3）『後漢書』列女傳受容の一資料，松澤博，（日）竜谷史壇（122），2005 年 2 月。

9. 序說有關西夏、元朝所傳藏傳佛教密法之漢文文獻——以黑水城漢譯藏傳佛教儀軌文書爲中心，沈衛榮，歐亞學刊（第 7 輯），中華書局，2007 年。

10. 俄敦 18974 號等字書碎片綴合研究，張湧泉，浙江大學學報（人文社會科學版），2007 年第 3 期。

11. Uighur Scribble Attached to a Tangut Buddhhist Fragment from Dunhuang, 松井太, *Тангуты в Центральной Азии:Сборник статей в честь 80-летия проф. Е.И.Кычанова*, Irina Popova, ed.Moscow: Oriental Literature, 2012.

12. 俄藏黑水城文獻之漢文《阿含經》考論，湯君，敦煌學輯刊，2013 年第 2 期。

13. 俄藏黑水城文獻之漢文佛經《般若波羅密多經》敘錄，湯君，西夏學（第五輯）——首屆西夏學國際論壇專號（上），上海古籍出版社，2010 年。

14. 俄 Дх·284 號《稍釋金剛科儀要偈三十二分》考辨，董大學，寧夏大學學報（人文社會科學版），2013 年第 1 期。

15. 英藏黑水城文獻所見佛經音義殘片考，譚翠，文獻，2012 年第 2 期。

16. 中國藏黑水城漢文文獻所見《慈悲道場懺法》考釋，吳超，赤峰學院學報（漢文哲學社會科學版），2011 年第 8 期。

17. 黑水城出土藏傳佛教實修文書《慈烏大黑要門》試釋，黃傑華，西夏學（第四輯），寧夏人民出版社，2009 年。

18. 黑水城出土藏傳佛教實修文書《慈烏大黑要門》初探，黃傑華，中國藏學，2009 年第 3 期。

19. 黑水城出土漢文文書《慈烏大黑要門》初探，黃傑華，賢者新宴——王堯先生八秩華誕藏學論文集，中國藏學出版社，2010 年。

（四）西夏文世俗文獻

1. 俄藏黑水城文獻西夏文世俗部分敘錄，魏靈芝，圖書館理論與實踐，2005 年第 2 期。

2. 黑水城出土西夏文第 8203 號文書譯釋，（俄）Е.И.克恰諾夫著，崔紅芬、文志勇譯，寧夏大學學報（人文社會科學版），2005 年第 1 期。

3. 黑水城所出 1224 年的西夏文書，（俄）克恰諾夫著，王培培譯，西夏學（第八輯），上海古籍出版社，2011 年。

4. 國家圖書館藏西夏文社會文書殘頁考，史金波，文獻，2004 年第 2 期。

5. 甘肅省博物館藏《天慶寅年「七五會」集款單》再研究，王榮飛，寧夏社會科學，2013 年第 5 期。

6. 黑水城出土西夏文租地契研究，史金波，吳天墀教授百年誕辰紀念文集，四川人民出版社，2013 年。

7. 敦煌、黑水城、龍泉驛文獻中的土地買賣契約研究，湯君，西夏學（第十輯），上海古籍出版社，2014 年。

8. 西夏文賣畜契和雇畜契研究，史金波，中華文史論叢，2014 年第 3 期。

9. 黑水城出土西夏文眾會條約（社條）研究，史金波，西夏學（第十輯），上海古籍出版社，2014 年。

10. 武威西夏博物館藏亥母洞出土西夏文契約文書について，松澤博，東洋史苑（75），2010 年 7 月。

11. 武威藏西夏文乾定酉年增納草捆文書初探，梁繼紅，西夏學（第十輯），上海古籍出版社，2014 年。

12. 西夏文《乾定戌年罨斡善典驢契約草稿》初探，于光建，西夏學（第十輯），上海古籍出版社，2014 年。

13. 俄藏第 8203 號西夏文書考釋，（俄）克恰諾夫著，韓瀟銳譯，西夏學（第五輯）——首屆西夏學國際論壇專號（上），上海古籍出版社，2010 年。

14. 西夏《聖立義海》故事考源，聶鴻音、黃振華，隴右文博，2001 年第 1 期。

15.《西夏官階封號表》殘卷新譯及考釋，文志勇，寧夏社會科學，2009 年第 1 期。

16. 西夏《天盛律令》的歷史文獻價值，杜建錄，西北民族研究，2005 年第 1 期。

17.《文海寶韻》序言、題款譯考，史金波，寧夏社會科學，2001 年第 4 期。

18.《文海寶韻》再研究，李範文，西北第二民族學院學報（哲學社會科學版），2004 年第 4 期。

19.《文海寶韻》丙種本內容輯校，韓小忙，西夏學（第一輯），寧夏人民出版社，2006 年。

20. 俄藏《同音》未刊部分文獻與版本價值述論，景永時，北方民族大學學報（哲學社會科學版），2014 年第 5 期。

21. 西夏文字書《同音》的版本及相關問題，景永時，寧夏社會科學，2012 年第 6 期。

22. 西夏文韻書《同音》殘片的整理，韓小忙，西夏研究，2011 年第 3 期。

23. 俄藏佛教文獻中夾雜的《同音》殘片新考，韓小忙，寧夏社會科學，2015 年第 2 期。

24. 武威出土的西夏文韻書《同音》，梁繼紅，隴右文博，2006 年第 1 期。

25. 俄藏《同音》丁種本背注之學術價值再發現，韓小忙，民族研究，2010 年第 3 期。

26. 《同音》丁種本背注初探，韓小忙，西夏研究，2010 年第 1 期。

27. 西夏文《同音》與《同義》比較研究，李範文，西北第二民族學院學報（哲學社會科學版），2003 年第 2 期。

28. 刻本《同義》殘片的發現及其學術價值，韓小忙，寧夏社會科學，2009 年第 4 期。

29. 西夏文《義同》詞書研究，李範文、韓小忙，西北民族論叢（第一輯），中國社會科學出版社，2002 年。

30. 俄藏 4947 號西夏韻書殘葉考，聶鴻音，西夏研究，2012 年第 3 期。

31. 《孔子和壇記》的西夏譯本，聶鴻音，民族研究，2008 年第 3 期。

32. 《孔子和壇記》讀後，聶鴻音，書品，2001 年第 4 期。

33. 夏譯漢文軍事典籍中的一致性，（英）高奕睿撰，張笑峰譯，寧夏師範學院學報，2014 年第 1 期。

34. 西夏寫本《孫子兵法》殘卷考，孫穎新，西夏研究，2012 年第 2 期。

35. 西夏譯本《孫子傳》考補，孫穎新，西夏學（第六輯）——首屆西夏學國際論壇專號（下），上海古籍出版社，2010 年。

36. 論 11～13 世紀西夏軍法《貞觀玉鏡統》，（德）弗蘭克著，岳海湧譯，西夏研究，2012 年第 1 期。

37. 西夏の軍職體制に関する一考察——軍事法典『貞観玉鏡統』の諸條文をもとに，小野裕子，（日）遼金西夏研究の現在（3），2010 年 6 月。

38. 西夏語譯《六韜》釋文箚記，林英津，（臺灣）遼夏金元史教研通訊，2002 年第 2 期。

39. 西夏譯本中的兩篇《六韜》佚文，宋璐璐，寧夏社會科學，2004 年第 1 期。

40. 論西夏語文獻對漢語經典的詮釋：以西夏語譯《六韜》爲例，林英津，國際中國學研究（第 9 輯），2006 年。

41. 透過夏漢對譯語料測度西夏人的認知概念：從西夏文本《六韜》以譯「芒間相去」談起，林英津，語言暨語言學（第 10 卷第 1 期），2009 年。

42. 西夏文譯本《六韜》解讀，賈常業，西夏研究，2011 年第 2 期。

43. 西夏文《六韜》譯本的文獻價值，邵鴻、張海濤，文獻，2015 年第 6 期。

44. 《黃石公三略》西夏本注釋與《長短經》本注釋的比較研究，鍾焓，寧夏社會科學，2006 年第 1 期。

45. 《黃石公三略》西夏譯本注釋來源初探——以與《群書治要》本注釋的比較爲中心，鍾焓，寧夏社會科學，2007 年第 5 期。

46. 《黃石公三略》西夏譯本正文的文獻特徵，鍾焓，民族研究，2005 年第 6 期。

47. 西夏文獻拾遺（4）西夏語譯『黃石公三略』寫本斷簡を中心として，松澤博，（日）竜谷史壇（129），2008 年 9 月。

48. 《孟子》西夏譯本中的夏漢對音字研究，彭向前，西夏學（第五輯）——首屆西夏學國際論壇專號（上），上海古籍出版社，2010 年。

49. 夏譯《孟子》初探，彭向前，中國多文字時代的歷史文獻研究，社會科學文獻出版社，2010 年。

50. 西夏譯《孟子章句》殘卷考，聶鴻音，西夏研究，2012 年第 1 期。

51. 西夏本《經史雜抄》初探，聶鴻音，寧夏社會科學，2002 年第 3 期。

52. 西夏文《經史雜抄》考源，黃延軍，民族研究，2009 年第 2 期。

53. 英藏西夏文譯《貞觀政要》研究，王榮飛，北方民族大學碩士學位論文，2013 年。

54. 西夏本《貞觀政要》譯證，聶鴻音，文津學誌（第一輯），北京圖書館出版社，2003 年。

55. 英藏西夏文譯《貞觀政要》初探，王榮飛，西夏研究，2012 年第 3 期。

56. 英藏西夏文譯《貞觀政要》的整理與研究，王榮飛、戴羽，西夏學（第十一輯），上海古籍出版社，2015 年。

57. 俄、英藏西夏文譯《貞觀政要》的版本關係，王榮飛、景永時，寧夏社會科學，2012 年第 4 期。

58. 吳兢《貞觀政要》西夏譯本殘葉考，（俄）Е.И.克恰諾夫著，孫穎新譯，國家圖書館學刊（西夏研究專號），2002 年增刊。

59. 唐古特譯本《貞觀政要》殘卷考，（俄）克恰諾夫著，彭向前譯，西夏學（第六輯）——首屆西夏學國際論壇專號（下），上海古籍出版社，2010 年。

60. 西夏本《太宗擇要》初探，聶鴻音，寧夏師範學院學報，2012 年第 2 期。

61. 蘇軾《富鄭公神道碑》的西夏譯文，孫伯君，寧夏社會科學，2002 年第 4 期。

62. 西夏文《賢智集序》考釋，聶鴻音，固原師專學報，2003 年第 5 期。

63. 俄藏 198 號西夏文列女故事殘葉考，聶鴻音，中國少數民族古籍論（四），巴蜀書社，2001 年。

64. 漢武帝《秋風辭》的番語譯文，（俄）克平著，李楊、王培培譯，西夏學（第四輯），寧夏人民出版社，2009 年。

65. 西夏文《十二國》考補，聶鴻音，文史，2002 年第 3 期。

66. 《十二國》的西夏文譯本，孫穎新，民族語文，2003 年第 6 期。

67. 漢文本《十二國》的成書時間、原文出處及內容特點，（俄）索羅寧著、粟瑞雪譯，西夏研究，2012 年第 1 期。

68. 諸葛亮《將苑》的番文譯本，（俄）克平、龔煌城著，彭向前譯，寧夏社會科學，2008 年第 6 期。

69. 呂注《孝經》考，聶鴻音，中華文史論叢，2007 年第 2 期。

70. 俄藏西夏文草書《孝經傳》序及篇目譯考，胡若飛，寧夏社會科學，2005 年第 5 期。

71. 俄藏西夏文草書《孝經傳》正文譯考，胡若飛，寧夏大學學報（人文社會科學版），2006 年第 5 期。

72. 俄藏西夏文草書《孝經傳》正文譯考，胡若飛，西夏研究（第 3 輯·第二屆西夏學國際學術研討會論文集），中國社會科學出版社，2006 年。

73. 西夏文草書《孝經傳序》呂惠卿繫銜考，彭向前，吳天墀教授百年誕辰紀念文集，四川人民出版社，2013 年。

74. 西夏文《孝經傳》草書初探，彭向前，寧夏社會科學，2014 年第 2 期。

75. 西夏文曹道樂《德行集》初探，聶鴻音，文史，2001 年第 3 期。

76. 俄藏 146 號西夏刻本《德行集》考釋，聶鴻音，民族古籍，2002 年第 2 期。

77. 西夏文《夫子善儀歌》譯釋，聶鴻音，陸宗達先生百年誕辰紀念文集，中國廣播電視出版社，2005 年。

78. Family Models: The Model of the Tangut Work Newly Collected Biographies of Affection and Filial Piety，聶鴻音，*Письменные памятники востока*，2008(2).

79. 重讀《新集慈孝傳》，聶鴻音，書品，2007 年第 5 期。

80. 西夏文《新集慈孝傳》和中原漢族的家庭倫理觀，聶鴻音，漢民族文化與構建和諧社會，黑龍江人民出版社，2008 年。

81. 《新集慈孝傳》導言，向柏霖著，聶大昕譯，西夏研究，2015 年第 3 期。

82. 俄藏 4429 號西夏文《類林》殘頁考，孫穎新、宋璐璐，寧夏社會科學，2001 年第 1 期。

83. 西夏文《類林》音譯補正，王培培，寧夏社會科學，2009 年第 4 期。

84. 敦煌本《類林》的分類特徵和意義，沙梅真，敦煌學輯刊，2010 年第 2 期。

85. 西夏文『新集金砕掌置文』の研究（1），小高裕次，（日）東アジア言語研究（8），2005 年。

86. 東アジア漢字文化圏における識字教育の一例——『千字文』『百家姓』と『新集金砕掌置文』，小高裕次，（日）東アジア言語研究（6），2003 年。

87. 西夏文《五更轉》殘葉考，聶鴻音，寧夏社會科學，2003 年第 5 期。

88. 武威藏西夏文《五更轉》考釋，梁繼紅，敦煌研究，2013 年第 5 期。

89. 俄藏 4167 號西夏文《明堂灸經》殘葉考，聶鴻音，民族語文，2009 年第 4 期。

90. 西夏譯本《明堂灸經》初探，聶鴻音，文獻，2009 年第 3 期。

91. 《明堂灸經》的西夏譯本，聶鴻音，敦煌學：第二個百年的研究視角與問題，St. Petersburg: Slavia，2012 年。

92. 夏聖根讚歌，（俄）克恰諾夫著，張海娟、王培培譯，西夏學（第八輯），上海古籍出版社，2011 年。

93. 西夏文《敕牌讚歌》考釋，梁松濤，寧夏社會科學，2008 年第 3 期。

94. 西夏末期黑水城的狀況——從兩件西夏文文書談起，（日）佐藤貴保撰，

馮培紅、王蕾譯，敦煌學輯刊，2013 年第 1 期。

95. Ritual Funeral Text inv. 4084 from the Tangut Collection of IOM RAS. — A Brief Textual Study, KM Bogdanov, *Central Asiatic Journal*, Vol. 57, *(Special Tangut Edition)*, 2014.

96. 西夏文獻中的占卜，聶鴻音，西夏研究，2015 年第 2 期。

97. 西夏文《瑾算》所載圖例初探，榮智澗，西夏學（第十輯），上海古籍出版社，2014 年。

98. 俄藏黑水城出土西夏文占卜文書 5722 考釋，梁松濤、袁利，西夏學（第十一輯），上海古籍出版社，2015 年。

99. 俄藏黑水城出土西夏文占卜文書 ИНВ.No.5722 研究，袁利，河北大學碩士學位論文，2015 年。

（五）西夏文宗教文獻

1. 西夏文佛教文獻述略，張玉珍，圖書館理論與實踐，2005 年第 1 期。

2. 西夏語の仏教文獻（新入所員自己紹介），荒川愼太郎，（日）アジア・アフリカ言語文化研究所通信（108〜109），2003 年 11 月。

3. 敦煌出土西夏語佛典研究序說（5）——三種敦煌出土西夏語佛典，松澤博，薪火相傳——史金波先生 70 壽辰西夏學國際學術研討會論文集，中國社會科學出版社，2012 年。

4. 語言背後的文化流傳：一組西夏藏傳佛教文獻解讀，段玉泉，蘭州大學博士學位論文，2009 年。

5. 靈武火神廟夾牆中出土的西夏文佛經，牛達生，隴右文博，2007 年第 1 期。

6. 山嘴溝石窟出土數百頁文獻，雍斌，寧夏日報，2005 年 9 月 22 日第 1 版。

7. 賀蘭山廢棄石窟中發現大量珍貴西夏文獻，莊電一，光明日報，2005 年 10 月 10 日第 4 版。

8. 賀蘭山山嘴溝石窟出土西夏文獻初步研究，孫昌盛，黑水城人文與環境研究——黑水城人文與環境國際學術討論會文集，中國人民大學出版社，2007 年。

9. 拜寺溝方塔與山嘴溝石窟出土佛典刻本殘片雜考，高山杉，中西文化交流學報（第五卷第 1 期・徐文堪先生古稀紀念中西學論專號），2013 年 7 月。

10. 山嘴溝石窟出土的幾件西夏文獻殘卷考證，鄭祖龍，西夏學（第十一輯），上海古籍出版社，2015 年。

11. 西夏文水陸法會祭祀文考析，孫壽嶺，西夏學（第一輯），寧夏人民出版社，2006 年。

12. The Fragments of the Tangut Translation of the Platform Sutra of the Sixth Patriarch Preserved in the Fu Ssu-nien Library, Academia Sinica, KJ Solonin, 歷史語言研究所集刊（第七十九本第一分），2008 年 3 月。

13. 關於西夏語譯《六祖壇經》，（日）川上天山著，劉紅軍、孫伯君譯，國外早期西夏學論集（二），民族出版社，2005 年。

14. プリンストン大學所藏西夏文仏典斷片（Peald）について，荒川愼太郎，（日）アジア・アフリカ言語文化研究（第 83 號），2012 年 3 月 31 日。

15. 敦煌出土西夏語佛典に挿入されたウイグル文雜記，松井太，（日）人文社會論叢・人文科學篇（27），2012 年。

16. 敦煌出土西夏語佛典研究序説（3）ペリオ將來『佛説天地八陽神呪經』の西夏語譯斷片について，松澤博，（日）東洋史苑（63），2004 年 3 月。

17. 敦煌出土西夏語佛典研究序説（4）天理圖書館藏・ペリオ將來品及び敦煌北區出土の西夏語斷片について，松澤博，（日）東洋史苑（70・71），2008 年。

18. 西夏黑水城所見藏傳佛教瑜伽修習儀軌文書研究 I：《夢幻身要門》，沈衛榮，當代西藏學學術研討會論文集，（臺北）蒙藏委員會，2004 年。

19. 西夏地區流傳的宗密著作考述，馬格俠、張文超，絲綢之路民族古文字與文化學術討論會論文集（上），三秦出版社，2007 年。

20. 西夏地區流傳宗密著述及其影響初探，馬格俠，寧夏社會科學，2007 年第 3 期。

21. 寧夏發現一批西夏時期的佛教文獻，收藏・拍賣，2008 年第 2 期。

22. 武威博物館藏西夏文《金剛經》及讚頌殘經譯釋研究，崔紅芬，西夏學（第八輯），上海古籍出版社，2011 年。

23. 瓜州東千佛洞泥壽桃洞西夏文兩件印本殘頁考釋，張多勇、于光建，敦煌研究，2015 年第 1 期。

24. 中國藏西夏文《菩薩地持經》殘卷九考補，楊志高，西夏學（第二輯），寧夏人民出版社，2007 年。

25. 黑水城出土西夏文《西方淨土十疑論》略注本考釋，孫伯君、韓瀟銳，寧夏社會科學，2012 年第 2 期。

26. 黑水城出土西夏文《求生淨土法要門》譯釋，孫伯君，民族古籍研究（第一輯），中國社會科學出版社，2012 年。

27. 西夏文獻中的淨土求生法，聶鴻音，吳天墀教授百年誕辰紀念文集，四川人民出版社，2013 年。

28. 武威藏 6749 號西夏文佛經《淨土求生禮佛盛讚偈》考釋，于光建，西夏學（第十一輯），上海古籍出版社，2015 年。

29. 西夏文《經律異相》（卷十五）考釋，高振超，陝西師範大學碩士學位論文，2012 年。

30. 西夏文《經律異相》卷十五「優波離爲佛剃髮得入第四禪一」釋考，楊志高，圖書館理論與實踐，2013 年第 12 期。

31. 西夏文《經律異相》卷十五（第一、二品）譯考，楊志高，吳天墀教授百年誕辰紀念文集，四川人民出版社，2013 年。

32. 《經律異相》的經錄入藏和西夏文本的翻譯雕印，楊志高，西夏學（第十輯），上海古籍出版社，2014 年。

33. 兩種尚未刊布的西夏文《長阿含經》，湯君，吳天墀教授百年誕辰紀念文集，四川人民出版社，2013 年。

34. 西夏文《長阿含經》卷十二（殘）譯、考，湯君，西南民族大學學報（人文社會科學版），2014 年第 2 期。

35. 西夏文《阿彌陀經發願文》考釋，聶鴻音，寧夏社會科學，2009 年第 9 期。

36. 《佛說阿彌陀經》的西夏譯本，孫伯君，西夏研究，2011 年第 1 期。

37. 法蘭西學院漢學研究所藏西夏文「大方廣佛華嚴經第四十一卷」的論文介紹「十種事」的例子，羅曼，西夏學（第十輯），上海古籍出版社，2014 年。

38. 寧夏靈武出土西夏文《大方廣佛華嚴經》考，馮雪俊，宗教學研究，2014 年第 2 期。

39. 西夏文《大方廣佛華嚴經‧十定品》譯釋，馮雪俊，陝西師範大學博士學位論文，2013 年。

40. 日本藏西夏文刊本《大方廣佛華嚴經》考略，許生根，寧夏社會科學，2009

年第 4 期。

41. 日本藏西夏文《大方廣佛華嚴經》與漢本的別異，賈常業，2013 年第 2 期。

42. 西夏文《大方廣佛華嚴經名略》，許鵬，寧夏社會科學，2015 年第 6 期。

43. ロシア藏カラホト出土西夏文《大方廣佛華嚴經》經帙文書の研究——西夏権場使關連漢文文書群を中心に，佐藤貴保，東トルキスタン出土「胡語文書」の綜合調査，2006 年。

44. 北京大學圖書館所藏《華嚴經》卷 42 殘片考，孫伯君，西夏學（第二輯），寧夏人民出版社，2007 年。

45. 《華嚴經》卷十一夏漢文本對勘研究，孫飛鵬，西夏學（第十輯），上海古籍出版社，2014 年。

46. プリンストン大學所藏西夏文華嚴経卷七十七訳注，荒川愼太郎，（日）アジア・アフリカ言語文化研究（第 81 號），2011 年 3 月 31 日。

47. 一行慧覺及其《大方廣佛華嚴經海印道場十重行願常徧禮懺儀》，索羅寧（K. J. Solonin），臺大佛學研究（第 23 期），2012 年 7 月。

48. 英藏西夏文《華嚴經普賢行願品》殘葉釋讀，崔紅芬，文獻，2009 年第 2 期。

49. 英藏西夏文《華嚴普賢行願品》殘頁考，于業勳，西夏學（第八輯），上海古籍出版社，2011 年。

50. 西夏文《普賢行願品疏序》考證，崔紅芬，薪火相傳——史金波先生 70 壽辰西夏學國際學術研討會論文集，中國社會科學出版社，2012 年。

51. 甘博藏西夏文《普賢行願品疏序》研究，崔紅芬，寧夏社會科學，2014 年第 3 期。

52. 西夏文《注華嚴法界觀門通玄記》初探，聶鴻音，民俗典籍文字研究（第 8 輯），商務印書館，2011 年。

53. 網搜《通玄記》，高山杉，東方早報，2012 年 5 月 20 日 T05 版。

54. 西夏學上的一個謎題——談拜寺溝方塔出土曹洞宗禪籍殘片，高山杉，南方都市報·閱讀週刊，2011 年 7 月 3 日。

55. 華嚴「三偈」考，聶鴻音，西夏學（第八輯），上海古籍出版社，2011 年。

56. 西夏文《大寶積經·普明菩薩會》研究，韓瀟銳，中國社會科學院研究生院碩士學位論文，2012 年。

57. 英藏西夏文《大寶積經》譯釋研究，崔紅芬，西夏學（第十輯），上海古籍出版社，2014 年。

58. 西夏文《大寶積經》卷一考釋，郝振宇，陝西師範大學碩士學位論文，2015 年。

59. 英藏西夏文《慈悲道場懺罪法》誤定之重考，楊志高，寧夏社會科學，2008 年第 2 期。

60. 俄藏本和印度出版的西夏文《慈悲道場懺罪法》敘考，楊志高，圖書館理論與實踐，2009 年第 12 期。

61. 西夏文《慈悲道場懺罪法》卷二殘葉研究，楊志高，民族語文，2009 年第 1 期。

62. 中英兩國的西夏文《慈悲道場懺罪法》藏卷敘考，楊志高，寧夏師範學院學報，2010 年第 1 期。

63. 西夏文《慈悲道場懺罪法》第七卷兩個殘品的補證譯釋，楊志高，西南民族大學學報（人文社科版），2010 年第 4 期。

64. 國家圖書館藏西夏文慈悲道場懺法序譯考，楊志高，西夏學（第八輯），上海古籍出版社，2011 年。

65. 國圖藏西夏文《慈悲道場懺法》卷八譯釋（一），楊志高，西夏學（第五輯）——首屆西夏學國際論壇專號（上），上海古籍出版社，2010 年。

66. 國家圖書館藏西夏文本《慈悲道場懺法》卷八之譯釋（二），楊志高，薪火相傳——史金波先生 70 壽辰西夏學國際學術研討會論文集，中國社會科學出版社，2012 年。

67. 國家圖書館藏西夏文本《慈悲道場懺法》卷八之譯釋（三），楊志高，西夏歷史與文化——第三屆西夏學國際學術研討會論文集，甘肅人民出版社，2010 年。

68. 武威市博物館藏西夏文《維摩詰所說經》上集殘葉考釋，于光建、黎大祥，西夏研究，2010 年第 4 期。

69. 俄藏西夏文《維摩詰經》殘卷考補，王培培，西夏學（第五輯）——首屆西夏學國際論壇專號（上），上海古籍出版社，2010 年。

70. 英藏西夏文《維摩詰經》考釋，王培培，寧夏社會科學，2011 年第 3 期。

71. 中國藏西夏文《維摩詰經》整理，王培培，西夏學（第十一輯），上海古籍出版社，2015 年。

72. 甘藏西夏文《聖勝慧到彼岸功德寶集偈》考釋，段玉泉，西夏學（第二輯），寧夏人民出版社，2007 年。

73. 中國藏西夏文文獻未定名殘卷考補，段玉泉，西夏學（第三輯），寧夏人民出版社，2008 年。

74. 英藏西夏文殘葉考補，文志勇、崔紅芬，寧夏社會科學，2011 年第 2 期。

75. 西夏文《聖勝慧到彼岸功德寶集偈》考論，段玉泉，西夏學（第四輯），寧夏人民出版社，2009 年。

76. 英藏西夏文《聖勝慧到彼岸功德寶集偈》殘葉考，崔紅芬，寧夏師範學院學報，2008 年第 1 期。

77. 英藏西夏文《聖勝慧到彼岸功德寶集偈·魔行品》考，張笑峰、王穎，西夏學（第十輯），上海古籍出版社，2014 年。

78. 西夏時期的《聖勝慧到彼岸功德寶集偈》研究——以黑水城出土藏文文獻 XT.16 及相關藏、漢、西夏文文獻爲核心，蘇航，中國多文字時代的歷史文獻研究，社會科學文獻出版社，2010 年。

79.《聖勝慧到彼岸功德寶集偈》梵藏夏漢本對勘研究，蘇航，西夏學（第八輯），上海古籍出版社，2011 年。

80. 武威博物館藏 6746 號西夏文佛經《聖勝慧到彼岸功德寶集偈》考釋，于光建、黎大祥，敦煌研究，2011 年第 5 期。

81. 日本藏《聖勝慧到彼岸功德寶集頌》考釋，（日）荒川愼太郎，西夏研究（第 3 輯·第二屆西夏學國際學術研討會論文集），中國社會科學出版社，2006 年。

82. 國立民族學博物館所藏中西コレクションの西夏文——『聖勝慧彼岸到功德寶集頌』斷片について，荒川愼太郎，（日）內陸アジア言語の研究（18），2003 年 8 月。

83. 俄藏 5130 號西夏文佛經題記研究，聶鴻音，中國藏學，2002 年第 1 期。

84. 西夏文《勝慧彼岸到要門教授現前解莊嚴論詮頌》譯考，麻曉芳，寧夏社會科學，2015 年第 6 期。

85. 日本學者關於日本國立民族學博物館所藏西夏文《聖勝慧彼岸到功德寶集頌》殘片的研究，武宇林，圖書館理論與實踐，2009 年第 9 期。

86.《大乘要道密集》與西夏文本關係再探，孫伯君，西夏學（第十輯），上海古籍出版社，2014 年。

87. Further Reflections on the Relation between the Dacheng Yaodao Miji and Its Tangut Equivalents,Sun Bojun 孫伯君, *Central Asiatic Journal*, Vol. 57, *(Special Tangut Edition)*, 2014.

88. 西夏文《治風癡劑門》考釋，孫伯君，西夏研究，2014 年第 3 期。

89. 《大乘要道密集》與西夏、元、明三代藏傳密教史研究，沈衛榮，古今論衡（第 23 期），2011 年 12 月。

90. 《大乘要道密集》與西夏王朝的藏傳佛教，陳慶英，中國藏學，2003 年第 3 期。

91. 《大乘要道密集》與西夏王朝的藏傳佛學，陳慶英，賢者新宴（第 3 輯），河北教育出版社，2003 年。

92. 西夏藏傳《尊勝經》的夏漢藏對勘研究，段玉泉，西夏學（第五輯）——首屆西夏學國際論壇專號（上），上海古籍出版社，2010 年。

93. 西夏語譯《尊勝經（*Uṣṇīṣa Vijaya Dhāraṇī*）》釋文，林英津，西夏學（第八輯），上海古籍出版社，2011 年。

94. 西夏文《無垢淨光總持後序》考釋，聶鴻音，蘭州學刊，2009 年第 7 期。

95. 《無垢淨光總持》的西夏文譯本，孫伯君，寧夏社會科學，2012 年第 6 期。

96. 英藏黑水城出土大手印引定殘片考，韓瀟銳，西夏學（第八輯），上海古籍出版社，2011 年。

97. 黑水城出土西夏文《大手印定引導略文》考釋，孫伯君，西夏研究，2011 年第 4 期。

98. 西夏《吉祥遍至口和本續》，陳永耘，隴右文博，2005 年第 2 期。

99. 中國檔案文獻遺產選刊之十五 西夏文佛經《吉祥遍至口和本續》，湖北檔案，2007 年第 1～2 期。

100. 西夏文佛經《吉祥遍至口和本續》，中國檔案報，2010 年 1 月 4 日第 2 版。

101. 西夏文佛經《吉祥遍至口和本續》題記譯考，孫昌盛，西藏研究，2004 年第 2 期。

102. 賀蘭山拜寺溝方塔所出《吉祥遍至口和本續》的譯傳者，聶鴻音，寧夏社會科學，2004 年第 1 期。

103. 西夏文《吉祥遍至口和本續》密咒釋例，聶鴻音，拜寺溝西夏方塔，文物出版社，2005 年。

104. 西夏文藏傳續典《吉祥遍至口合本續》源流、密意考述（上），沈衛榮，西夏學（第二輯），寧夏人民出版社，2007 年。

105. 《吉祥遍至口合本續》中的梵文陀羅尼復原及其西夏字標音，孫伯君，西夏學（第三輯），寧夏人民出版社，2008 年。

106. 西夏文藏傳《吉祥遍至口合本續廣義文》節譯，孫昌盛，西夏研究（第 3 輯・第二屆西夏學國際學術研討會論文集），中國社會科學出版社，2006 年。

107. 西夏文藏傳佛經《吉祥遍至口合本續》勘誤，孫昌盛，北方民族大學學報（哲學社會科學版），2015 年第 5 期。

108. 西夏文藏傳佛經《本續》中的古代印藏地名及相關問題，孫昌盛，西藏研究，2015 年第 6 期。

109. 方塔出土西夏藏傳密教文獻「修持儀軌」殘片考釋，高文霞、孫昌盛，圖書館理論與實踐，2015 年第 12 期。

110. 西夏文藏傳《般若心經》研究，聶鴻音，民族語文，2005 年第 2 期。

111. 藏文《般若心經》的西夏譯本，聶鴻音，賢者新宴，河北教育出版社，2005 年。

112. 黑水城所出《般若心經》德慧譯本述略，聶鴻音，安多研究（第一輯），中國藏學出版社，2005 年。

113. 玄奘譯《般若心經》西夏文譯本，孫伯君，西夏研究，2015 年第 2 期。

114. 《十一面神咒心經》的西夏譯本，聶鴻音，西夏研究，2010 年第 1 期。

115. 西夏文《大悲心陀羅尼經》考釋，段玉泉，薪火相傳——史金波先生 70 壽辰西夏學國際學術研討會論文集，中國社會科學出版社，2012 年。

116. A Textual Research on the Tangut Version of Mahākāruṇika-nāma-ārya-avalokiteśvara dhāraṇī,Duan Yuquan 段玉泉, *Central Asiatic Journal, Vol. 57, Special Tangut Edition* (2014).

117. 西夏譯本《持誦聖佛母般若多心經要門》述略，聶鴻音，寧夏社會科學，2005 年第 2 期。

118. 黑水城出土西夏新譯《心經》對勘、研究——以俄藏黑水城文獻 TK128 號文書為中心，沈衛榮，西域文史（第 2 輯），科學出版社，2007 年。

119. 透過翻譯漢（譯）文本佛學文獻，西夏人建構本民族佛學思想體系的嘗試：以「西夏文本慧忠《心經》注」為例，林英津，西夏學（第六輯）——首

屆西夏學國際論壇專號（下），上海古籍出版社，2010 年。

120. 無央數，西夏文本《心經》——聖彼得堡東方所抄書記事之一，林英津，吳天墀教授百年誕辰紀念文集，四川人民出版社，2013 年。

121. 藏文《心經》兩種西夏譯本之對勘研究，胡進杉，西夏歷史與文化——第三屆西夏學國際學術研討會論文集，甘肅人民出版社，2010 年。

122. 讀西夏遺存《心經》文獻箚記，胡進杉，薪火相傳——史金波先生 70 壽辰西夏學國際學術研討會論文集，中國社會科學出版社，2012 年。

123. 西夏文《大般若波羅蜜多經》（卷一）考釋，王長明，陝西師範大學碩士學位論文，2014 年。

124. 西夏文《大般若波羅蜜多經》函號補釋，Yulia Mylnikova、彭向前，西夏學（第十輯），上海古籍出版社，2014 年。

125. 蘇聯寄贈西夏文寫本《大般若經》的時間，高山杉，南方都市報，2014 年 4 月 20 日 RB07 版。

126. 關於西夏文《大般若經》的兩個問題，聶鴻音，文獻，2015 年第 1 期。

127. 西夏《金光明最勝王經》信仰研究，崔紅芬，敦煌研究，2008 年第 2 期。

128. 英藏西夏文《金光明最勝王經》殘葉考，惠宏，西夏研究，2011 年第 4 期。

129. 中國國家圖書館藏西夏譯北涼本《金光明經》殘片考，黃延軍，寧夏社會科學，2007 年第 2 期。

130. 中英藏西夏文《大方等大集經》考釋，王培培，薪火相傳——史金波先生 70 壽辰西夏學國際學術研討會論文集，中國社會科學出版社，2012 年。

131. 俄藏西夏文《大方等大集經》譯注，張九玲，寧夏師範學院學報，2014 年第 2 期。

132. 新見甘肅臨洮縣博物館藏西夏文《大方等大集經賢護分》殘卷考釋，趙天英、張心東，西夏研究，2015 年第 1 期。

133. 西夏語訳法華經について（特集 法華經とその思想）——（東洋哲學研究所ロシア・センターシンポジウムより），西田龍雄，（日）東洋學術研究（41—2），2002 年。

134. ロシア科學アカデミー東洋學研究所サンクトペテルブルク支部所藏『西夏文「妙法蓮華經」寫真版（鳩摩羅什訳對照）』より，（日）東洋學術研究（44—1），2005 年。

135. 発刊の辭（ロシア科學アカデミー東洋學研究所サンクトペテルブルク支部所蔵『西夏文「妙法蓮華経」寫眞版（鳩摩羅什訳対照）』より），池田大作，（日）東洋學術研究（44—1），2005 年。

136. 発刊によせて（ロシア科學アカデミー東洋學研究所サンクトペテルブルク支部所蔵『西夏文「妙法蓮華経」寫眞版（鳩摩羅什訳対照）』より），Kychanov Evgenij I，水船教義、中里眞紀訳，（日）東洋學術研究（44—1），2005 年。

137. 西夏語研究と法華経（1）（ロシア科學アカデミー東洋學研究所サンクトペテルブルク支部所蔵『西夏文「妙法蓮華経」寫眞版（鳩摩羅什訳対照）』より），西田龍雄，（日）東洋學術研究（44—1），2005 年。

138. 西夏語研究と法華経（2），西田龍雄，（日）東洋學術研究（44—2），2005 年。

139. 西夏語研究と法華経（3）西夏文寫本と刊本（刻本と活字本）について，西田龍雄，（日）東洋學術研究（45—1），2006 年。

140. 西夏語研究と法華経（4）西夏文字の基本構造と雙生字論，（日）西田龍雄，東洋學術研究（45—2），2006 年。

141. 關於西夏語翻譯的《法華經》，（日）西田龍雄著，景永時、魯忠慧譯，圖書館理論與實踐，2009 年第 2 期。

142. 從語言學的觀點初探西夏語譯《法華經》——兼評西田龍雄 2005 編譯《西夏文「妙法蓮華經」》，林英津，百川匯海：李壬癸先生七秩壽慶論文集，中央研究院語言所，2006 年。

143. 《西夏文〈妙法蓮華經〉寫眞版》讀後，聶鴻音，書品，2006 年第 6 期。

144. 英藏黑水城文獻《法華經》殘頁考釋，王龍，西夏學（第八輯），上海古籍出版社，2011 年。

145. 西夏文《妙法蓮花心經》考釋，孫伯君，西夏學（第八輯），上海古籍出版社，2011 年。

146. 西夏文《添品妙法蓮華經》（卷二）譯釋，張瑞敏，陝西師範大學碩士學位論文，2012 年。

147. 中國藏西夏文《大智度論》卷第四考補，彭向前，西夏學（第二輯），寧夏人民出版社，2007 年。

148. 東京大學所藏西夏文斷片について——西夏語訳『大智度論』斷片，荒川

慎太郎，（日）京都大學言語學研究（22），2003 年。

149. 日本東京大學所藏西夏文《大智度論》殘片研究述評，武宇林，北方民族大學學報（哲學社會科學版），2009 年第 1 期。

150. 《仁王經》的西夏譯本，聶鴻音，民族研究，2010 年第 3 期。

151. 黑水城出土西夏文《仁王經》殘片考釋，劉廣瑞，寧夏師範學院學報，2012 年第 1 期。

152. 《禪源諸詮集都序》的西夏譯本，聶鴻音，西夏學（第五輯）——首屆西夏學國際論壇專號（上），上海古籍出版社，2010 年。

153. 西夏文《禪源諸詮集都序》譯證（上），聶鴻音，西夏研究，2011 年第 1 期。

154. 西夏文《禪源諸詮集都序》譯證（下），聶鴻音，西夏研究，2011 年第 2 期。

155. 武威藏西夏文《誌公大師十二時歌注解》考釋，梁繼紅、陸文娟，西夏學（第八輯），上海古籍出版社，2011 年。

156. 武威藏西夏文《誌公大師十二時歌》譯釋，杜建錄、于光建，西夏研究，2013 年第 2 期。

157. 簡論西夏語譯《勝相尊總持功能依經錄》，林英津，西夏研究（第 3 輯·第二屆西夏學國際學術研討會論文集），中國社會科學出版社，2006 年。

158. 簡論西夏語譯《勝相頂尊惣持功能依經錄》，林英津，西夏學（第一輯），寧夏人民出版社，2006 年。

159. 西夏寶源譯《勝相頂尊總持功能依經錄》考略，孫伯君，西夏學（第一輯），寧夏人民出版社，2006 年。

160. 西夏寶源譯《聖觀自在大悲心總持功能依經錄》考，孫伯君，西夏研究（第 3 輯·第二屆西夏學國際學術研討會論文集），中國社會科學出版社，2006 年。

161. 西夏寶源譯《聖觀自在大悲心總持動能依經錄》考，孫伯君，敦煌學輯刊，2006 年第 2 期。

162. 西夏文《聖觀自在大悲心總持功能依經錄》考論，段玉泉，中國多文字時代的歷史文獻研究，社會科學文獻出版社，2010 年。

163. 甘博藏西夏文《自在大悲心經》寫本殘頁考，段玉泉，寧夏大學學報（人文社會科學版），2009 年第 2 期。

164. 西夏文《〈自在大悲心〉、〈勝相頂尊〉後序發願文》研究，段玉泉，寧夏社會科學，2007 年第 5 期。

165. 西夏文《勝相頂尊總持功能依經錄》再研究，段玉泉，寧夏社會科學，2008 年第 5 期。

166. 西夏文《觀彌勒菩薩上生兜率天經》考釋，孫伯君，西夏研究，2013 年第 4 期。

167. 甘肅省博藏西夏文《觀彌勒菩薩上生兜率天經》釋譯，何金蘭，西夏學（第十輯），上海古籍出版社，2014 年。

168. 乾祐二十年《彌勒上生經御製發願文》的夏漢對勘研究，聶鴻音，西夏學（第四輯），寧夏人民出版社，2009 年。

169. 《佛頂尊勝陀羅尼經》西夏文諸本的比較研究，李楊，中國社會科學院研究生院碩士學位論文，2011 年。

170. 保定西夏文經幢《尊勝陀羅尼》的復原與研究，李楊，寧夏社會科學，2010 年第 3 期。

171. 眞智譯《佛說大白傘蓋總持陀羅尼經》爲西夏譯本考，孫伯君，寧夏社會科學，2008 年第 4 期。

172. 西夏文《大白傘蓋陀羅尼經》及發願文考釋，史金波，世界宗教研究，2015 年第 4 期。

173. 武威亥母洞遺址出土的兩件西夏文獻考釋，段玉泉，西夏學（第八輯），上海古籍出版社，2011 年。

174. 俄藏西夏本《拔濟苦難陀羅尼經》考釋，聶鴻音，西夏學（第六輯）——首屆西夏學國際論壇專號（下），上海古籍出版社，2010 年。

175. 黑水城出土西夏文《佛說最上意陀羅尼經》殘片考釋，孫伯君，寧夏社會科學，2010 年第 1 期。

176. 甘藏西夏文《佛說解百生冤結陀羅尼經》考注釋，段玉泉，西夏研究，2010 年第 4 期。

177. 西夏本《佛頂心觀世音菩薩大陀羅尼經》述略，張九玲，寧夏社會科學，2015 年第 3 期。

178. 西夏文譯本《熾盛光如來陀羅尼經》考釋，安婭，寧夏社會科學，2014 年第 1 期。

179. 中英藏西夏文《聖曜母陀羅尼經》考略，崔紅芬，敦煌研究，2015 年第 2

期。

180. 黑水城出土《聖六字增壽大明陀羅尼經》譯釋，孫伯君，西夏學（第四輯），寧夏人民出版社，2009 年。

181. 英藏西夏文《七寶華踏佛陀羅尼經》的誤定與考證，李曉明，西夏學（第八輯），上海古籍出版社，2011 年。

182. 武威市博物館藏西夏文《佛說百壽怨結解陀羅尼經》及其殘頁考述，胡進杉，寧夏社會科學，2012 年第 1 期。

183. 中國藏西夏文《佛說消除一切疾病陀羅尼經》譯釋，王龍，西夏學（第十一輯），上海古籍出版社，2015 年。

184. 《佛頂心觀世音菩薩大陀羅尼經》的西夏譯本，張九玲，寧夏師範學院學報，2015 年第 1 期。

185. 內蒙古文物考古研究所收藏的西夏文陀羅尼殘片考，（日）荒川慎太郎，西夏學（第八輯），上海古籍出版社，2011 年。

186. 西夏語譯《聖妙吉祥真實名經》，林英津，國家圖書館學刊（西夏研究專號），2002 年增刊。

187. 西夏文《尊者聖妙吉祥之智慧覺增上總持》考釋，段玉泉，西夏研究，2012 年第 3 期。

188. 西夏文《尊者聖妙吉祥增智慧覺之總持》考，段玉泉，吳天墀教授百年誕辰紀念文集，四川人民出版社，2013 年。

189. 俄藏 TK102、TK271 文獻及相關問題考論，景永時，圖書館理論與實踐，2010 年第 5 期。

190. 俄藏 TK102、TK271 文獻及相關問題考論，景永時，首屆中國少數民族古籍文獻國際學術研討會論文集，民族出版社，2012 年。

191. 俄藏黑水城文獻《密咒圓因往生集》相關問題考論，崔紅芬，文獻，2013 年第 6 期。

192. 普寧藏本《密咒圓因往生集》的梵文——八思巴文對音研究，安婭，西夏研究，2011 年第 1 期。

193. 英藏黑水城西夏文《佛說佛母出生三法藏般若波羅蜜多經》殘頁考釋，李曉明，西夏研究，2010 年第 4 期。

194. 西夏文《佛說佛母出生三法藏般若波羅蜜多經》卷十九譯釋，付佩寧，陝西師範大學碩士學位論文，2014 年。

195. 一部未定名的西夏文古籍，高山杉，南方都市報‧閱讀週刊，2011 年 5 月 1 日。

196. 俄藏西夏文《佛說八大人覺經》考，王培培，西夏研究，2010 年第 2 期。

197. 西夏文《佛頂無垢經》考論，段玉泉、惠宏，西夏研究，2010 年第 2 期。

198. 英藏西夏文《大般涅槃經》寫本殘頁考，鄒仁迪，西夏學（第八輯），上海古籍出版社，2011 年。

199. 俄藏西夏文《佛說諸佛經》考釋，王培培，寧夏社會科學，2011 年第 6 期。

200. 西夏文《佛說齋經》譯證，孫穎新，西夏研究，2011 年第 1 期。

201. 武威博物館藏 6721 號西夏文佛經定名新考，于光建、徐玉萍，西夏學（第八輯），上海古籍出版社，2011 年。

202. 西夏文《修華嚴奧旨妄盡還源觀》考釋，孫伯君，西夏學（第六輯）——首屆西夏學國際論壇專號（下），上海古籍出版社，2010 年。

203. 黑水城出土西夏文《金師子章雲間類解》考釋，孫伯君，西夏研究，2010 年第 1 期。

204. 西夏文藏傳《守護大千國土經》研究，安婭，中國社會科學院研究生院博士學位論文，2011 年。

205. 西夏文《七功德譚》及《佛說止息賊難經》譯注，胡進杉，西夏學（第八輯），上海古籍出版社，2011 年。

206. 西夏文《十界心圖注》考，劉景雲，西夏學（第八輯），上海古籍出版社，2011 年。

207. 俄藏黑水城西夏文《佛說金耀童子經》考釋，黃延軍，西夏學（第八輯），上海古籍出版社，2011 年。

208. 中國國家圖書館藏西夏文《頻那夜迦經》考補，聶鴻音，西南民族大學學報（人文社科版），2007 年第 6 期。

209. 英藏西夏文《海龍王經》考補，聶鴻音，寧夏社會科學，2007 年第 1 期。

210. 法藏西夏文《占察善惡業報經》殘片考，戴忠沛，寧夏社會科學，2006 年第 4 期。

211. 鮮演大師《華嚴經玄談決擇記》的西夏文譯本，孫伯君，西夏研究，2013 年第 1 期。

212. 西夏文《阿毗達磨順正理論》卷五譯釋，尹江偉，陝西師範大學碩士學位論文，2013 年。

213. 西夏本《佛說療痔病經》釋讀，孫穎新，寧夏社會科學，2013 年第 5 期。

214. 黑水城出土三十五佛名禮懺經典綜考，孫伯君，吳天墀教授百年誕辰紀念文集，四川人民出版社，2013 年。

215. 內蒙古博物館藏西夏文《瑜伽集要焰口施食儀》殘片考，黃延軍，西夏學（第二輯），寧夏人民出版社，2007 年。

216. 德藏吐魯番所出西夏文《瑜伽長者問經》殘片考，孫伯君，絲綢之路民族古文字與文化學術討論會文集（上），三秦出版社，2007 年。

217. 西安文物保護所藏西夏文譯《瑜伽師地論》殘葉整理，榮智澗，西夏學（第十一輯），上海古籍出版社，2015 年。

218. A Textual Research on the Tangut Ballad Yuqie Yewugeng 𘜶𗖰𘂤𗾦𗏹 瑜伽夜五更, Nie Hongyin 聶鴻音, *Central Asiatic Journal*, Vol. 57, *(Special Tangut Edition)*, 2014.

219. 西夏佛教著作《唐昌國師二十五問答》初探，（俄）索羅寧著，聶鴻音譯，西夏學（第二輯），寧夏人民出版社，2007 年。

220. 西夏文《寶藏論》譯注，張九玲，寧夏社會科學，2014 年第 2 期。

221. 黑水城出土西夏文《佛說聖大乘三歸依經》譯釋，孫伯君，蘭州學刊，2009 年第 7 期。

222. 德藏吐魯番所出西夏文《郁伽長者問經》殘片考，孫伯君，寧夏社會科學，2005 年第 5 期。

223. 明刻本西夏文《高王觀世音經》補議，聶鴻音，寧夏社會科學，2003 年第 2 期。

224. 論西夏本《佛說父母恩重經》，聶鴻音，文獻研究（第一輯），學苑出版社，2010 年

225. 初探西夏文本《根本說一切有部目得迦・卷十》，林英津，西夏歷史與文化——第三屆西夏學國際學術研討會論文集，甘肅人民出版社，2010 年。

226.《金光明總持經》：罕見的西夏本土編著，聶鴻音，寧夏師範學院學報，2014 年第 4 期。

227.《等持集品》的西夏文譯本，聶鴻音，藏學學刊（第 9 輯），中國藏學出版社，2014 年。

228. 西夏文《聖廣大寶樓閣善住妙秘密論王總持經》考釋，麻曉芳，西夏研究，2014 年第 4 期。

229. 黑城本《大黑根本命咒》與吐蕃人肉祭祀巫術，高國藩，西夏研究，2014 年第 2 期。

230. 澄觀「華嚴大疏鈔」的西夏文譯本，孫伯君，寧夏社會科學，2014 年第 4 期。

231. 西夏文《亥母耳傳記》考釋，孫伯君，大喜樂與大圓滿——慶祝談錫永先生八十華誕漢藏佛學研究論集，中國藏學出版社，2014 年。

232. A Textual Research on the Tangut Version of Bazhong cuzhong fanduo 八種麁重犯墮 Excavated from Khara-Khoto, 孫伯君, *Тангуты в Центральной Азии:Сборник статей в честь 80-летия проф. Е.И.Кычанова*, Irina Popova, ed.Moscow: Oriental Literature, 2012.

233. 黑水城出土藏傳佛典《中有身要門》考釋，孫伯君，藏學學刊（第 9 輯），中國藏學出版社，2014 年。

234. 西夏藏傳佛教文獻周慧海譯本述略，段玉泉，中國藏學，2009 年第 3 期。

235. 藏文注音西夏文殘片綜述，戴忠沛，中國多文字時代的歷史文獻研究，社會科學文獻出版社，2010 年。

236. 藏文注音西夏文殘片的分類和來源，戴忠沛，民族研究，2009 年第 6 期。

237. 五份新見藏文注音西夏文殘片校釋，戴忠沛，寧夏社會科學，2009 年第 6 期。

238. 英國收藏的藏文注音西夏文佛經殘片試釋，池田巧，西夏歷史與文化——第三屆西夏學國際學術研討會論文集，甘肅人民出版社，2010 年。

239. 西夏文《佛說百喻經》殘片考釋，孫飛鵬，寧夏社會科學，2014 年第 3 期。

240. 俄藏黑水城所出兩件《多聞天王修習儀軌》綴合及復原，宋坤，西夏學（第十輯），上海古籍出版社，2014 年。

241. 西夏《首楞嚴經》文本考辨，柴冰，西夏學（第十輯），上海古籍出版社，2014 年。

242. 兩部西夏文佛經在傳世典籍中的流變，段玉泉，西夏學（第十一輯），上海古籍出版社，2015 年。

243. 西夏本《近住八齋戒文》考釋，聶鴻音，臺大佛學研究（23），2012 年。

244. 白雲釋子三觀九門初探，（俄）索羅寧，西夏學（第八輯），上海古籍出版社。2011 年，

245. 西夏文《大乘無量壽經》考釋，孫穎新，寧夏社會科學，2012 年第 1 期。

246. 俄藏西夏文《達摩大師觀心論》考釋，孫伯君，薪火相傳——史金波先生70 壽辰西夏學國際學術研討會論文集，中國社會科學出版社，2012 年。

247. 西夏文《五部經序》考釋，聶鴻音，民族研究，2013 年第 1 期。

248. 《英藏黑水城文獻》佛經殘片考補，張九玲，西夏學（第十一輯），上海古籍出版社，2015 年。

249. 西夏文《方廣大莊嚴經》殘片考釋，孫飛鵬，西夏學（第十一輯），上海古籍出版社，2015 年。

250. 中法所藏幾件西夏文《阿毘達磨大毘婆沙論》殘件考釋，孫飛鵬、林玉萍，（美國）中西文化交流學報（第七卷第 2 期），2015 年 12 月。

251. 中藏 S21·002 號西夏文《華嚴懺儀》殘卷考釋，許鵬，五臺山研究，2015 年第 1 期。

252. 黑水城所出八件佛經殘片定名及復原，彭海濤，西夏學（第八輯），上海古籍出版社，2011 年。

253. 考古研究所藏西夏文佛經殘片考補，楊志高，民族語文，2007 年第 6 期。

254. 史語所藏西夏文佛經殘本初探，林英津，古今論衡（第六期），2001 年。

255. 舊紙片上的西夏學史料，高山杉，南方都市報，2014 年 5 月 25 日 GB25版。

256. 不可輕言「夏漢勘同」，高山杉，東方早報，2014 年 9 月 21 日。

257. 元代白雲宗譯刊西夏文文獻綜考，孫伯君，文獻，2011 年第 2 期。

258. 西夏文《正行集》考釋，孫伯君，寧夏社會科學，2011 年第 1 期。

四、黑水城元代與其他朝代文獻及黑水城地區研究

（一）黑水城元代與其他朝代文獻

1. 黑水城文獻與元史的構建，張海娟，甘肅民族研究，2013 年第 2 期。
2. 黑水城文獻與蒙元史的構建，張海娟，敦煌研究，2015 年第 1 期。
3. 黑城出土元代漢文文書研究概述，張紅宣、張玉珍，圖書館理論與實踐，2008 年第 2 期。
4. 黑城出土元代漢文文書研究綜述，張國旺，黑水城人文與環境研究——黑水城人文與環境國際學術討論會文集，中國人民大學出版社，2007 年。
5. 淺談幾件中國藏黑水城文書所反映的元代用紙，魏琳，西夏學（第七輯），上海古籍出版社，2011 年。
6. 黑水城出土文書中的記數符號初探，潘潔，寧夏社會科學，2008 年第 2 期。
7. 一份黑城出土畏吾體蒙古文文書釋讀與漢譯，烏雲畢力格，黑水城人文與環境研究——黑水城人文與環境國際學術討論會文集，中國人民大學出版社，2007 年。
8. 元代漢文公文書（文書原件）的現狀及其研究文獻，（日）船田善之著，彭向前譯，西夏學（第四輯），寧夏人民出版社，2009 年。
9. 黑水城所出元代帶編號文書初探，劉廣瑞，河北師範大學碩士學位論文，2009 年。
10. 黑水城出土合同婚書整理研究，杜建錄、鄧文韜，西夏研究，2015 年第 1 期。

11. 黑水城出土婚姻類文書探析，馬立群，圖書館理論與實踐，2012 年第 11 期。

12. 對黑水城出土的一件婚姻文書的考釋，劉永剛，寧夏社會科學，2008 年第 4 期。

13. 《失林婚書案文卷》初探，侯愛梅，西夏學（第六輯）──首屆西夏學國際論壇專號（下），上海古籍出版社，2010 年。

14. 《失林婚書案文卷》初探，侯愛梅，寧夏社會科學，2007 年第 2 期。

15. 黑城出土束帖文書芻議，蘭天祥，寧夏社會科學，2010 年第 2 期。

16. 黑水城所出元代祭祀文書初探，蔡偉政，河北師範大學碩士學位論文，2011 年。

17. 對黑城出土的一件祭祀文書的考釋，屈耀琦，西夏研究，2011 年第 4 期。

18. 黑水城所出元代禮儀文書考釋三則，蔡偉政，西夏學（第八輯），上海古籍出版社，2011 年。

19. 黑水城文獻漢文普禮類型禮懺文研究，韋兵，西夏學（第八輯），上海古籍出版社，2011 年。

20. 黑水城出土元代道教文書初探，陳廣恩，寧夏社會科學，2015 年第 3 期。

21. 俄藏黑水城文獻 A20V 金元全真教詩詞補說，汪超，文獻，2013 年第 1 期。

22. 黑水城出土北元初期漢文文書初探，陳朝輝，西夏研究，2015 年第 4 期

23. 黑水城文獻刻本殘葉定名拾補二則，秦樺林，文獻，2015 年第 6 期。

24. 吐魯番、黑水城出土《急就篇》《千字文》殘片考辨，張新朋，尋根，2015 年第 6 期。

25. 略論黑水城元代文獻中的忽剌术大王，陳瑞青，西夏學（第十一輯），上海古籍出版社，2015 年。

26. 黑水城出土兩件租賃文書考釋，杜建錄、鄧文韜，宋史研究論叢（第 15 輯），河北大學出版社，2014 年。

27. 黑水城所出元代錄事司文書考，杜立暉，文獻，2013 年第 6 期。

28. 從黑水城文獻看元代俸祿制度的運作，杜立暉，敦煌學輯刊，2013 年第 4 期。

29. 元代黑水城文書中的口糧問題研究，張敏靈，寧夏大學碩士學位論文，2013 年。

30. 元代的保人擔保——以黑水城所出民間借貸契約文書爲中心，楊淑紅，寧夏社會科學，2013 年第 1 期。

31. 元代千字文編號應用形式考——以黑水城文獻爲中心，劉廣瑞，檔案學研究，2014 年第 1 期。

32. 黑水城文獻出土地辨析試考——以黑水城出土千字文文書爲中心，劉廣瑞，寧夏大學學報（人文社會科學版），2013 年第 5 期。

33. 黑水城出土元代文書押印製度初探，陳朝輝、潘潔，西夏研究，2013 年第 4 期。

34. 黑水城所出識認狀問題淺探，宋坤，西夏研究，2014 年第 3 期。

35. 黑水城所出元代信牌文書考，杜立暉，中華文史論叢，2015 年第 3 期。

36. 從黑水城習抄看元代儒學教育中的日常書寫，宋曉希、黃博，西夏學（第十一輯），上海古籍出版社，2015 年。

37. 黑城分例文書中的屬相紀年，潘潔，內蒙古社會科學（漢文版），2006 年第 4 期。

38. 黑水城文書中錢糧物的放支方式，潘潔、陳朝暉，敦煌研究，2015 年第 4 期。

39. 黑水城文獻所見元代地方倉庫官選任制度的變化，杜立暉，西夏學（第十一輯），上海古籍出版社，2015 年。

40. 黑城出土的舉薦信與北元初期三位宗王的去向，樊永學、鄧文韜，西夏學（第十一輯），上海古籍出版社，2015 年。

41. 黑水城出土元代 M1‧1284[F21:W25]曆日殘頁考，侯子罡、彭向前，西夏學（第十一輯），上海古籍出版社，2015 年。

42. 黑水城出土元末《簽補站戶文卷》之「急遞鋪戶」考證，王亞莉，西夏學（第十一輯），上海古籍出版社，2015 年。

43. 黑城出土元代簽補站戶文書 F116:W543 考釋，王亞莉，寧夏社會科學，2009 年第 3 期。

44. 黑水城 F116：W434 元末簽補站戶文書試釋，杜立暉，寧夏社會科學，2010 年第 4 期。

45. 再考黑城所出 F116：W115 號提調農桑文卷，劉廣瑞，西夏研究，2012 年第 1 期。

46. 麥足朵立只答站戶案文卷初探，王盼，西夏學（第四輯），寧夏人民出版

社，2009 年。

47. 黑水城文獻《麥足朵立只答站戶案卷》再研究，朱建路，西夏學（第十輯），上海古籍出版社，2014 年。

48. 英藏黑水城出土四件元代軍政文書初探，許生根，寧夏社會科學，2008 年第 2 期。

49. 黑水城元代漢文軍政文書的數量構成及其價值，杜立暉，寧夏社會科學，2012 年第 2 期。

50. 黑水城所出一件元代職官文書考釋，鄭彥卿，寧夏社會科學，2007 年第 5 期。

51. 俄藏黑水城肅州路官員名錄文書考釋，杜立暉，西夏學（第五輯）——首屆西夏學國際論壇專號（上），上海古籍出版社，2010 年。

52. 黑水城出土元代亦集乃路選官文書，潘潔、陳朝輝，寧夏社會科學，2009 第 3 期。

53. 黑水城所出元代亦集乃路總管府錢糧房《照驗狀》考釋，陳瑞青，西夏學（第四輯），寧夏人民出版社，2009 年。

54. 黑水城 F114：W3 元代選充倉庫官文書初探，杜立暉，西夏學（第四輯），寧夏人民出版社，2009 年。

55. 黑水城所出元代解由文書初探，劉廣瑞，河北民族師範學院學報，2012 年第 1 期。

56. 俄藏黑水城 TK194 號文書《至正年間提控案牘與開除本官員狀》的定名與價值，張國旺，西域研究，2008 年第 2 期。

57. 黑水城所出《亦集乃分省元出放規運官本牒》考釋，朱建路，寧夏社會科學，2012 年第 2 期。

58. 黑水城出土 F234：W10 元代出首文書考，張笑峰，西夏學（第十一輯），上海古籍出版社，2015 年。

59. 元代契約參與人的稱謂——以黑城文書爲中心，張重豔，河北廣播電視大學學報，2015 年第 2 期。

60. 黑水城出土《黑色天母求修次第儀》的整理與研究，沈尙儒，中國人民大學碩士學位論文，2015 年。

61. 黑水城出土佛教懺儀《圓融懺悔法門》的整理與研究，馮柏妍，中國人民大學碩士學位論文，2015 年。

62. 黑水城所出認識狀問題淺探，宋坤，西夏研究，2014 年第 3 期。

63. 元代勘合文書探析——以黑水城文獻爲中心，杜立暉，歷史研究，2015 年第 3 期。

64. 黑水城出土勘合文書種類考，潘潔，內蒙古社會科學，2013 年第 5 期。

65. 試述黑水城出土勘合文書，潘潔，西夏學（第十輯），上海古籍出版社，2014 年。

66. 黑水城出土元代諸王妃子分例文書整理與研究，薄嘉，河北師範大學碩士學位論文，2013 年。

67. 黑水城所出糧食相關文書研究，朱建路，河北師範大學碩士論文，2009 年。

68. 英藏黑水城所出兩件糧食相關文書再研究，朱建路，寧夏社會科學，2010 年第 1 期。

69. 黑水城出土亦集乃路孤老養濟文書若干問題研究，周永傑，西夏學（第十輯），上海古籍出版社，2014 年。

70. 元代勸農機構初探——以黑水城出土文書爲中心，吳超，西夏研究，2011 年第 3 期。

71. 黑水城文獻所見元代稅使司的幾個問題，杜立暉，西夏學（第十輯），上海古籍出版社，2014 年。

72. 黑水城出土元代賦稅文書研究，潘潔，西夏學（第四輯），寧夏人民出版社，2009 年。

73. 元代亦集乃路賦稅考——黑水城出土稅票考釋，潘潔、陳朝暉，西夏歷史與文化——第三屆西夏學國際學術研討會論文集，甘肅人民出版社，2010 年。

74. 元代亦集乃路賦稅考——黑水城出土稅票考釋，潘潔，中國經濟史研究，2011 年第 1 期。

75. 黑水城出土《大德十一年稅糧文卷》整理與研究，張淮智，河北師範大學碩士學位論文，2015 年。

76. 黑城所出收付契文書 Y1：W201 考釋，許偉偉，西夏學（第六輯）——首屆西夏學國際論壇專號（下），上海古籍出版社，2010 年。

77. 也火汝足立嵬地土案文卷初探，張重豔，西夏學（第六輯）——首屆西夏學國際論壇專號（下），上海古籍出版社，2010 年。

78. 黑水城所出元代軍糧文書雜識，張重豔，蘭州學刊，2009 年第 12 期。

79. 黑水城文書與元代錢糧考較制度，杜立暉，首都師範大學學報（社會科學版），2012 年第 4 期。

80. 黑水城所出元代甘肅行省豐備庫錢糧文書考釋，陳瑞青，寧夏社會科學，2012 年第 2 期。

81. 黑水城所出元代「白帖」文書初釋，劉廣瑞，內蒙古農業大學學報（社會科學版），2012 年第 2 期。

82. 關於黑水城所出一件元代經濟文書的考釋，馬彩霞，西域研究，2004 年第 4 期。

83. 黑水城所出元建本《碎金》殘頁研究，張磊、黃沚青，圖書館理論與實踐，2014 年第 6 期。

84. 黑水城文書中的寧肅王，張笑峰，圖書館理論與實踐，2014 年第 7 期。

85. 黑水城元代文獻中的「安定王」及其部隊，陳瑞青，南京師大學報（社會科學版），2012 年第 5 期。

86. 黑城文書所見元代兩份整點站赤文書考釋，王亞莉，內蒙古師範大學學報（哲學社會科學版），2008 年第 1 期。

87. 黑水城文書所見元代基層孔子祭祀，張紅英，圖書館理論與實踐，2014 年第 7 期。

88. 《羊年契約文書》及其成書年代考，全榮，內蒙古社會科學（漢文版），2014 年第 6 期。

89. 黑水城所出元代詞訟文書研究，侯愛梅，中央民族大學博士學位論文，2013 年。

90. 中國藏黑水城所出元代律令與詞訟文書的史學價值，張重豔，南京師大學報（社會科學版），2012 年第 5 期。

91. 元代亦集乃路諸案成因及處理初探——以黑水城出土元代律令與詞訟文書爲中心，張笑峰，西夏學（第十輯），上海古籍出版社，2014 年。

92. 由黑水城文書看亦集乃路民事糾紛的調解機制，王盼，西夏研究，2010 年第 2 期。

93. 黑水城出土《元一統志》刻本殘葉考，秦樺林，中國地方志，2014 年第 10 期。

94. 黑水城文獻與元代地方行政體制研究綜述，杜立暉，2014 敦煌學國際聯

絡委員會通訊，上海古籍出版社，2014 年。

95. 從黑城出土文書看元代貨幣制度，張玉珍，河北師範大學碩士學位論文，
2006 年。

96. 元代肅政廉訪司研究——以黑水城出土文獻爲中心，郭兆斌，河北師範大
學碩士學位論文，2012 年。

97. 從黑水城出土文書看元代的肅政廉訪司刷案制度，孫繼民、郭兆斌，寧夏
社會科學，2012 年第 2 期。

98. 黑水城文獻所見元代肅政廉訪司「刷尾」工作流程——元代肅政廉訪司文
卷照刷制度研究之一，孫繼民，南京師大學報（社會科學版），2012 年第
5 期。

99. 黑水城 M1・1296、M1・1298 號文書的綴合、考釋及相關問題研究，邱
志誠，文獻，2012 年第 4 期。

100. 黑水城文書中發現又一版本的《千金要方》——新刊中國藏黑水城 F14：
W8 號漢文文書考釋，邱志誠，首都師範大學學報（社會科學版），2012
年第 1 期。

101. 黑水城出土刊本《尙書句解》殘葉小識，王天然、馬楠，中國典籍與文化，
2014 年第 2 期。

102. 黑水城出土《尙書句解》殘頁考，惠宏，西夏學（第四輯），寧夏人民出
版社，2009 年。

103. 中國藏黑水城 83H・F1：W14/0014 號文書殘片定名及其他，邱志誠，首
都師範大學學報（社會科學版），2011 年第 2 期。

104. 黑水城所出 TK261V 號文書《竇庸獻蠅拂子啓》考釋，毛永娟，西夏學（第
八輯），上海古籍出版社，2011 年。

105. 黑水城所出兩件與養老制度有關的文書研究，郭兆斌，西夏學（第八輯），
上海古籍出版社，2011 年。

106. 《黑城出土文書》所見「牌子」考，吳超，北華大學學報（社會科學版），
2009 年第 4 期。

107. 元代開讀詔旨考——基於黑城文書的探討，船田善之，中國多文字時代的
歷史文獻研究，社會科學文獻出版社，2010 年。

108. 元代區田法簡論——以黑城出土文書、《救荒活民類要》和《至正條格》
爲依據，井黑忍，中國多文字時代的歷史文獻研究，社會科學文獻出版社，

2010 年。

109. 黑城出土文獻所鈐一方元國書官印譯釋，照那斯圖，中國多文字時代的歷史文獻研究，社會科學文獻出版社，2010 年。

110. Mongolian Manuscripts from Khara-khoto（黑水城出土的蒙古文寫本），Takashi MATSUKAWA（松川節），中國多文字時代的歷史文獻研究，社會科學文獻出版社，2010 年。

111. 黑水城抄本《慢二郎》考釋，張蓓蓓，敦煌學輯刊，2014 年第 3 期。

112. 俄藏黑水城文獻太子出家歌辭跋，張秀清，語言研究集刊，2014 年第 1 期。

113. 俄藏黑水城文獻中的元佚詞，張廷傑，寧夏大學學報（人文社會科學版），2006 年第 1 期。

114. 《俄藏黑水城文獻》中的宋代文獻，白濱，宋代歷史文化研究（續編），人民出版社，2003 年。

115. 黑水城所出南宋初年施行赦書文書考釋，陳瑞青，西夏學（第八輯），上海古籍出版社，2011 年。

116. 黑水城出土《文獻通考》版本考，潘潔，圖書館理論與實踐，2009 年第 7 期。

117. 神秘的黑水城撩開神秘的歷史面紗——俄藏黑水城宋代軍事檔案揭秘，陳瑞青、孫繼民、張春蘭，光明日報，2008 年 3 月 30 日第 7 版。

118. 俄藏黑水城出土宋代統制司文書初探，陳瑞青，黑水城人文與環境研究——黑水城人文與環境國際學術討論會文集，中國人民大學出版社，2007 年。

119. 神秘失蹤的指揮使：黑水城南宋初年請領銅錢文書研究，陳瑞青，中國多文字時代的歷史文獻研究，社會科學文獻出版社，2010 年。

120. 俄藏黑水城文獻所見宋代「交旁」考，杜立暉，中國多文字時代的歷史文獻研究，社會科學文獻出版社，2010 年。

121. 黑水城宋代軍政文書與宋史研究——以鄜延路爲中心，楊倩描，河北學刊，2007 年第 4 期。

122. 試釋幾件俄藏黑水城宋鄜延路公文草稿，孫繼民、陳瑞青，西夏學（第一輯），寧夏人民出版社，2006 年。

123. 俄藏黑水城宋代「御前會合軍馬入援所」相關文書研究，張春蘭，河北師

範大學碩士學位論文，2005 年。

124. 俄藏黑水城文獻宋保安軍金湯城文書諸問題研究，陳豔，河北師範大學碩士學位論文，2009 年。

125.《宋建炎二年（1128 年）德靖寨牒某指揮爲招收延安府脫身官兵事》考釋，張春蘭、陳瑞青，延安大學學報（社會科學版），2004 年第 6 期。

126. 黑水城文獻所見宋代蕃兵制度的新變化，陳瑞青，民族研究，2010 年第 3 期。

127. 關於一件黑水城宋代軍政文獻的考釋，陳瑞青，文物春秋，2007 年第 4 期。

128. 俄藏黑水城所出《宋西北邊境軍政文書》中兵士張德狀初探，倪彬，寧夏社會科學，2012 年第 1 期。

129. 俄藏黑水城所出《宋西北邊境軍政文書》婦人阿羅等狀初探，倪彬，寧夏社會科學，2011 年第 1 期。

130. 黑水城所出宋代統制司相關文書考釋，陳瑞青，敦煌學輯刊，2006 年第 3 期。

131. 黑水城所出宋趙德誠家狀試釋，孫繼民，敦煌學輯刊，2002 年第 2 期。

132. 俄藏黑水城宋代軍政文書所見「西軍」潰散兵員問題探析，張春蘭，邊疆考古研究（第七輯），科學出版社，2008 年。

133. 俄藏黑水城文獻宋代小胡族文書試釋，孫繼民，中華文史論叢，2007 年第 2 期。

134. 從俄藏黑水城文獻看宋代公文的貼黃制度，陳瑞青，中華文史論叢，2007 年第 2 期。

135.《俄藏黑水城文獻》俄 TK316 號漢文文獻題名辨正，張富春，圖書館理論與實踐，2005 年第 3 期。

136. 黑水城文獻《資治通鑒綱目》殘頁考辨，段玉泉，寧夏大學學報（人文社會科學版），2006 年第 3 期。

137. 黑水城《資治通鑒綱目》殘葉考述，胡玉冰、唐方，西夏研究，2012 年第 2 期。

138. 俄藏黑城出土寫本《景德傳燈錄》年代考，馬格俠，敦煌學輯刊，2005 年第 2 期。

139. 俄藏黑水城 TK318 號文書考釋，陳豔，西夏學（第四輯），寧夏人民出版

社，2009 年。

140. 西夏漢文寫本《卜筮要訣》研究，連劭名，寧夏社會科學，2007 年第 1 期。

141. 西夏漢文寫本《卜筮要訣》再探，彭向前，寧夏社會科學，2010 年第 1 期。

142. 黑水城出土漢文寫本《六十四卦圖歌》初探，彭向前，西夏研究，2010 年第 2 期。

143. 黑水城文獻《六十四卦圖歌》研究，李偉，四川師範大學碩士學位論文，2013 年。

144. 黑水城出土漢文刻本 TKl72《六壬課秘訣》考釋，李冰，西夏學（第十輯），上海古籍出版社，2014 年。

145. 黑水城漢文刻本文獻定名商補，劉波，文獻，2013 年第 2 期。

146. 黑水城文獻《莊子義》考，湯君，西夏研究（第 3 輯‧第二屆西夏學國際學術研討會論文集），中國社會科學出版社，2006 年。

147. 黑水城文獻《莊子義》考，湯君，敦煌學輯刊，2006 年第 2 期。

148. 俄藏黑水城文獻兩件類書定名與拼合，李輝、馮國棟，寧夏社會科學，2005 年第 2 期。

149. 俄藏黑水城文獻《初學記》殘片補考，段玉泉，寧夏社會科學，2006 年第 1 期。

150. 英藏黑水城文獻 Or8212/1243 號殘頁補考，段玉泉，文獻，2005 年第 4 期。

151. 黑水城《憶飲》詩殘件命名及作者考，張蓓蓓、伏俊璉，文獻，2013 年第 6 期。

152. 黑水城文獻《文酒清話》研究，楊金山，四川師範大學碩士學位論文，2013 年。

153.《文酒清話》若干問題辨析，楊金山，西夏學（第十輯），上海古籍出版社，2014 年。

154. 俄藏黑水城文獻《新雕文酒清話》跋（上），張秀清，語文學刊（高等教育版），2013 年第 8 期。

155. 俄藏黑水城文獻《新雕文酒清話》跋續，張秀清，語文學刊（高等教育版），2013 年第 10 期。

156. 黑水城抄本《千家詩》殘頁考，張蓓蓓，敦煌學輯刊，2013 年第 2 期。

157. 黑水城出土《平水韻》性質試探，萬曼璐，語言研究集刊，2008 年第 1 期。

158. 黑水城出土《劉知遠諸宮調》作期和著作權綜考，王昊，吉林大學社會科學學報，2012 年第 6 期。

159. 西夏文獻之《劉知遠諸宮調》研究，付燕，四川師範大學碩士學位論文，2013 年。

160. 黑水城文獻《劉知遠諸宮調》創作時期及作者考辨，付燕，西夏學（第十輯），上海古籍出版社，2014 年。

161. 關於俄藏 TK225 號文書的朝代歸屬問題，孫繼民，西夏學（第八輯），上海古籍出版社，2011 年。

162. 新刊黑水城阜昌三年文書所見僞齊職官制度，馮金忠，文獻，2010 年第 1 期。

163. 從俄藏黑水城阜昌三年文書所見僞齊職官制度，馮金忠，宋史研究論叢（第十輯），河北大學出版社，2009 年。

164. 黑水城宋代文獻性質芻議，陳瑞青，西夏歷史與文化──第三屆西夏學國際學術研討會論文集，甘肅人民出版社，2010 年。

165. 開創黑水城宋代文獻研究的新局面，陳瑞青，中國史研究，2008 年第 4 期。

166. 俄藏黑水城宋代文書的拼合問題，魏琳，西夏歷史與文化──第三屆西夏學國際學術研討會論文集，甘肅人民出版社，2010 年。

167. 黑水城出土宋代漢文社會文獻中的度量量詞，邵天松，寧夏社會科學，2015 年第 1 期。

168. 黑水城出土宋代漢文社會文獻中的度量量詞，邵天松，南京師範大學文學院學報，2015 年第 3 期。

169. 藏黑水城宋代文獻所見差破「白直人兵」文書考，陳瑞青，西夏學（第五輯）──首屆西夏學國際論壇專號（上），上海古籍出版社，2010 年。

170. 俄藏黑水城文獻《官員加級錄》年代再證，劉廣瑞，宋史研究論叢（第十輯），河北大學出版社，2009 年。

171. 俄藏黑水城文獻《佛說壽生經錄文》──兼論 11～14 世紀的壽生會與壽生寄庫信仰，韋兵，西夏學（第五輯）──首屆西夏學國際論壇專號（上），上海古籍出版社，2010 年。

172. 俄藏黑水城宋慈覺禪師《勸化集》研究，宋坤，河北師範大學碩士論文，2010 年。
173. 黑水城出土の遼刊本について，竺沙雅章，（日）汲古（43），2003 年 6 月。
174. 黑城所出《續一切經音義》殘片考，聶鴻音，北方文物，2001 年第 1 期。
175. 《俄藏黑水城文獻》遼代高僧海山思孝著作考，馮國棟、李輝，西夏學（第八輯），上海古籍出版社，2011 年。
176. 《俄藏黑水城文獻》中通理大師著作考，馮國棟、李輝，文獻，2011 年第 3 期。
177. 黑城《西北諸地馬步軍編冊》考釋，楊浣，中國史研究，2006 年第 1 期。
178. 聖彼得堡藏女眞文草書殘葉匯考，孫伯君，北方文物，2008 年第 3 期。

（二）黑水城地區研究

1. 黑水城——西夏王后沉睡的地方，楊大洲、謝繼勝，文明，2001 年增刊。
2. 黑水城廢棄的時間及原因新探，陳炳應、梁松濤，寧夏大學學報（人文社會科學版），2009 年第 2 期。
3. 黑水城出土文書所見人事變化初探，吳超，吉林師範大學學報（人文社會科學版），2011 年第 3 期。
4. 關於亦集乃分省問題的探討——以黑水城出土文書爲中心，吳超，陰山學刊（社會科學版），2011 年第 1 期。
5. 試析元末至北元初期甘肅地區的分省設置——以三件黑城出土文書爲中心，楊彥彬，西夏學（第四輯），寧夏人民出版社，2009 年。
6. 《黑水城出土文書》所見亦集乃路達魯花赤，吳超，陰山學刊（社會科學版），2011 年第 2 期。
7. 元代亦集乃路「蒙古八站」考釋，王亞莉，西夏學（第四輯），寧夏人民出版社，2009 年。
8. 從黑水城出土文書看元代亦集乃路的司法機構，侯愛梅，商丘師範學院學報，2015 年第 8 期。
9. 元代亦集乃路的物價問題——以黑城出土文書爲中心，周永傑，寧夏大學碩士學位論文，2015 年。
10. 元代地方糧倉探析——以亦集乃路爲例，高仁、杜建錄，中國經濟史研究，2015 年第 5 期。

11. 《黑城出土文書》所見海都之亂時期亦集乃路的軍糧供給，叢海平，雲南師範大學學報（哲學社會科學版），2009 年第 4 期。

12. 元代亦集乃路市場問題舉隅，周永傑，西夏研究，2015 年第 3 期。

13. 元代亦集乃路鈔庫探析——以黑水城出土文書爲中心，高仁，西夏研究，2015 年第 3 期。

14. 從黑城出土文書看元代亦集乃路河渠司，朱建路，西夏學（第五輯）——首屆西夏學國際論壇專號（上），上海古籍出版社，2010 年。

15. 《黑城出土文書》中所見元代亦集乃路的灌溉渠道及其相關問題，吳宏岐，西北民族論叢（第一輯），中國社會科學出版社，2002 年。

16. 《黑水城出土文書》所見亦集乃路農業技術推廣初探，吳超，農業考古，2011 年第 4 期。

17. 元代亦集乃路農作物種類考述，徐悅，西夏學（第四輯），寧夏人民出版社，2009 年。

18. 元代亦集乃路水稻種植問題小考，劉洋，當代教師教育，2003 年第 4 期。

19. 黑城文書所見亦集乃路自然災害，孔德翊，西夏研究，2013 年第 2 期。

20. 元代亦集乃路自然災害與信仰初探，孔德翊、王琨，西夏研究，2014 年第 3 期。

21. 元代文書檔案所見亦集乃路農業災害救助，孔德翊，蘭臺世界，2015 年第 36 期。

22. 元代亦集乃路水資源與基層社會探析，孔德翊，西夏研究，2012 年第 2 期。

23. 郭守敬復興西夏水利，盧德明，寧夏史志，2004 年第 1 期。

24. 《黑水城出土文書》所見亦集乃路的孤老救濟初探，吳超，西夏研究，2012 年第 1 期。

25. 黑河下遊歷史時期人類活動遺跡的遙感調查研究，胡寧科，蘭州大學博士學位論文，2014 年。

26. 西夏元時期黑河流域綠洲開發的自然驅動因素研究，史志林、楊誼時、汪桂生、董斌，西夏學（第十一輯），上海古籍出版社，2015 年。

27. The Anxi Principality: [un]Making a Muslim Mongol Prince in Northwest China during the Yuan Dynasty, RW Dunnell, *Central Asiatic Journal*, Vol. 57, *(Special Tangut Edition)*, 2014.

五、政治

（一）政治

1. 西夏歷史概述，保宏彪，寧夏人大，2014 年第 1 期。
2. 西夏歷史和社會的幾個問題，史金波，西北民族論叢（第七輯），中國社會科學出版社，2010 年。
3. 西夏歷史與文化，李蔚，西夏研究，2011 年第 2 期。
4. 西夏歷史與文化，陳育寧、杜建錄，寧夏歷史十五題，寧夏人民出版社，2003 年。
5. 西夏·寧夏·華夏，史金波，中國民族，2002 年第 9 期。
6. 歷史給了西夏新的機會，史金波，地圖，2012 年第 4 期。
7. 遼宋夏金政權歷史地位辨，梁斌、石豔，哈爾濱學院學報，2014 年第 4 期。
8. 論中國歷史上的北方民族政權：以遼、西夏、金、元四朝為重點，屈文軍，西北民族研究，2006 年第 2 期。
9. 西夏在中國歷史中的地位，李範文，寧夏社會科學，2002 年第 3 期。
10. 炎黃文化傳統與遼夏金元歷史認同觀念，羅炳良，史學史研究，2012 年第 3 期。
11. 強盛的西夏因何不入正史，曹德志、寒楓，科技信息，2010 年第 1 期。
12. 西夏 沒有正史的王朝，梅毅，中國國家地理，2010 年第 1 期。
13. 唐最晚期のタングートの動向——西夏建國前史の再檢討（3），岩崎力，（日）人文研紀要（48），2003 年。

14. 夏州定難軍節度使の建置と前後の政情——西夏建國前史の再檢討（2），岩崎力，（日）中央大學アジア史研究（26），2002 年 3 月。

15. 夏州節度使文武僚屬考——以出土碑石文獻爲中心，翟麗萍，西夏學（第十一輯），上海古籍出版社，2015 年。

16. 西夏政治特點，保宏彪，寧夏人大，2015 年第 6 期。

17. 從黃土高原開始的西夏帝國精神，唐榮堯，環球人文地理，2010 年第 4 期。

18. 西夏國名校考，（俄）Н・А・聶歷山著，崔紅芬、文志勇譯，寧夏社會科學，2005 年第 5 期。

19. 西夏國名及西夏人發祥地考述，（俄）克平著，孫穎新譯，國家圖書館學刊（西夏研究專號），2002 年增刊。

20. 西夏國名鱗爪，吳忠禮，寧夏社會科學，2012 年第 2 期。

21. 党項羌魂 大白高國，中國西部，2011 年第 13 期。

22. 「西夏」小考，楊浣、王軍輝，寧夏大學學報（人文社會科學版），2009 年第 2 期。

23. 「五德終始說」視野下的「大白高國」，彭向前，西夏歷史與文化——第三屆西夏學國際學術研討會論文集，甘肅人民出版社，2010 年。

24. 再談「白高國」，王民信，國家圖書館學刊（西夏研究專號），2002 年增刊。

25. 「邦泥定國」新考，木仕華，薪火相傳——史金波先生 70 壽辰西夏學國際學術研討會論文集，中國社會科學出版社，2012 年。

26. 宋代墓誌中所見宋人對西夏的稱呼，孔德翊，民族藝林，2014 年第 2 期。

27. 中晚唐時代背景下的党項崛起，保宏彪，西夏研究，2015 年第 3 期。

28. 從晚唐墓誌中的党項史料看唐朝與党項的關係，保宏彪，西夏研究，2011 年第 2 期。

29. 唐末局勢與西夏崛興，李鴻賓，西夏研究（第 3 輯・第二屆西夏學國際學術研討會論文集），中國社會科學出版社，2006 年。

30. 唐末的形勢與党項勢力的崛起，李鴻賓，寧夏社會科學，2009 年第 2 期。

31. 唐末的形勢與党項勢力的崛起，李鴻賓，西夏歷史與文化——第三屆西夏學國際學術研討會論文集，甘肅人民出版社，2010 年。

32. 民族勢力崛起與晚唐五代西北政治格局重構之關係——以党項爲中心的

考察，王東、崔星，赤峰學院學報（漢文哲學社會科學版），2014 年第 11 期。

33. 論 7～10 世紀党項崛起的地緣條件，陸寧，河北大學碩士學位論文，2005 年。

34. 五代宋初西北政治格局之再思考——以北漢與党項關係爲中心的考察，王東、楊富學，蘭州學刊，2014 年第 1 期。

35. 五代のタングートについて（上）西夏建國前史の再檢討（4），岩崎力，（日）人文研紀要（64），2008 年。

36. 五代のタングートについて（下）西夏建國前史の再檢討（4），岩崎力，（日）中央大學アジア史研究（33），2009 年 3 月。

37. Complexity from Compression: a Scetch of Pre-Tangut, Miake Marc Hideo, *Тангуты в Центральной Азии:Сборник статей в честь 80-летия проф. Е.И.Кычанова*, Irina Popova, ed.Moscow: Oriental Literature, 2012.

38. 略論唐宋党項政策與西北民族格局的互動，楊浣、陸寧，寧夏大學學報（人文社會科學版），2003 年第 4 期。

39. 唐古特國的起源問題，（俄）克恰諾夫著，王穎、張笑峰譯，西夏學（第七輯），上海古籍出版社，2011 年。

40. 從部落組織到國家形態——關於西夏國家社會性質再探討，王天順，漆俠先生紀念文集，河北大學出版社，2002 年。

41. 西夏的自國認識及宋朝觀——以元昊統治時期爲中心，朴志焄，宋史研究論叢（第 15 輯），河北大學出版社，2014 年。

42. The Tangut Imperial Title, Jacques, *Central Asiatic Journal*, Vol. 54, 2010.

43. 西夏帝王的稱號，向柏霖著，朱瑞譯，西夏研究，2012 年第 4 期。

44. 西夏文獻中的帝、后稱號，孫伯君，民族研究，2013 年第 2 期。

45. 西夏史箚記三則，蘇航，薪火相傳——史金波先生 70 壽辰西夏學國際學術研討會論文集，中國社會科學出版社，2012 年。

46. 西夏皇帝尊號考略，崔紅芬、文志勇，寧夏大學學報（人文社會科學版），2006 年第 5 期。

47. 西夏皇帝尊號考略，崔紅芬，敦煌佛教與禪宗學術討論會論文集，三秦出版社，2007 年。

48. 西夏皇帝生日之謎，彭向前、劉青，西夏研究，2012 年第 1 期。

49. 西夏紀年綜考，李華瑞，國家圖書館學刊（西夏研究專號），2002 年增刊。

50. 西夏文《過去莊嚴劫千佛名經》發願文中的兩個年號，聶鴻音，固原師專學報，2004 年第 5 期。

51. 論西夏立國及其在中外歷史上的地位，穆鴻利，中央民族大學學報，2005 年第 4 期。

52. 論西夏立國長久的一個重要原因，陳廣恩，西北民族研究，2004 年第 3 期。

53. 西夏立國長久原因新論，陳廣恩，西夏研究（第 3 輯·第二屆西夏學國際學術研討會論文集），中國社會科學出版社，2006 年。

54. 西夏立國長久原因探析，李清凌，絲綢之路，2011 年第 8 期。

55. 西夏治國方略探析，陳廣恩，暨南史學（第六輯），暨南大學出版社，2007 年。

56. 安史之亂後朔方軍的地位演變及其對党項的影響，保宏彪，西夏研究，2013 年第 1 期。

57. 西夏在西北地區的統治與中國歷史統一趨勢的關係，王德忠，東北師大學報（哲學社會科學版），2012 年第 6 期。

58. 宋、西夏以及大理諸政權開發西部的政策評述，王勁、段金生，寧夏大學學報（人文社會科學版），2004 年第 6 期。

59. 略述西夏對河西的佔領及相關問題，崔紅芬，大連民族學院學報，2005 年第 4 期。

60. 略述西夏對河西的佔領及相關問題，崔紅芬，西夏研究（第 3 輯·第二屆西夏學國際學術研討會論文集），中國社會科學出版社，2006 年。

61. 論河西走廊在西夏興起與發展過程中的戰略意義，保宏彪，西夏研究，2012 年第 2 期。

62. 論西夏對涼州的經營，梁繼紅，固原師專學報，2006 年第 2 期。

63. 西涼府與西夏，孫壽嶺，河西學院學報，2005 年第 3 期。

64. 試論武威在西夏王朝的歷史地位，于光建、張吉林，絲綢之路，2009 年第 14 期。

65. 論銀川平原在西夏歷史上的戰略地位，郭迎春，寧夏大學學報（人文社會科學版），2006 年第 3 期。

66. 鄂爾多斯地區在西夏歷史中的地位，陳育寧，鄂爾多斯史論集，寧夏人民

出版社，2002 年。

67. 試析榆林地區對西夏歷史發展的貢獻，劉興全、于瑞瑞，西夏研究，2015年第 4 期。

68. 西夏時期的黑水城社會，史金波，黑水城人文與環境研究——黑水城人文與環境國際學術討論會文集，中國人民大學出版社，2007 年。

69. 敦煌作爲西夏王國疆域的一部分（982～1227），（俄）葉夫根尼·克恰諾夫著，董斌、史志林譯，絲綢之路，2015 年第 8 期。

70. 11 世紀存在過統治瓜沙二州的回鶻汗國嗎？——西夏統治瓜沙始年考，陳炳應，敦煌研究，2001 年第 2 期。

71. 西夏後期的后族與政治，白雪，蘭州大學碩士學位論文，2008 年。

72. 西夏相權初探，魏淑霞，西夏研究，2011 年第 4 期。

73. 西夏仁宗時期部落農民起義的原因及其影響，尤樺，哈爾濱師範大學社會科學學報，2013 年第 6 期

74. 西夏和明初發生在寧夏的兩次空城事件，趙惠寬，中華魂，2013 年第 16 期。

75. Militaires et bureaucrates aux confins du Gansu-Qinghai à la fin du XI e siècle, Christian Lamouroux, *Extrême-Orient Extrême-Occident*, No. 28, Desseins de frontières (2006).

76. 《貞觀政要》在遼、西夏、金、元四朝，周峰，北方文物，2009 年第 1 期。

77. 西夏滅亡原因新探索，丁寧、任仲書，遼寧師專學報（社會科學版），2008年第 4 期。

78. 西夏王朝覆滅之謎，杜玉冰、榮融，西部時報，2004 年 7 月 14 日第 15版。

79. 西夏王國消亡的啓示，何少川，政協天地，2006 年第 3 期。

（二）制度

1. 西夏政治、軍事、法律制度概覽，保宏彪，寧夏人大，2014 年第 2 期。

2. 從宋夏關係看西夏的政治制度，丁文斌，河北青年管理幹部學院學報，2012年第 4 期。

3. 西夏監察制度探析，張翅、許光縣，寧夏社會科學，2007 年第 2 期。

4. 西夏的監察制度初探，魏淑霞，西夏研究，2010 年第 2 期。

5. 西夏的監察制度初探，魏淑霞，西夏歷史與文化——第三屆西夏學國際學術研討會論文集，甘肅人民出版社，2010 年。

6. 遼夏金監察制度的基本特點與當代啓示，吳歡、朱小飛，雲南大學學報，2013 年第 6 期。

7. 從武器裝備看西夏儀衛制度，尤樺，西夏學（第十一輯），上海古籍出版社，2015 年。

8. 西夏の二つの官僚集團——十二世紀後半における官僚登用法，佐藤貴保，（日）東洋史研究（66—3），2007 年 12 月。

9. 西夏官僚機構及其職掌與屬官考論，翟麗萍，寧夏大學碩士學位論文，2010 年。

10. 西夏職官制度研究——以《天盛革故鼎新律令》卷十爲中心，翟麗萍，陝西師範大學博士學位論文，2013 年。

11. 《內宮待命等頭項門》中的職官問題，許偉偉，西夏學（第七輯），上海古籍出版社，2011 年。

12. 西夏職官中的宗族首領，魏淑霞，寧夏社會科學，2015 年第 5 期。

13. 西夏文獻中的「城主」，孫伯君，敦煌學輯刊，2008 年第 3 期。

14. 《遼史・西夏外紀》中的「團練使」和「刺史」，聶鴻音，東北史地，2011 年第 2 期。

15. 再論西夏的官與職——以西夏官當制度爲中心，梁松濤、張玉海，寧夏社會科學，2014 年第 3 期。

16. 西夏官階制度補考，翟麗萍，西夏學（第九輯），上海古籍出版社，2014 年。

17. 西夏蕃名官號異譯考釋，翟麗萍，西夏學（第六輯）——首屆西夏學國際論壇專號（下），上海古籍出版社，2010 年。

18. 西夏官吏的考課獎懲制，魏淑霞，西夏研究，2013 年第 4 期。

19. 西夏的官品與官階——西夏官吏酬勞制度研究之一，魏淑霞、孫穎慧，寧夏社會科學，2012 年第 6 期。

20. 西夏官吏酬勞——封爵、俸祿及致仕，魏淑霞、陳燕，西夏研究，2012 年第 3 期。

21. 西夏官吏「祿食」標準管窺——以《天盛律令》爲中心，張玉海，2012 年第 5 期。

22. 從出土檔案看西夏官吏請假制度，趙彥龍、穆旋，檔案管理，2014 年第 4 期。

23. 試論西夏諫官制度，趙彥龍，寧夏社會科學，2002 年第 2 期。

24. 西夏巡檢簡論，李華瑞，中國史研究，2006 年第 1 期。

25. 西夏刺史簡論——以《天盛改舊新定律令》為中心，劉雙怡，前沿，2014 年第 1 期。

26. 西夏禮儀制度考論，艾紅玲，寧夏社會科學，2009 年第 1 期。

27. 党項盟誓制度探析，尚世東，2001 年第 1 期。

28. Study of Messenger Passports in the Xi-Xia Dynasty, 佐藤貴保, *Тангуты в Центральной Азии:Сборник статей в честь 80-летия проф. Е.И.Кычанова*, Irina Popova, ed.Moscow: Oriental Literature, 2012.

29. 西夏文書機構與文書官吏論，趙彥龍，西夏學（第一輯），寧夏人民出版社，2006 年。

30. 西夏文書工作官吏制度考論，趙彥龍，西夏研究（第 3 輯·第二屆西夏學國際學術研討會論文集），中國社會科學出版社，2006 年。

31. 從俄藏黑水城文獻看西夏文書署押制度，尚世東，西夏研究（第 3 輯·第二屆西夏學國際學術研討會論文集），中國社會科學出版社，2006 年。

32. 夏、宋文書歸檔制度研究，趙彥龍，寧夏社會科學，2004 年第 3 期。

33. 西夏文書種類探析，趙彥龍、石月蘭，青海民族研究，2004 年第 1 期。

34. 論西夏法典中的文書制度，高宗池、趙彥龍，青海民族研究，2009 年第 1 期。

35. 西夏文書管理制度探微，高宗池、趙彥龍，西北第二民族學院學報（哲學社會科學版），2002 年第 2 期。

36. 西夏的書信文書，趙彥龍、李晶、江菊玉，寧夏社會科學，2009 年第 9 期。

37. 西夏文書史的建構——西夏文書研究之一，趙彥龍、黨小龍，甘肅社會科學，2004 年第 1 期。

38. 西夏文書史的建構——西夏文書研究之二，趙彥龍、黨小龍，甘肅社會科學，2004 年第 2 期。

39. 再論西夏公文史的建構（上），趙彥龍，寧夏大學學報（人文社會科學版），2004 年第 5 期。

40. 再論西夏公文史的建構（下），趙彥龍，寧夏大學學報（人文社會科學版），2005 年第 3 期。

41. 淺談西夏的公文及制度，趙彥龍、石月蘭，歷史檔案，2004 年第 1 期。

42. 夏、宋公文稽緩制度淺論，趙彥龍，寧夏大學學報（人文社會科學版），2003 年第 1 期。

43. 淺談西夏公文稽緩制度，趙彥龍，檔案，2004 年第 2 期。

44. 淺談西夏公文避諱制度，洪越，文教資料，2015 年第 36 期。

45. 淺談西夏公文文風與公文載體，趙彥龍，西北民族研究，2005 年第 2 期。

46. 略論西夏公文體式，趙彥龍、陳文麗，青海民族研究，2012 年第 1 期。

47. 西夏公文與宋公文比較研究，江菊玉，寧夏大學碩士學位論文，2011 年。

48. 西夏公文程式初探，趙彥龍、李晶，西夏學（第八輯），上海古籍出版社，2011 年。

49. 巧於用典：西夏公文撰寫技巧之一，趙彥龍、江菊玉，寧夏師範學院學報，2010 年第 5 期。

50. 論西夏公文撰製機構與公文撰製人員，高宗池、趙彥龍，青海民族研究，2010 年第 4 期。

51. 西夏公文驛傳探微，尚世東，寧夏社會科學，2001 年第 2 期。

52. 西夏公文驛傳探微，尚世東，歷史檔案，2001 年第 4 期。

53. 西夏驛路與驛傳制度，陳旭，北方民族大學學報（哲學社會科學版），2010 年第 1 期。

54. 略論西夏上奏文書，李丕祺、趙彥龍，青海民族研究，2005 年第 4 期。

55. 西夏題記文書略論，趙彥龍，寧夏社會科學，2005 年第 3 期。

56. 西夏文書檔案驛傳制度述略，尚世東，檔案學研究，2001 年第 5 期。

57. 西夏王朝檔案管理制度蠡測，劉曄，延安大學學報（社會科學版），2006 年第 6 期。

58. 西夏檔案機構及管理制度探索，趙彥龍，寧夏社會科學，2006 年第 5 期。

59. 從《天盛律令》看西夏檔案的類型和管理，尚世東，檔案，2001 年第 2 期。

60. 西夏檔案的保管制度，趙彥龍，檔案，2001 年第 4 期。

61. 西夏檔案整理與研究，吳芊芊，寧夏大學碩士學位論文，2013 年。

62. 西夏文書檔案研究，尚世東，寧夏大學學報（人文社會科學版），2003 年第 1 期。

63. 西夏官府文書檔案研究的幾個問題，趙彥龍，西夏學（第十輯），上海古籍出版社，2014 年。

64. 西夏文書立卷制度再探索，趙彥龍，檔案，2005 年第 4 期。

65. 夏、宋文書檔案保密制度探析，趙彥龍，檔案，2002 年第 6 期。

66. 關於西夏文書檔案保密制度的一些探討，尹江偉，寧夏社會科學，2011 年 4 期。

67. 加強西夏文書檔案史的研究，尚世東，檔案，2001 年第 6 期。

68. 西夏時期的契約檔案，趙彥龍，西北民族研究，2001 年第 4 期。

69. 西夏契約檔案整理與研究，馬玲玲，寧夏大學碩士學位論文，2014 年。

70. 試論西夏的科技檔案，趙彥龍、楊綺，西夏研究，2011 年第 4 期。

71. 種類齊全 價值珍貴──西夏賬冊檔案研究之三，趙彥龍、孫小倩，寧夏師範學院學報，2015 年第 4 期。

72. 論西夏的石刻檔案，趙彥龍、喬娟，西夏研究，2012 年第 3 期。

73. 西夏石刻檔案資料整理與研究，喬娟，寧夏大學碩士學位論文，2013 年。

74. 西夏律法檔案整理與研究，趙彥龍，青海民族研究，2013 年第 3 期

75. 西夏科技檔案整理與研究，楊綺，寧夏大學碩士學位論文，2013 年。

76. 西夏檔案的遺存及特點，趙彥龍，寧夏師範學院學報，2014 年第 1 期。

77. 20 世紀西夏文書檔案史研究綜述，高宗池、趙彥龍，西北第二民族學院學報（哲學社會科學版），2004 年第 1 期。

78. 西夏信訪工作制度探微，趙彥龍，寧夏社會科學，2003 年第 4 期。

79. 論西夏的奴婢制度，姜歆，寧夏師範學院學報，2008 年第 4 期。

80. 論西夏的奴婢制度，姜歆，西夏歷史與文化──第三屆西夏學國際學術研討會論文集，甘肅人民出版社，2010 年。

81. 西夏工匠制度管窺，楊浣，寧夏社會科學，2003 年第 4 期。

82. 西夏度量衡芻議，史金波，固原師專學報，2002 年第 2 期。

83. 西夏的衡制與幣制，陳炳應，內蒙古金融研究，2003 年增刊第 3 期。

（三）對外關係

1. 西夏建國與三足鼎立之勢的形成，保宏彪，寧夏人大，2014 年第 5 期。

2. 論宋遼夏鼎立與宋夏和戰的關係，王立新、竇向軍，甘肅高師學報，2003 年第 3 期。

3. 緩衝國家的策略選擇——以西夏與北宋、遼之互動為例，吳明潔，（臺灣）東吳大學碩士學位論文，2009 年。

4. 西夏長存與多變外交，吉家友，天中學刊，2001 年第 4 期。

5. 簡論西夏外交文書，江菊玉、李晶、趙彥龍，西夏研究，2010 年第 3 期。

6. 論西夏外交文書，李晶，寧夏大學碩士學位論文，2011 年。

7. 「他山之作」：11～12 世紀遠東國家使節交往的文獻資料——西夏《天盛改舊新定律令》，（俄）克恰諾夫著，王穎譯，西夏研究，2014 年第 4 期。

8. 從交聘儀注之爭看西夏的政治地位，楊浣，西夏學（第六輯）——首屆西夏學國際論壇專號（下），上海古籍出版社，2010 年。

9. 試論河湟區域民俗及宗教文化形態對北宋制夏的影響，楊文，青海民族研究，2008 年第 2 期。

10. 西夏與北宋比較研究引發的思考，楊其昌、王學功，西夏研究（第 3 輯·第二屆西夏學國際學術研討會論文集），中國社會科學出版社，2006 年。

11. 西北宋諸臣西夏奏、議輯論，王舒宇，寧夏大學碩士學位論文，2013 年。

12. 夏對宋鬥爭策略芻議，馮小琴，社科縱橫，2001 年第 2 期。

13. 宋代墓誌文獻所見宋夏關係，孔德翊，西部學刊，2014 年 7 期。

14. 茶文化視域下的夏宋關係，王立霞，農業考古，2013 年第 5 期。

15. 從黑水城宋代文獻看兩宋之際宋夏關係，陳瑞青，江漢論壇，2010 年第 10 期。

16. 北宋前期朝野對聯蕃制夏策略的非議及其原因，祁琛雲，寧夏大學學報（人文社會科學版），2007 年第 1 期。

17. 北宋前期宋夏關係對北宋吐蕃招撫政策的影響，張雅靜，寧夏社會科學，2011 年第 6 期。

18. 試論王安石變法之前宋對西北邊區的經略，汪天順，甘肅民族研究，2003 年第 1 期。

19. 熙寧五年儀州省廢考論，崔玉謙，寧夏大學學報（人文社會科學版），2015 年第 2 期。

20. 熙寧初年甘穀城墾田爭議考述，崔玉謙，西夏學（第九輯），上海古籍出版社，2014 年。

21. 張載「取洮西之地」辨析，劉建麗、白蒲嬰，寧夏社會科學，2009 年第 1 期。

22. 張載「取洮西之地」辨析，劉建麗，西夏歷史與文化——第三屆西夏學國際學術研討會論文集，甘肅人民出版社，2010 年。

23. 從讀司馬光《西事札子》看北宋政治之腐敗，王天順，西夏研究（第 3 輯・第二屆西夏學國際學術研討會論文集），中國社會科學出版社，2006 年。

24. 論司馬光的易學思想及其對西夏的政策，牛秋實，鄭州航空工業管理學院學報（社會科學版），2012 年第 6 期。

25. 十二世紀後半における西夏と南宋の通交，佐藤貴保，（日）待兼山論叢（38），2004 年。

26. 王韶經營熙河管窺，王曉燕，中央民族大學學報，2005 年第 5 期。

27. 北宋西北蕃官略論，佟建榮，西北第二民族學院學報（哲學社會科學版），2008 年第 4 期。

28. 北宋經略秦州蕃部土地問題簡論，上官紅偉，寧夏社會科學，2013 年第 2 期。

29. 略論北宋對西北邊區蕃民的法律保護，劉建麗、陳武強，內蒙古社會科學（漢文版），2006 年第 2 期。

30. 北宋西北蕃民的保護法，陳武強、司江平，焦作師範高等專科學校學報，2006 年第 1 期。

31. 論北宋前期對西北邊區蕃民犯罪的處罰，陳武強，西藏研究，2006 年第 2 期。

32. 北宋初期党項內附初探，楊蕤，民族研究，2005 年第 4 期。

33. 陝北宋代堡寨分佈的特點，杜林淵、張小兵，延安大學學報（社會科學版），2008 年第 3 期。

34. 北宋陝西路沿邊的弓箭手組織，汪天順，寧夏社會科學，2008 年第 2 期。

35. 北宋弓箭手若干問題的探討，廉兵，陝西師範大學碩士學位論文，2013 年。

36. 宋夏沿邊侵耕問題研究，陳冠男，陝西師範大學碩士學位論文，2011 年。

37. 王陵、青白鹽與宋夏政爭——一段宋夏青白鹽糾葛史，張飛，中國西部，2011 年第 25 期。

38. 試論北宋對西夏歸明人的政策，侯愛梅，寧夏社會科學，2006 年第 3 期。

39. 北宋與西夏關係史中的宦官群體淺析，羅煜，湖南第一師範學報，2007年第 3 期。

40. 淺談西夏與宋朝文獻典籍交流，胡玉冰，西夏學（第五輯）——首屆西夏學國際論壇專號（上），上海古籍出版社，2010 年。

41. 熙豐年間の対西夏政策：北栄・西夏の横山領有を廻って，與座良一，（日）歷史學部論集（1），2011 年 3 月 1 日。

42. 曹瑋與北宋西北邊防整飭，汪天順，西北民族研究，2001 年第 4 期。

43. 張方平西北邊防思想論略，汪天順，青海民族學院學報，2001 年第 2 期。

44. 余靖與宋夏和議，魏淑霞、陳燕，寧夏社會科學，2009 第 3 期。

45. 北宋熙州經略研究，葉梓，西北師範大學碩士學位論文，2014 年。

46. 北宋熙河開邊研究，高路玄，青海民族大學碩士學位論文，2013 年。

47. 北宋河東邊防研究，羅翠紅，上海師範大學碩士學位論文，2013 年。

48. 北宋鄜延路邊防地理探微，朱瑞，寧夏大學碩士學位論文，2013 年。

49. 北宋時期麟府路邊防地理研究，孫尚武，寧夏大學碩士學位論文，2013年。

50. 從古渭寨到通遠軍——北宋禦夏政策轉變的個案分析，李永磊，西夏研究，2011 年第 1 期。

51. 宋夏關係的折射：北宋荔原堡兵變——以《郭遘墓誌》爲中心，任艾青，寧夏師範學院學報，2015 年第 5 期。

52. 北宋在環慶原諸州的防禦措施，劉治立，西夏研究，2011 年第 3 期。

53. 北宋涇原路在今寧夏南部的軍事防禦體系——宋夏時期北宋涇原路歷史軍事地理節選（一），徐興亞，寧夏史志，2011 年第 1 期。

54. 北宋仁宗時期對夏政策研究，逯海燕，華中科技大學碩士學位論文，2010年。

55. 仁宗朝論兵文研究——以涉宋夏軍事關係的論兵文爲考察中心，滕雯，瀋陽師範大學碩士學位論文，2012 年。

56. 北宋神宗朝對西北的經略——以戰略決策與信息傳遞爲中心，沈琛琤，西北大學碩士學位論文，2010 年。

57. 信息控制與邊疆安全——以宋夏爲例，肖全良，西北師範大學碩士學位論文，2011 年。

58. 北宋西北沿邊堡寨研究，李曉玉，寧夏大學碩士學位論文，2010 年。

59. 北宋西北沿邊堡寨同名異譯考，李曉玉，西夏學（第六輯）——首屆西夏學國際論壇專號（下），上海古籍出版社，2010 年。

60. 論北宋西北堡寨的軍事功能，程龍，中國史研究，2004 年第 1 期。

61. 北宋時期黃土高原地區城寨堡體系演變研究，孫偉，陝西師範大學碩士學位論文，2005 年。

62. 北宋西北地區城寨制度研究，劉緝，西北大學碩士學位論文，2005 年。

63. 宋明兩代軍事堡壘寨研究——以陝北地區爲例，李晴，天津大學碩士學位論文，2012 年。

64. 淺談明代固原州志所載宋夏史料，張琰玲、張玉海，西夏研究，2010 年第 4 期。

65. 宋代西北地區逃兵問題的歷史考察——以俄藏黑水城文獻爲中心，朱德軍，山西大學學報（哲學社會科學版），2011 年第 4 期。

66. 宋代西北邊境弓箭手供給問題的歷史考察——以俄藏黑水城文獻爲中心，朱德軍，西夏學（第五輯）——首屆西夏學國際論壇專號（上），上海古籍出版社，2010 年。

67. 文人士子棄宋歸夏現象解析，肖全良，寧夏師範學院學報，2010 年第 1 期。

68. 遼夏關係史研究，楊浣，復旦大學博士學位論文，2006 年。

69. 論遼與西夏的關係，武玉環，西夏研究（第 3 輯·第二屆西夏學國際學術研討會論文集），中國社會科學出版社，2006 年。

70. 論遼與西夏的關係，武玉環，東北史地，2008 年第 4 期。

71. 西夏與遼朝關係述論，劉建麗，遼寧大學學報（哲學社會科學版），2005 年第 2 期。

72. 遼代漢文石刻所見遼夏關係考，陳瑋，華西語文學刊（第八輯），四川文藝出版社，2013 年。

73. 試論遼對西夏的遏制政策，彭向前，西北民族研究，2003 年第 4 期。

74. 試論遼朝對北宋制夏政策的影響，李華瑞，宋史研究論叢（第三輯），河北大學出版社，2001 年。

75. 西夏與遼和親的原因及影響，蔣之敏，天府新論，2008 年增刊第 2 期。

76. 遼夏和親對遼夏關係的影響，李想，神州（中旬刊），2013 年第 8 期。

77. 遼興宗與李元昊時期（1031～1050）遼夏關係的和與戰，杜可瑜，（臺灣）

大直高中學報（第 1 卷），2003 年 11 月。

78. 碑誌所見遼代赴西夏外交使臣事略考述，李宇峰，西夏學（第七輯），上海古籍出版社，2011 年。

79. 淺議玉田韓氏家族對遼朝經略河西的貢獻，齊偉，西夏學（第七輯），上海古籍出版社，2011 年。

80. 略述金代契丹人對西夏的求援，夏宇旭，蘭臺世界，2009 年第 15 期。

81. 金夏之間的早期交涉，孫尚武、楊浣，遼金史論集（第十三輯），中國社會科學出版社，2013 年。

82. 金人文集中石刻史料所見金夏關係考，陳瑋，古籍整理研究學刊，2013 年第 3 期。

83. 金夏關係之研究，藍朝金，國立臺灣師範大學碩士學位論文，2006 年。

84. 金夏關係的幾個問題，杜建錄，（韓國）宋遼金元史研究（第 13 號），2008 年。

85. 金朝與西夏關係研究的幾個問題，李浩楠，西夏研究，2010 年第 1 期。

86. 金朝與西夏關係初探，袁曉陽，黃河科技大學學報，2011 年第 3 期.

87. 略論西夏與金朝的關係，劉建麗，寧夏社會科，2005 年第 3 期。

88. 金代漢文石刻所見金夏關係研究，陳瑋，北方文物，2014 年第 4 期。

89. 試論金朝對西部邊疆的經略——以西夏和西遼為中心，周峰，東北史地，2009 年第 4 期。

90. 金宋間における天眷年間の和議に関する再検討：西夏の動向に関連して，西尾尚也，（日）史泉（102），2005 年 7 月。

91. 金對西夏使節接待制度研究，張鵬，赤峰學院學報（漢文哲學社會科學版），2014 年第 2 期。

92. 夏金使臣交聘述論，劉建麗，國家圖書館學刊（西夏研究專號），2002 年增刊。

93. 夏金末年夏使入金賀正旦儀式考論——以《金史》「新定夏使儀」為中心，王剛、李延睿，北方民族大學學報（哲學社會科學版），2015 年第 4 期。

94. 略論版畫《四美圖》的地域性特徵，羅凡，美術教育研究，2014 年第 23 期。

95. 西夏與回鶻勢力在敦煌的興替，楊富學，西夏研究（第 3 輯·第二屆西夏學國際學術研討會論文集），中國社會科學出版社，2006 年。

96. 甘州回鶻與北宋、西夏的關係，劉曉芳，青海師範大學碩士學位論文，2012年。

97. 西夏與甘州回鶻，李並成、朱悅梅，西夏研究（第 3 輯·第二屆西夏學國際學術研討會論文集），中國社會科學出版社，2006 年。

98. 宋代西北吐蕃與甘州回鶻、遼朝、西夏的關係，陳慶英、白麗娜，西藏研究，2013 年第 5 期。

99. 試論甘州回鶻汗國滅亡的影響，胡靜，青年文學家，2010 年第 5 期。

100. 唃廝囉王朝與西夏關係考述，魏玉貴，陝西師範大學碩士學位論文，2014年。

101. 西夏與青唐吐蕃政權的和親，彭向前，甘肅民族研究，2004 年第 1 期。

102. 西夏王朝與元代藏族歷史——訪著名藏學家陳慶英先生，札西龍主，西藏大學學報（漢文版），2007 年第 4 期。

103. 遼蕃和親初探，彭向前，青海民族學院學報，2008 年第 3 期。

104. 《聖威平夷歌》中所見西夏與克烈和親事小考，梁松濤、楊富學，內蒙古社會科學（漢文版），2008 年第 6 期。

105. 淺析蒙（元）對西夏的徵質，雒國盛，華章，2010 年第 4 期。

106. 唐宋時期西蜀與西夏及敦煌的文化關係，劉復生，西夏研究（第 3 輯·第二屆西夏學國際學術研討會論文集），中國社會科學出版社，2006 年。

（四）軍事

1. 尚武、多謀與奇兵利器——西夏的軍事攻略，段玉泉，寧夏畫報（生活版），2013 年第 3 期。

2. 西夏的對外進攻戰略研究，劉志，外交學院碩士學位論文，2015 年。

3. 略論党項夏國的軍事制度，劉建麗，寧夏大學學報（人文社會科學版），2007 年第 6 期。

4. 近幾十年國內西夏軍事制度研究中存在的幾個問題，湯開建，寧夏社會科學，2002 年第 4 期。

5. 從《天盛改舊新定律令》看西夏軍事制度的特點，許生根，西夏研究（第3 輯·第二屆西夏學國際學術研討會論文集），中國社會科學出版社，2006年。

6. 西夏軍事法律制度研究，王元林，西夏研究（第 3 輯·第二屆西夏學國際

學術研討會論文集），中國社會科學出版社，2006 年。

7. 西夏軍律研究，張瑛樺，西南政法大學碩士學位論文，2007 年。

8. 從《天盛律令》看西夏的軍事管理制度，姜歆，西夏研究，2013 年第 4 期。

9. Consistency in Tangut Translations of Chinese Military Texts, I.Galambos, *Тангуты в Центральной Азии: Сборник статей в честь 80-летия проф. Е.И.Кычанова*, Irina Popova, ed.Moscow: Oriental Literature, 2012.

10. The Date and Purpose of the Tangut Military DocumentZhen guan yu jing tong 貞観玉鏡統, OH 小野裕子, *Central Asiatic Journal*, Vol. 57, *(Special Tangut Edition)*, 2014.

11. 西夏時期察軍略論，尤樺，西夏學（第九輯），上海古籍出版社，2014 年。

12. 關於西夏邊防制度的幾個問題，陳廣恩，寧夏社會科學，2001 年第 3 期。

13. 民兵預備役簡史──遼、西夏、金和元時期，西南民兵，2007 年第 7 期。

14. 淺論西夏軍事後勤制度的形成與完善，賈隨生，固原師專學報，2004 年第 2 期。

15. 西夏軍事後勤供給概論，賈隨生、李園，寧夏社會科學，2004 年第 2 期。

16. 西夏部落兵制研究，樊永學，寧夏大學碩士學位論文，2015 年。

17. 西夏的兵役制度論，邵方，中國政法大學學報，2012 年第 5 期。

18. 西夏文軍籍文書考略──以俄藏黑水城出土軍籍文書為例，史金波，中國史研究，2012 年第 4 期。

19. 英國國家圖書館藏西夏文軍籍文書考釋，史金波，文獻，2013 年第 3 期。

20. 西夏軍抄的組成、分合及除減續補，史金波，宋史研究論叢（第 15 輯），河北大學出版社，2014 年。

21. 西夏軍抄文書初釋，史金波，中國多文字時代的歷史文獻研究，社會科學文獻出版社，2010 年。

22. 西夏軍「首領」──以兩件黑水城文書為根據，佐藤貴保，西夏歷史與文化──第三屆西夏學國際學術研討會論文集，甘肅人民出版社，2010 年。

23. 西夏初期的軍隊戰鬥力，丁文斌，群文天地，2012 年第 11 期。

24. 從俄藏黑水城文獻看宋代的「背嵬」──兼論西夏和宋朝的背嵬軍，楊倩描，宋史研究論叢（第九輯），河北大學出版社，2008 年。

25. 西夏馬政述論，景永時，北方民族大學學報（哲學社會科學版），2015 年第 5 期。

26. 党項騎兵與西夏武備，王大方，黨建與人才，2001 年第 1 期。

27. 西夏騎兵軍團「鐵鷂子」，保宏彪，寧夏人大，2015 年第 11 期。

28. 關於西夏兵器的幾個問題，陳廣恩，青海民族學院學報，2001 年第 3 期。

29. 西夏兵器及其配備制度，陳廣恩，固原師專學報，2001 年第 4 期。

30. 西夏兵器及其在中國兵器史上的地位，陳廣恩，寧夏社會科學，2002 年第 1 期。

31. 西夏特色兵器的研究，拓萬亮，西北師範大學碩士學位論文，2011 年。

32. 關於西夏冷兵器的部分研究，萬紫倩，武魂，2013 年第 9 期。

33. 兩件西夏兵器略考，李進興，西夏研究，2010 年第 1 期。

34. 党項「神臂弓」考，劉興全，吳天墀教授百年誕辰紀念文集，四川人民出版社，2013 年。

35. 西夏銅火銃：我國最早的金屬管形火器，牛達生、牛志文，尋根，2004 年第 6 期。

36. 張寧墓誌所見唐朝與党項的戰爭，周峰，西夏學（第九輯），上海古籍出版社，2014 年。

37. 甘州回鶻、涼州吐蕃諸部與党項的戰爭及其影響，劉全波，西夏研究，2010 年第 1 期。

38. 論宋夏戰爭，李華瑞，宋史研究論叢（第三輯），河北大學出版社，2001 年。

39. 宋夏情報戰初探——以元昊時期爲中心，王福鑫，寧夏社會科學，2004 年第 5 期。

40. 論北宋對夏作戰中的引兵就糧，程龍，中國史研究，2005 年第 4 期。

41. 正統觀念與宋夏和戰，閆春新、張穩，山東大學學報（哲學社會科學版），2007 年第 6 期。

42. 宋太宗朝「將從中御」政策施行考——以宋遼、宋夏間著名戰役爲例，田志光，軍事歷史研究，2011 年第 2 期。

43. 環境衝突視野下的宋夏戰爭，金勇強，延安大學學報（社會科學版），2009 年第 5 期。

44. 宋夏戰爭與黃土高原地區生態環境關係研究，金勇強，陝西師範大學碩士學位論文，2007 年。

45. 宋夏戰爭對黃土高原地區植被的影響，金勇強，寧夏師範學院學報，2009 年第 4 期。

46. 宋夏戰爭與黃土高原地區草原植被的變遷，金勇強，乾旱區資源與環境，2010 年第 7 期。

47. 宋夏沿邊地區的植被與生態，楊蕤、喬國平，寧夏社會科學，2007 年第 4 期。

48. 區域氣候與宋夏戰爭，金勇強，寧夏大學學報（人文社會科學版），2009 年第 5 期。

49. 氣候變化對宋夏戰事的影響述論，金勇強，寧夏社會科學，2010 年第 1 期。

50. 氣候變化對宋夏戰事的影響再議，金勇強，寧夏社會科學，2011 年第 5 期。

51. 淺述漢文西夏圖志在宋夏戰事中的重要性，胡玉冰，寧夏社會科學，2003 年第 6 期。

52. 宋夏戰爭中的軍事情報探析，康華，蘭臺世界，2014 年第 22 期。

53. 宋夏戰爭與北宋文人士大夫精神品格的形成及其文學呈現，郭豔華，寧夏師範學院學報，2010 年第 5 期。

54. 宋夏戰爭對北宋詩文革新之影響，趙瑞陽、郭豔華，韶關學院學報，2014 年第 9 期。

55. 論宋夏戰爭與北宋文學創作格局的形成，郭豔華，文藝評論，2014 年第 6 期。

56. 宋夏戰爭與北宋文人的「倦客」情懷及文學呈現，郭豔華，北方論叢，2014 年第 5 期。

57. 「詩史」觀辨正及宋夏戰事詩的「詩史」性質，郭豔華，西北第二民族學院學報（哲學社會科學版），2008 年第 5 期。

58. 宋代詩人筆下的宋夏戰爭題材詩歌論略，梅國宏，海南大學學報（人文社會科學版），2008 年第 3 期。

59. 宋夏戰事詩題材論析，張廷傑，寧夏大學學報（人文社會科學版），2003 年第 4 期。

60. 宋夏戰爭對北宋邊塞詞創作的影響，趙瑞陽、郭豔華，鄂州大學學報，2014 年第 2 期。

61. 論宋夏戰爭對北宋後期詞風的影響，郭豔華，北方民族大學學報（哲學社會科學版），2014 年第 4 期。

62. 論宋夏戰爭對北宋詠史懷古詞創作的影響，郭豔華，北方民族大學學報，2013 年第 5 期。

63. 北宋時期宋夏邊境民間軍事力量發展之研究，林鍵，才智，2015 年第 30 期。

64. 論康定、慶曆時期西北沿邊屯田與宋夏戰爭的互動關係，程龍，中國歷史地理論叢，2006 年第 1 期。

65. 北宋中期對夏戰爭中的守勢戰略，沈勇，安徽文學（下半月），2010 年第 10 期。

66. 論北宋攻城戰──以元豐五路攻夏戰役為中心，籍勇，西夏研究，2010 年第 3 期。

67. 五路西征：兵敗西夏徒奈何，韓晗，中國民族報，2014 年 1 月 3 日第 9 版。

68. 大戰場・磨臍隘，張發盛，寧夏史志，2003 年第 1 期。

69. 高遵裕與元豐四年靈州之戰，聶麗娜，寧夏社會科學，2015 年第 1 期。

70. 熙寧變法與宋夏戰爭，魏淑霞，西夏研究，2010 年第 4 期。

71. 論北宋時期宋夏對蘭州地區的爭奪，甄一蘊，黑龍江史志，2013 年第 16 期。

72. 定戎寨鹽池與宋夏戰爭──兼論鹽文化，薛正昌，西夏研究，2010 年第 1 期。

73. 種諤與宋夏戰爭，梁博，考試週刊，2010 年第 40 期。

74. 韓琦與宋夏戰爭三題述論，董亞亞，山東大學碩士學位論文，2006 年。

75. 從淺攻到蠶食：論章楶的軍事構想與實施，錢俊嶺，西夏研究，2010 年第 3 期。

76. 水洛城事件再探究，劉雙怡，西夏學（第十一輯），上海古籍出版社，2015 年。

77. 「爭水洛城事」與慶曆士風，李強，江淮論壇，2005 年第 4 期。

78. 簡論宋夏平夏城之戰，張玉海，西夏研究，2010 年第 4 期。

79. 宋夏平夏城之戰及其歷史作用，楊滿忠，西夏歷史與文化──第三屆西夏學國際學術研討會論文集，甘肅人民出版社，2010 年。

80. 宋夏戰爭中的鄉兵與堡寨，強文學、黃領霞，天水師範學院學報，2003
年第 6 期。

81. 論宋、夏在河東路麟、府、豐州的爭奪，孫昌盛，寧夏大學學報（人文社
會科學版），2005 年第 3 期。

82. 論好水川之戰中宋軍失利的原因，宋建萍，安陽大學學報（綜合版），2004
年第 4 期。

83. 宋夏「好水之戰」中行軍路線及主戰場新考，佘貴孝、黃麗榮，寧夏史志
研究，2001 年第 1 期。

84. 好水川誘敵深入 涇原路全軍覆沒，張明鵬、白遠志，寧夏史志，2010 年
第 6 期。

85. 走讀好水川，任小紅，絲綢之路，2007 年第 10 期。

86. 宋永樂城考，呂卓民，西部考古（第一輯），三秦出版社，2006 年。

87. 戰爭與政爭的糾葛——北宋永樂城之役的紀事，方震華，漢學研究（第
29 卷第 3 期），2011 年 9 月。

88. 水磨溝 北宋時期的古戰場，祁重泰，蘭州日報，2005 年 11 月 8 日 A07
版。

89. 宋夏緣邊堡寨軍事功能研究，崔玉謙，寧夏大學碩士學位論文，2014
年。

90. 宋夏沿邊環州地區的寨堡及作用，繆喜平、路小庚、苟麗娟，黑龍江史志，
2014 年第 14 期。

91. 范仲淹與西夏研究文獻綜述，張琰玲，寧夏社會科學，2010 年第 6 期。

92. 范仲淹在陝北的事蹟，高錦花、李瓊，飛天，2010 年第 24 期。

93. 從宋夏戰爭看范仲淹的國防意識，盧曉河，西夏研究，2013 年第 4 期。

94. A Crisis in the Literati State: The Sino-Tangut War and the Qingli-Era Reforms
of Fan Zhongyan, 1040～1045, Paul Jakov Smith, *Journal of Song-Yuan
Studies, Volume 45*, 2015.

95. 范仲淹在宋夏戰爭中的民族政策，顏丙震，綏化學院學報，2010 年第 2
期。

96. 淺述范仲淹積極防禦的備邊政策，顏丙震，蘭州教育學院學報，2010 年
第 1 期。

97. 范仲淹環州禦西夏與范公廉泉，康秀林，西夏研究，2012 年第 4 期。

98. 種世衡：范仲淹環州禦西夏策略的踐行者，康秀林，西夏研究，2014 年第 2 期。

99. 宋夏戰爭時期范仲淹的薦才用人策略——以滕宗諒、種世衡爲例，雷家聖，東華人文學報（第 11 期），2007 年 7 月。

100. 范仲淹主持慶州事略考，顏丙震，蘭州大學碩士學位論文，2007 年。

101. 范仲淹在慶陽，朱璉學，檔案，2010 年第 6 期。

102. 范仲淹知慶州與宋夏戰爭，盧曉河，西北民族大學學報（哲學社會科學版），2006 年第 3 期。

103. 從宋夏戰爭看范仲淹知慶州的影響和意義，徐文婷，黑龍江史志，2013 年第 11 期。

104. 范仲淹知慶州的措施和影響，毛雅琴，內蒙古農業大學學報（社會科學版），2011 年第 5 期。

105. 由范仲淹的詩詞創作看其歷經宋夏戰爭前後的心態轉變，郭豔華，寧夏師範學院學報，2009 年第 4 期。

106. 從范仲淹《送河東提刑張太博》詩看他對西夏的軍事主張，王豔春，西夏歷史與文化——第三屆西夏學國際學術研討會論文集，甘肅人民出版社，2010 年。

107. 范仲淹治邊思想的複雜性——以《范文正奏議》爲中心的折射，吳娛，榆林學院學報，2015 年第 1 期。

108. 從碑刻史料中看狄青的軍事才能——以抵禦西夏戰爭和平定儂智高叛亂爲例，郭乃賢，邢臺學院學報，2013 年第 1 期。

109. 嘉定十三年宋夏聯合進攻金國之役，李天鳴，吳天墀教授百年誕辰紀念文集，四川人民出版社，2013 年。

110. 論安丙發動聯夏攻金的「秦鞏之役」，胡寧，西華師範大學學報（哲學社會科學版），2007 年第 1 期。

111. 試論金宣宗時期的金夏之戰，陳德洋，西夏學（第九輯），上海古籍出版社，2014 年。

112. 金夏後期邊境衝突及其特點，杜珊珊，學理論，2015 年第 26 期。

113. 成吉思汗與西夏，陳育寧、湯曉芳，蒙古史研究（第八輯），內蒙古大學出版社，2005 年。

114. Defense Challenges for the Capital of the Xi Xia (Tangut) Kingdom: Evidence

from Research on Khara-Khoto Documents from around 1210, ST 佐藤貴保，
Central Asiatic Journal, Vol. 57, *(Special Tangut Edition)*, 2014.

115. 論蒙古對西夏的入侵，馬宇峰，固原師專學報，2006 年第 2 期。

116. 成吉思汗征討西夏，保宏彪，寧夏人大，2015 年第 9 期。

117. 成吉思汗五征西夏，宋祖兵、馬政兵，文史天地，2009 年第 10 期。

118. 成吉思汗爲何六征西夏，孫赫，百科知識，2010 年第 19 期。

119. 成吉思汗對河西諸州的攻克，敖特根，敦煌學輯刊，2005 年第 2 期。

120. 成吉思汗攻滅西夏的戰爭——兼論成吉思汗病逝於六盤山，薛正昌，西夏
    研究（第 3 輯・第二屆西夏學國際學術研討會論文集），中國社會科學出
    版社，2006 年。

121. 1205 至 1227 年間蒙古與西夏的戰爭，（美）德斯蒙德・馬丁著，陳光文
    譯，楊富學校，西夏研究，2013 年第 4 期。

122. 西夏人眼中成吉思汗在西夏的最後一戰，（俄）克平著，安婭譯，民族古
    籍研究（第一輯），中國社會科學出版社，2012 年。

123. モンゴル帝國軍侵攻期における西夏王國の防衛態勢：1210 年に書かれた
    行政文書の解読を通して，佐藤貴保，（日）比較文化研究（25），2015
    年 3 月。

124.《蒙古秘史》中的西夏，楊浣、王軍輝，西夏學（第七輯），上海古籍出版
    社，2011 年。

六、法律

（一）法律

1. 遼西夏金元北方少數民族政權法制對中國法律文化的貢獻，徐曉光，西南民族學院學報（哲學社會科學版），2002 年第 7 期。

2. 西夏法制研究，邵方，西南政法大學博士學位論文，2008 年。

3. 西夏的民族習慣法，邵方，中國政法大學學報，2014 年第 6 期。

4. 繼受和創新：法律文化交流視角下的西夏法制與中華法系，劉振宇，理論月刊，2014 年第 12 期。

5. 西夏法律多元文化屬性的特徵及其演進方式，于熠，貴州民族研究，2015 年第 12 期。

6. 儒家思想對西夏法制的影響，邵方，比較法研究，2013 年第 2 期。

7. 西夏法律思想定型化初探，姜歆，固原師專學報，2004 年第 2 期。

8. 唐宋法律中儒家孝道思想對西夏法典的影響，邵方，法學研究，2007 年第 1 期。

9. 西夏刑事法律制度的儒家化，周明，西南政法大學碩士學位論文，2011 年。

10. 自然人文地理意義下的西夏法典，姜歆，固原師專學報，2005 年第 1 期。

11. Study of the Tangut (Xixia) Code Based on Inspection of Actual Texts（在考察原件基礎上的西夏法典研究），SATO Takayasu（佐藤貴保），中國多文字時代的歷史文獻研究，社會科學文獻出版社，2010 年。

12. 論佛教戒律對西夏司法的影響，周永傑、李煒忠，西夏研究，2014 年第 3 期。

13. 論西夏的司法制度，杜建錄，西北民族研究，2003 年第 4 期。

14. 西夏司法制度述略，李鳴，西南民族大學學報（人文社科版），2003 年第 6 期。

15. 北宋神哲時期對西北蕃部的民族立法，陳武強，青海民族研究，2008 年第 1 期。

16. 論西夏的犯罪，張玉海，西夏研究（第 3 輯·第二屆西夏學國際學術研討會論文集），中國社會科學出版社，2006 年。

17. 試論西夏的立法，陳永勝，甘肅理論學刊，2004 年第 4 期。

18. 西夏立法的指導思想和刑罰制度，李溫，西夏歷史與文化——第三屆西夏學國際學術研討會論文集，甘肅人民出版社，2010 年。

19. 西夏期の立法·刑罰·裁判，佐立治人，（日）関西大學法學論集（65—1），2015 年 5 月。

20. 西夏的刑罰制度，杜建錄，宋史研究論文集，蘭州大學出版社，2004 年。

21. 試論西夏的刑罰，陳永勝，甘肅理論學刊，2006 年第 1 期。

22. 論西夏刑事法律制度，王爽，西南政法大學碩士學位論文，2011 年。

23. 論西夏法典中的刑事法律制度，姜歆，寧夏社會科學，2003 年第 6 期。

24. 論西夏法典結構及私法在其中的地位，姜歆，寧夏大學學報（人文社會科學版），2003 年第 1 期。

25. 西夏附加刑考探，戴羽，蘭州學刊 2014 年第 4 期。

26. 西夏的宗教法，邵方，現代法學，2008 年第 4 期。

27. 論西夏的起訴制度，姜歆，寧夏社會科學，2015 年第 2 期。

28. 西夏的審判制度，杜建錄，寧夏社會科學，2003 年第 6 期。

29. 論西夏的審判制度，姜歆，西夏研究，2015 年第 2 期。

30. 西夏的訴訟審判制度初探，邵方，法學評論，2009 年第 4 期。

31. 西夏官吏司法審判的職責權限及對其職務犯罪的懲處，魏淑霞、孫穎慧，西夏學（第六輯）——首屆西夏學國際論壇專號（下），上海古籍出版社，2010 年。

32. 黑水城出土西夏法律文獻中的賄賂犯罪述略，王穎，四川民族學院學報，2014 年第 6 期。

33. 論西夏司法官吏的法律責任，姜歆，寧夏師範學院學報，2015 年第 4 期。

34. 試論西夏中晚期官當制度之變化，梁松濤、李靈均，宋史研究論叢（第

16 輯），河北大學出版社，2015 年。

35. 論西夏法典中的獄政管理制度——兼與唐、宋律令的比較研究，姜歆，寧夏大學學報（人文社會科學版），2004 年第 5 期。

36. 黑水城出土西夏文賣地契研究，史金波，歷史研究，2012 年第 2 期。

37. 民間法視野下黑水城出土西夏文賣地契研究——兼與漢文賣地契的比較，韓偉，寧夏社會科學，2013 年第 2 期。

38. 民間法視野下黑水城出土西夏文賣地契研究——兼與漢文賣地契的比較，韓偉，西夏研究，2013 年第 2 期。

39. 西夏婚姻法制研究，沈瑩，南京師範大學碩士學位論文，2014 年。

40. 淺析西夏的農業法律制度，張煥喜，西南政法大學碩士學位論文，2011 年。

41. 西夏耕地保護法律初探，許光縣，寧夏社會科學，2013 年第 1 期。

42. 法律視域下西夏畜牧業管理機構及相關問題探析，郝振宇，隴東學院學報，2014 年第 2 期。

43. 西夏法典初探（10）土地法・水利法，島田正郎，（日）法律論叢（73—6），2001 年 3 月。

44. 西夏法典初探（その 11・完）典當・罪則不同，島田正郎，（日）法律論叢（74—1），2001 年 7 月。

45. 比較法視野下的西夏酒麴法，戴羽，西夏研究，2014 年第 2 期。

46. 西夏檔案立法概述，尚世東，寧夏大學學報（人文社會科學版），2005 年第 5 期。

47. 西夏文書檔案立法脈絡及特點述論，尚世東，寧夏社會科學，2005 年第 2 期。

48. 西夏法律文獻《新法》第一譯釋，賈常業，寧夏社會科學，2009 年第 4 期。

49. 西夏文《亥年新法・第三》譯釋與研究，周峰，中國社會科學院研究生院博士學位論文，2013 年。

50. 黑水城出土西夏文《亥年新法》卷十二考釋，梁松濤、袁利，寧夏師範學院學報，2013 年第 2 期。

51. 黑水城出土西夏文《亥年新法》卷十三「隱逃人門」考釋，梁松濤，寧夏師範學院學報，2015 年第 2 期。

52. 西夏文《亥年新法》卷十五「租地夫役」條文釋讀與研究，趙煥震，寧夏大學碩士學位論文，2014 年。

53. 俄藏黑水城文獻《亥年新法》第 2549、5369 號殘卷譯釋，文志勇，寧夏師範學院學報，2009 年第 1 期。

54. 黑水城出土西夏文《法則》性質和頒定時間及價值考論，梁松濤、杜建錄，西夏學（第九輯），上海古籍出版社，2014 年。

55. 西夏文獻《法則》卷六釋讀與研究，于業勳，寧夏大學碩士學位論文，2013 年。

56. 黑水城出土西夏文《法則》卷七考釋，梁松濤，吳天墀教授百年誕辰紀念文集，四川人民出版社，2013 年。

57. 黑水城出土西夏文《法則》卷八考釋——兼論以例入法的西夏法典價值，梁松濤，宋史研究論叢（第十四輯），河北大學出版社，2013 年。

58. 西夏文《法則》卷八「爲婚門」考釋，王龍，西夏學（第十輯），上海古籍出版社，2014 年。

59. 黑水城出土西夏文《法則》卷九新譯及其史料價值述論，梁松濤、張玉海，西夏研究，2014 年第 1 期。

60. 西夏文獻《法則》卷九釋讀與研究，王龍，寧夏大學碩士學位論文，2013 年。

61.《法則》卷九諸司職考，許偉偉，西夏學（第九輯），上海古籍出版社，2014 年。

（二）《天盛律令》研究

1. 論西夏《天盛律令》的特點，杜建錄，寧夏社會科學，2005 年第 1 期。

2. 西夏《天盛律令》再認識，陳永勝，西夏研究（第 3 輯・第二屆西夏學國際學術研討會論文集），中國社會科學出版社，2006 年。

3. 我國第一部用少數民族文字印行的西夏法典，薛正儉，政府法制，2005 年第 15 期。

4.《天盛律令》修纂新探——《天盛律令》與《慶元條法事類》比較研究之一，李華瑞，西夏學（第九輯），上海古籍出版社，2014 年。

5. 西夏刑法總則與中原刑法總則異同比較——以《天盛律令》爲例，戴夢皓，復旦大學碩士學位論文，2011 年。

6. 《天盛律令》的法律移植與本土化，戴羽，西夏研究，2015 年第 1 期。

7. 論西夏法律制度對中國傳統法律文化的傳承與創新——以西夏法典《天盛律令》為例，姜歆，固原師專學報，2006 年第 2 期。

8. 論西夏法律制度對中國傳統法律文化的傳承與創新——以西夏法典《天盛律令》為例，姜歆，西夏研究（第 3 輯・第二屆西夏學國際學術研討會論文集），中國社會科學出版社，2006 年。

9. 西夏法典對中華法系的傳承與創新——以《天盛律令》為視角，邵方，政法論壇，2011 年第 1 期，

10. 從《天盛律令》看西夏法典的創新與作用，王曉萌，蘭臺世界，2015 年第 6 期。

11. 西夏「敕禁律」考，胡若飛，西夏歷史與文化——第三屆西夏學國際學術研討會論文集，甘肅人民出版社，2010 年。

12. 比較法視野下的《天盛律令》研究，戴羽，陝西師範大學博士學位論文，2014 年。

13. 《天盛律令》與《唐律疏議》中的矜恤政策比較，馬曉明，陝西師範大學碩士學位論文，2013 年。

14. 《天盛律令》卷一譯釋及西夏法律中的「十惡罪」，文志勇，甘肅民族研究，2010 年第 4 期。

15. 《天盛律令》卷一譯釋及西夏法律中的「十惡罪」，文志勇，寧夏師範學院學報，2010 年第 5 期。

16. 《天盛律令》卷一譯釋及西夏法律中的「十惡罪」，文志勇，西夏歷史與文化——第三屆西夏學國際學術研討會論文集，甘肅人民出版社，2010 年。

17. 現物調査に基づく西夏法令集『天盛禁令』條文の復元——卷 9，第 554～558 條を例として，佐藤貴保，（日）遼金西夏研究の現在（3），2010 年 6 月。

18. 《天盛律令・節親門》對譯與考釋，許偉偉，西夏學（第四輯），寧夏人民出版社，2009 年。

19. 《天盛改舊新定律令・內宮待命等頭項門》研究，許偉偉，寧夏大學博士學位論文，2013 年。

20. 《天盛改舊新定律令》農業卷研究，潘潔，寧夏大學博士學位論文，2010年。

21. 《天盛改舊新定律令·催繳租門》一段西夏文綴合，潘潔，寧夏社會科學，2012 年第 6 期。

22. 《天盛律令》畜利限門考釋，鄒仁迪，寧夏大學碩士學位論文，2013 年。

23. 《天盛律令·為婚門》考釋，梁君，寧夏大學碩士學位論文，2015 年。

24. 《天盛律令·行杖獄門》研究，李煒忠，寧夏大學碩士學位論文，2015 年。

25. 俄藏未刊布西夏文獻《天盛律令》殘卷整理研究，駱豔，寧夏大學碩士學位論文，2014 年。

26. 未刊俄藏西夏文《天盛律令》印本殘片，佐藤貴保著、劉宏梅譯，西夏研究，2011 年第 3 期。

27. 俄 IHB.NO.353 號《天盛律令》殘片考，韓小忙、王長明，吳天墀教授百年誕辰紀念文集，四川人民出版社，2013 年。

28. 一件英藏《天盛律令》印本殘頁譯考，高仁，西夏學（第十一輯），上海古籍出版社，2015 年。

29. 西夏《天盛律令》中婚姻制度研究，王妍，中央民族大學碩士學位論文，2012 年。

30. 從《天盛律令》看西夏婚姻法，陳如衡，蘭臺世界，2014 年第 11 期。

31. 從《天盛改舊新定律令》看西夏的婚姻法律制度，王爽、蔣犀猛，重慶科技學院學報（社會科學版），2010 年第 22 期。

32. 《天盛律令》中的反坐制度探析，戴羽、母曉妮，學術探索，2014 年第 9 期。

33. 論西夏法典中的拘捕制度，宋國華，寧夏社會科學，2011 年第 5 期。

34. 《天盛律令》殺人罪初探，戴羽，西夏研究，2014 年第 4 期。

35. 《天盛律令》中的連坐制度探析，戴羽，學術探索，2013 年第 11 期。

36. 《天盛律令》中的比附制度——以《天盛律令》「盜竊法」為例，董昊宇，寧夏社會科學，2011 年第 5 期。

37. 論西夏的「以贓斷盜」——以《天盛律令》為中心，董昊宇，西夏學（第七輯），上海古籍出版社，2011 年。

38. 西夏法律中的盜竊罪及處罰原則——基於西夏《天盛改舊新定律令》的研究，董昊宇，西夏研究，2010 年第 4 期。

39. 《天盛律令》中的盜竊罪研究，董昊宇，寧夏大學碩士學位論文，2012 年。

40. 西夏與宋盜法比較研究——以《天盛改舊新定律令》和《慶元條法事類》為例，劉雙怡，首都師範大學學報（社會科學版），2013 年第 5 期。

41. 西夏法律與西夏社會——基於《天盛改舊新定律令》「畜物」條文的觀察，陳傑、劉國乾，學術探索，2008 年第 3 期。

42. 《天盛律令》中的西夏體育法令研究，戴羽，成都體育學院學報，2015 年第 4 期。

43. 從《天盛律令》看西夏的出工抵債問題——基於唐、宋、西夏律法的比較，譚黛麗、于光建，寧夏社會科學，2015 年第 3 期。

44. 《天盛律令》裏的僧侶和國家初探，鄧如萍（Ruth Dunnel），黑水城人文與環境研究——黑水城人文與環境國際學術討論會文集，中國人民大學出版社，2007 年。

45. 《天盛律令》與西夏佛教，崔紅芬，宗教學研究，2005 年第 2 期。

46. 西夏法典《天盛律令》佛道法考，姜歆，寧夏師範學院學報，2009 年第 4 期。

47. 試論我國中古時期的成文宗教法——以西夏《天盛律令·為僧道修寺廟門》為中心，任紅婷，寧夏大學學報（人文社會科學版），2015 年第 5 期。

48. 西夏法典『天盛舊改新定禁令』に於ける宗教規程，藤本匡，（日）龍谷大學大學院文學研究科紀要（32），2010 年 11 月。

49. 西夏王國に於ける巫祝について：『天盛舊改新定禁令』を中心に，大西啓司，（日）東洋史苑（83），2015 年 2 月。

50. 從《天盛律令》看西夏水利法與中原法的制度淵源關係——兼論西夏計田出役的制度淵源，駱詳譯，中國農史，2015 年第 5 期。

51. 西夏《天盛律令》廄牧律考，姜歆，寧夏社會科學，2005 年第 1 期。

52. 西夏廄牧法簡議，邵方，法學評論，2011 年第 4 期。

53. 從天盛律令看西夏官庫的收支，董昊宇、董雅慧，承德民族師專學報，2011 年第 4 期。

54. 西夏《天盛律令》中的磨勘審計制度，胡勝校，中國審計，2015 年第 17 期。

55. 夏法典《天盛律令》鹽鐵法考，姜歆，寧夏社會科學，2007 年第 2 期。

56. 《天盛改舊新定律令》典當借貸條文整理研究，于光建，寧夏大學博士學位論文，2014 年。

57. 西夏語文獻における「首領」の用例について：法令集『天盛禁令』の條
    文から，佐藤貴保，（日）環日本海研究年報（16），2009 年 2 月。
58. 《天盛律令》關於西夏官員貪贓問題的規定，魏淑霞，西夏學（第九輯），
    上海古籍出版社，2014 年。

七、經濟

（一）概論

1. 西夏經濟略論，王文利，西北民族大學學報（哲學社會科學版），2004 年第 6 期。

2. 西夏經濟概況，保宏彪，寧夏人大，2014 年第 4 期。

3. 党項經濟文化變遷研究，王文利，蘭州大學碩士學位論文，2006 年。

4. 論地理環境與西夏的經濟類型及其相關問題，楊蕤，寧夏社會科學，2003 年第 4 期。

5. 論西夏步入農耕經濟社會的進程及其歷史見證，楊秀山，西夏研究（第 3 輯・第二屆西夏學國際學術研討會論文集），中國社會科學出版社，2006 年。

6. 西夏河西經濟的開發與歷史局限，劉建麗，寧夏社會科學，2002 年第 4 期。

7. 宋夏沿邊蕃部經濟研究，佟建榮，寧夏大學碩士學位論文，2003 年。

8. 試論西夏寺院經濟的來源，崔紅芬，寧夏社會科學，2008 年第 1 期。

9. 從《天盛律令》看西夏對外經濟政策，韋君妤，西北民族大學碩士學位論文，2009 年。

10. 西夏的物價、買賣稅和貨幣借貸，史金波，宋史研究論文集，上海人民出版社，2008 年。

11. 官法私契與西夏地權流轉研究，張可輝，中國農史，2013 年第 3 期。

12. 西夏契約研究，趙彥龍，青海民族研究，2007 年第 4 期。

13. 西夏契約再研究，趙彥龍，寧夏社會科學，2008 年第 5 期。

14. 論西夏契約及其制度，趙彥龍，寧夏社會科學，2007 年第 4 期。

15. 西夏契約成立的要素，趙彥龍，寧夏師範學院學報，2007 年第 5 期。

16. 西夏契約中的擔保制度，劉豔麗，學理論，2012 年第 30 期。

17. 西夏契約參與人及其簽字畫押特點，趙彥龍，青海民族研究，2015 年第 1 期。

18. 略論西夏法典對契約的規制，邵方，法學評論，2013 年第 6 期。

19. 簡論西夏法典對買賣契約的規制，孟慶霞、劉慶國，北方民族大學學報（哲學社會科學版），2011 年第 6 期。

20. 西夏糧食借貸契約研究，史金波，中國社會科學院學術委員會集刊（第 1 集），社會科學文獻出版社，2005 年。

21. 西夏貸糧契約兼論，史金波，漢藏語研究——龔煌城先生七秩壽慶論文集（語言暨語言學專刊外編之四），中央研究院語言學研究所，2004 年。

22. 西夏會計契約探討，郝繼偉，貴州民族研究，2015 年第 10 期。

23. 西夏典當制度簡論，劉豔麗，陝西師範大學碩士學位論文，2013 年。

24. 從黑水城出土典工檔案看西夏典工制度，劉曄、趙彥龍、孫小倩，檔案管理，2015 年第 5 期。

25. 西夏倉庫生產管理職能初探，李柏杉，西夏研究，2015 年第 1 期。

（二）人口、戶籍與移民

1. 論西夏的人口，杜建錄，寧夏大學學報（人文社會科學版），2003 年第 1 期。

2. 西夏開國人口考論，趙斌、張睿麗，民族研究，2002 年第 6 期。

3. 西夏開國人口考論，趙斌、張睿麗，西夏研究（第 3 輯·第二屆西夏學國際學術研討會論文集），中國社會科學出版社，2006 年。

4. 論西夏建國時期的人口規模，張豔娟、王爽，寧夏大學學報（人文社會科學版），2007 年第 6 期。

5. 西夏河西人口，姜清基，新學術，2008 年第 2 期。

6. 西夏寺院依附人口初探——以《天盛律令》為中心，崔紅芬、文志勇，西夏研究，2013 年第 1 期。

7. 黑水城出土西夏文賣人口契研究，史金波，中國社會科學院研究生院學報，2014 年第 4 期。

8. 從人口性別比例、災難和疾病看西夏的佛教信仰，于亞龍，黃河科技大學學報，2013 年第 4 期。

9. 宋夏沿邊蕃部人口流動考論，佟建榮，西夏學（第一輯），寧夏人民出版社，2006 年。

10. 宋夏沿邊人口考論，楊蕤，延安大學學報（社會科學版），2007 年第 4 期。

11. 西夏戶籍研究綜述，韓瀟銳，東北史地，2011 年第 2 期。

12. 西夏戶籍初探——4 件西夏文草書戶籍文書譯釋研究，史金波，民族研究，2004 年第 5 期。

13. 英藏黑水城出土西夏戶籍租稅賬冊文書初探，許生根，西夏研究，2013 年第 4 期。

14. 試論西夏的戶籍文書——西夏賬籍文書研究之一，趙彥龍，寧夏大學學報（人文社會科學版），2007 年第 6 期。

15. 西夏戶籍檔案整理與研究，張煜坤，寧夏大學碩士學位論文，2014 年。

（三）賦役制度

1. 西夏寺院僧人賦役問題初探，崔紅芬，首都師範大學學報（社會科學版），2008 年第 1 期。

2. 西夏賦役文書整理與研究，曹陽，寧夏大學碩士學位論文，2014 年。

3. 從《天盛律令》看西夏的稅法，姜莉，貴州民族學院學報（哲學社會科學版），2009 年第 2 期。

4. 西夏農業租稅考——西夏文農業租稅文書譯釋，史金波，歷史研究，2005 年第 1 期。

5. 論西夏土地稅賬冊文書——西夏賬籍文書研究之二，趙彥龍，寧夏師範學院學報，2008 年第 4 期。

6. 西夏王朝捐稅制探析，姚軒鴿，寧夏社會科學，2010 年第 2 期。

7. 西夏水利役中「計田出丁」法的實施概況及相關問題，葛金芳，民族研究，2005 年第 3 期。

（四）貿易、商業

1. 西夏的國內外商貿剖析，陳炳應、趙萍，隴右文博，2007 年第 2 期。

2. 論西夏時期的對外貿易，左長纓、祁偉，寧夏師範學院學報，2008 年第 1 期。

3. 西夏貿易史の研究〔平成十五年度博士論文（課程）要旨〕，佐藤貴保，（日）大阪大學大學院文學研究科紀要（45），2005 年 3 月。

4. 西夏法典貿易關連條文訳注，シルクロードと世界史，佐藤貴保，（日）大阪大學大學院文學研究科，2003 年。

5. 北宋與西夏商業貿易的特點探析，郭延成、馬孟娟，忻州師範學院學報，2012 年第 4 期。

6. 論夏宋貿易對北宋的影響，陳大爲，開封大學學報，2006 年第 1 期。

7. 宋與遼夏金間的走私貿易，王昆，東北師範大學碩士學位論文，2006 年。

8. 試論北宋與遼夏邊區的違禁貿易問題，陳鑫，鄭州大學碩士學位論文，2009 年。

9. 五代宋初党項馬貿易與西北政治格局關係探析，王東，絲綢之路，2012 年第 20 期。

10. 北宋禦邊戰略的演變與西北市馬貿易，方文述、喻學忠，青海民族學院學報，2009 年第 3 期。

11. 北宋西北沿邊堡寨商業化研究，金勇強，延安大學學報（社會科學版），2006 年第 6 期。

12. 北宋西北沿邊地區市場發展及其區域特徵，楊方方，陝西師範大學碩士學位論文，2010 年。

13. 北宋與西夏邊境地區的經濟文化交流研究，張紅豔，陝西師範大學碩士學位論文，2012 年。

14. 貿易與戰爭：自然地理視域下的夏宋交往方式，郝振宇，延安大學學報（社會科學版），2014 年第 1 期。

15. 宋夏之間的走私貿易，陳旭，中國史研究，2005 年第 1 期。

16. 西夏在中西貿易中的角色，何文澤、劉家銓，長春師範學院學報，2014 年第 1 期。

17. 西夏與回鶻貿易關係考，陳愛峰、楊富學，敦煌研究，2009 年第 2 期。

18. 黑水城文獻所見西夏與大食之貿易，楊富學、陳愛峰，趙儷生先生紀念文集，甘肅民族出版社，2009 年。

19. 論西夏絲路貿易的階段性，彭向前，固原師專學報，2005 年第 5 期。

20. 西夏茶業貿易史，呂維新，福建茶葉，2004 年第 1 期。

21. 宋夏邊境貿易法令述略，劉繼田，素質教育論壇（上半月），2010 年第 12 期。

22. 以榷場貿易爲主的西夏貿易，左長纓，寧夏社會科學，2008 年第 3 期。

23. 略論西夏的三司與榷場——以俄藏 ИНВ.No.348 號文書爲中心的考察，陳瑞青，黃河科技大學學報，2013 年第 5 期。

24. 榷場的歷史考察——兼論西夏榷場使的制度來源，馮金忠，寧夏社會科學，2013 年第 3 期。

25. 論宋與遼、夏、金的榷場貿易，王曉燕，西北民族大學學報（哲學社會科學版），2004 年第 4 期。

26. 交易有無：宋、夏、金榷場貿易的融通與互動——以黑水城西夏榷場使文書爲中心的考察，郭坤、陳瑞青，寧夏社會科學，2015 年第 5 期。

27. 淺論金夏間的貢榷貿易，杜珊珊，新西部（理論版），2015 年第 8 期。

28. 《金史》夏金榷場考論，劉霞、張玉海，寧夏社會科學，2015 年第 6 期。

29. 西夏與金朝的榷場貿易，楊富學、陳愛峰，西夏歷史與文化——第三屆西夏學國際學術研討會論文集，甘肅人民出版社，2010 年。

30. 黑水城出土夏金榷場貿易文書研究，楊富學、陳愛峰，中國史研究，2009 年第 2 期。

31. 從朝貢和榷場貿易看西夏物產，趙天英、楊富學，西北民族大學學報（哲學社會科學版），2009 年第 4 期。

32. 黑水城所出西夏漢文榷場文書考釋，許會玲，河北師範大學碩士學位論文，2009 年。

33. 黑城出土西夏榷場文書考釋，杜建錄，中國經濟史研究，2010 年第 1 期。

34. 西夏漢文「南邊榷場使文書」再研究，孫繼民、許會玲，歷史研究，2011 年第 4 期。

35. 黑水城西夏漢文南邊榷場使文書補考，杜立暉，寧夏社會科學，2014 年第 1 期。

36. 黑水城所出《西夏榷場使文書》所見川絹、河北絹問題補釋，宋坤，寧夏社會科學，2014 年第 2 期。

37. 黑水城所出西夏榷場使文書中的頭子，陳瑞青，中華文史論叢，2015 年第 3 期。

38. 從黑水城文獻看西夏榷場管理體制，陳瑞青，寧夏社會科學，2014 年第 1 期。

39. 西夏榷場貿易檔案中計量單位探討，劉曄、趙彥龍、孫小倩，蘭臺世界，2015 年第 33 期。

40. 西夏榷場使文書所見西夏尺度關係研究，孫繼民、許會玲，西夏研究，2011 年第 2 期。

41. 南邊榷場使文書所見西夏出口商品邊檢制度試探，孫繼民，薪火相傳——史金波先生 70 壽辰西夏學國際學術研討會論文集，中國社會科學出版社，2012 年。

42. 從貢榷看西夏物產，趙天英，西夏歷史與文化——第三屆西夏學國際學術研討會論文集，甘肅人民出版社，2010 年。

43. 西夏外來商品小考，楊蕤，寧夏社會科學，2002 年第 6 期。

44. 西夏の用語集に現れる華南産の果物：12 世紀後半における西夏貿易史の解明の手がかりとして，佐藤貴保、佐藤タカヤス、佐藤隆康，（日）內陸アジア言語の研究（21），2006 年 7 月。

（五）資源、自然災害、救災及環境保護

1. 西夏動物資源述論，王守權，隴東學院學報，2012 年第 2 期。

2. 《遼史・西夏外記》的幾個土產名稱，孫伯君，滿語研究，2013 年第 1 期。

3. 西夏自然災害簡論，李蔚，國家圖書館學刊（西夏研究專號），2002 年增刊。

4. 宋元時期甘寧青地區的自然災害研究，宋緯晨，陝西師範大學碩士學位論文，2015 年。

5. 自然災害與党項社會——論宋初夏州政權的經營，王東，寧夏社會科學，2011 年第 5 期。

6. 自然災害影響下宋夏關係述論——以宋初為中心，王東，西夏研究，2012 年第 2 期。

7. 西夏時期鄂爾多斯地區的生態與植被，楊蕤，寧夏大學學報（人文社會科學版），2007 年第 6 期。

8. 西夏時期河套平原、阿拉善高原、河西走廊等地區生態與植被，楊蕤，敦煌學輯刊，2006 年第 3 期。

（六）農牧業

1. 西夏地理環境與農牧業經濟研究，李新貴，寧夏大學碩士學位論文，2004年。

2. 宋夏沿邊蕃部生存環境研究，佟建榮，寧夏大學學報（人文社會科學版），2003年第4期。

3. 西夏における農業と牧業（〔2001年度〕東洋史學研究大會抄録），大島勝俊，（日）東洋史苑（59），2002年2月。

4. 西夏經濟史研究：農牧業を中心に，大島勝俊，（日）龍谷大學大學院文學研究科紀要（24），2002年12月。

5. 西夏時期寧夏平原灌區的土地利用和農牧業，汪一鳴，寧夏大學學報（人文社會科學版），2006年第5期。

6. 西夏時期寧夏平原灌區的水利工程和灌溉管理，汪一鳴，人民黃河，2005年第10期。

7. 西夏國的水利灌溉，（俄）葉夫根尼・克恰諾夫著，史志林、頡耀文、汪桂生譯，敦煌學輯刊，2014年第2期。

8. 西夏時期河西走廊的農牧業開發，李並成，中國經濟史研究，2001年第4期。

9. 再論西夏的農業，杜建錄，中國農史，2003年第1期。

10. 西夏農田水利開發與管理制度考論，景永時，寧夏社會科學，2005年第6期。

11. 從考古資料看西夏農業發展狀況，李玉峰，西夏研究，2015年第2期。

12. 論西夏的農事信仰，李玉峰，滄州師範學院學報，2015年第2期。

13. 西夏仁孝盛世的農耕業考略，薛路、胡若飛，西夏研究，2012年第1期。

14. 西夏農業經濟存續的社會生態環境背景，湯卓煒、魏堅、相馬秀廣、肖曉鳴、楊洋、白婷婷，邊疆考古研究（第12輯），科學出版社，2012年。

15. 西夏律令中的水利資料譯釋，陳炳應，隴右文博，2001年第1期。

16. 西夏元時期黑河流域水土資源開發利用研究，史志林、汪桂生、頡耀文，中國農史，2014年第6期。

17. 西夏元時期黑河流域水土資源開發利用及驅動因素研究，史志林，蘭州大學碩士學位論文，2013年。

18. 西夏元時期黑河流域水土資源開發利用研究述評，史志林、張志勇、路昱，青藏高原論壇，2015 年第 1 期。

19. 夏元時期黑水地區的農牧業，杜建錄，黑水城人文與環境研究──黑水城人文與環境國際學術討論會文集，中國人民大學出版社，2007 年。

20. 論西夏對河套地區農業的開發，杜建錄，中國歷史上的西部開發──2005 年國際學術研討會論文集，商務印書館，2007 年。

21. 論北宋西北沿邊蕃部農業生產環境的形成，佟建榮，寧夏師範學院學報，2008 年第 5 期。

22. 西夏境內河套地區的農經開發，李三謀，古今農業，2009 年第 4 期。

23. 西夏農作物考，杜建錄，國家圖書館學刊（西夏研究專號），2002 年增刊。

24. 五代遼宋西夏金時期的葡萄和葡萄酒，陳習剛，南通師範學院學報（哲學社會科學版），2004 年第 2 期。

25. 黑水城文獻中的豌豆小考，潘潔，西夏學（第八輯），上海古籍出版社，2011 年。

26. 西夏の牧畜経済（東洋史學專修）（平成十四年度卒業論文要旨），佐々木江梨子，（日）史觀（149），2003 年 9 月。

27. 西夏牧業經濟若干要素的考察與分析，李新貴，青海民族研究，2004 年第 3 期。

28. 水草與民族：環境史視野下的西夏畜牧業，董立順、侯甬堅，寧夏社會科學，2013 年第 2 期。

29. 從地緣關係淺析西夏冶煉技術和畜牧業的發達，陳永耘，中原文物，2013 年第 3 期。

30. 西夏牲畜小考，李新貴，隴右文博，2003 年第 2 期。

（七）手工業

1. 論宋夏沿邊蕃部手工業生產技術，佟建榮，歷史深處的民族科技之光──第六屆中國少數民族科技史暨西夏科技史國際會議論文集，寧夏人民出版社，2003 年。

2. 從西夏文物看西夏的手工業，楊桂梅，中國歷史文物，2005 年第 2 期。

3. 西夏製瓷手工業述論，彭善國，內蒙古文物考古，2009 年第 1 期。

4. 西夏瓷都——西夏時期武威的陶瓷製造業，孫壽嶺，發展，2011 年第 12 期。

5. 西夏手工工匠考，杜建錄、吳毅，寧夏大學學報（人文社會科學版），2003 年第 4 期。

6. 西夏酒的生產與征榷，杜建錄，寧夏社會科學，2002 年第 2 期。

7. 党項族釀酒中的化學——論「燒酒」的起源，王福良，廣西民族學院學報（自然科學版），2001 年第 6 期。

8. 西夏時期武威的釀酒業，孫壽齡，隴右文博，2010 年第 1 期。

9. 西夏酒都——西夏時期武威的釀酒業，孫壽嶺，發展，2011 年第 9 期。

10. 再論敦煌石窟西夏壁畫「釀酒圖」，王進玉，廣西民族大學學報（自然科學版），2010 年第 4 期。

11. 試論西夏鹽業資源及其地理分佈，趙斌，中國歷史地理論叢，2001 年第 4 期。

12. 西夏食鹽產地研究，吉成名，鹽業史研究，寧夏社會科學，2006 年第 1 期。

13. 西夏池鹽的生產與征榷，杜建錄，固原師專學報，2001 年第 5 期。

14. 西夏的鹽業生產和鹽政管理研究，謝銳，西北民族大學碩士學位論文，2012 年。

15. 西夏鹽政述論，趙斌、張睿麗，西北大學學報（哲學社會科學版），2004 年第 2 期。

16. 夏宋鹽政比較研究，任長幸，鹽業史研究，2015 年第 2 期。

17. 北宋陝西路制置解鹽司考論，崔玉謙，西夏研究，2015 年第 1 期。

（八）貨幣

1. 論西夏貨幣，楊蕤，廣西金融研究，2007 年增刊。

2. 西夏貨幣述論，陳炳應，隴右文博，2007 年第 1 期。

3. 西夏貨幣制度概述，陳炳應，中國錢幣，2002 年第 3 期。

4. 略論西夏的貨幣形態貨幣制度及貨幣經濟，楊繼賢，內蒙古金融研究，2003 年增刊第 3 期。

5. 西夏錢幣的社會文化背景，羅安鵠，廣西金融研究，2007 年增刊。

6. 北宋「錢荒」與西夏之關係，李志鵬，西北民族大學碩士學位論文，2013 年。

7. 北宋錢荒之西夏因素考析，楊富學、李志鵬，西夏研究，2014 年第 1 期。

8. 西夏錢幣的發現及研究，牛達生、牛志文，西夏研究，2013 年第 4 期。

9. 淺論先賢對西夏錢幣研究的貢獻，牛達生，內蒙古金融研究（錢幣增刊），2013 年第 1 期。

10. 從西夏鑄幣看西夏與宋遼金關係，王儷閣，中國歷史文物，2008 年第 6 期。

11. 定數制式蘊藏神妙 方外圓內觸摸乾坤——西夏國錢幣初探，漸敏，東方收藏，2011 年第 12 期。

12. 一種鑒定西夏、遼、金、元代錢幣輔助方法的探討，萬泉，中國錢幣，2014 年第 6 期。

13. Coinage of the Mi-nyag, Tangut People, the Xi Xia Dynasty, NICHOLAS RHODES, *The Numismatic Chronicle*, Vol. 162 (2002).

14. 兩枚西夏錢新品——鉛質大安對錢，杜曉良、艾目軍，收藏界，2010 年第 9 期。

15. 西夏鑄幣有無「對錢」問題的探討，王彥民，中國錢幣，2005 年第 3 期。

16. 南唐、西夏與金代對錢，周昆寧，內蒙古金融研究，2003 年增刊第 4 期。

17. 西夏錢幣賞鑒考，朱滸、趙鵬，藝術市場，2010 年第 1 期。

18. 從望江縣發現光定元寶錢而想到的，宋康年，安徽錢幣，2009 年第 1 期。

19. 對西夏「篆書光定錢」的再認識，鄭悅、張志超，內蒙古金融研究（錢幣增刊），2012 年 1、2 期合刊。

20. 質疑《對西夏「篆書光定錢」的再認識》，張寶艦，內蒙古金融研究（錢幣增刊），2013 年第 1 期。

21. 質疑《對西夏「篆書光定錢」的再認識》，張寶艦，北方金融，2013 年增刊第 1 期。

22. 「福聖寶錢」改譯「稟德寶錢」之我見，牛達生，中國錢幣，2010 年第 2 期。

23. 「福聖寶錢」改譯「稟德寶錢」之我見，牛達生，隴右文博，2010 年第 1 期。

24. 西夏文福聖寶錢，孟建民，收藏，2009 年第 7 期。

25. 寧夏發現西夏文錢幣「番國寶錢」，朱滸，中國錢幣，2014 年第 4 期。

26. 西夏計質貨幣，武裕民，青海金融，2007 年增刊第 1 期。

27. 西夏文錢——中國古代錢幣中的珍寶，孟建民、李書彬，寧夏畫報（時政版），2008 年第 1 期。

28. 甘肅武威塔兒灣遺址再現西夏時期流通古錢幣，張吉林、黎大祥、于光建，西部金融，2008 年第 10 期。

29. 武威市發現一批窖藏古錢幣，寧生銀，隴右文博，2010 年第 2 期。

30. 西夏錢幣珍品——「大安通寶」，志榮，收藏界，2009 年第 10 期。

31. 大安通寶爲西夏鑄幣辯，理泉、陳永中、楊森，中國錢幣，2005 年第 3 期。

32. 西夏珍品錢「大安通寶」，閆于慶，收藏界，2006 年第 5 期。

33. 哲盟發現西夏文「大安寶錢」，布仁布和、李虞文，內蒙古金融研究，2002 年增刊第 1 期。

34. 神秘的西夏文「斡都寶錢」，武裕民，收藏界，2009 年第 3 期。

35. 略論武威西夏錢幣考古的重要價值——從武威新發現「天盛元寶」小鐵錢談起，于光建，河西學院學報，2010 年第 6 期。

36. 兩枚西夏「天盛元寶」面星背月鐵錢，賈志義，收藏界，2006 年第 10 期。

37. 西夏「天盛元寶」背星、月鐵錢，杜世華，內蒙古金融研究，2003 年增刊第 4 期。

38. 安康發現的西夏錢幣，王曉潔，西安金融，2006 年第 1 期。

39. 西夏文錢是中國古代錢幣中的珍寶，孟建民，收藏界，2006 年第 7 期。

40. 前所未聞的古西夏國大花錢，葉柏光，收藏界，2007 年第 4 期。

41. 西夏花錢之謎，慧泉，收藏界，2005 年第 5 期。

42. 西夏文錢略說，王彥民，收藏界，2007 年第 6 期。

43. 解讀西夏文錢幣，聶鴻音，尋根，2003 年第 5 期。

44. 屋馱、梵字及西夏文錢辯，牛達生，內蒙古金融研究，2003 年增刊第 2 期。

45. 淺論西夏鐵錢及鐵錢專用區的設置，牛達生，中國錢幣，2004 年第 4 期。

46. 珍泉「貞觀寶錢」，王彥民，收藏界，2005 年第 6 期。

47. 珍罕的西夏《貞觀寶錢》，程源銘，集郵博覽，2005 年第 10 期。

48. 額濟納旗發現的西夏「貞觀寶錢」探微，龐文秀，內蒙古金融研究，2003 年增刊第 4 期。

49. 隴西發現西夏「貞觀寶錢」，牟世雄，收藏界，2012 年第 10 期。

50. 蒙古烏審旗陶利出土西夏窖藏古錢，楊震、史慶玲、王美珍、查幹東，內蒙古金融研究，2003 年增刊第 1 期。

51. 內蒙古達拉特旗鹽店鄉出土西夏窖藏鐵錢，楊震，內蒙古金融研究，2003 年增刊第 1 期。

52. 三原發現「天慶元寶」錢，張虎安，內蒙古金融研究，2003 年增刊第 1 期。

53. 異品西夏錢，南建中，內蒙古金融研究，2003 年增刊第 2 期。

54. 對西夏鐵錢的幾點認識，張秀峰，內蒙古金融研究，2002 年增刊第 1 期。

55. 草原絲綢之路上的黑城古幣，李增毅、田鋒，內蒙古金融研究，2003 年增刊第 2 期。

56. 乾祐元寶鐵錢的版別及化學成分，譚振離，內蒙古金融研究，2002 年增刊第 1 期。

57. 寧夏固原出土西夏時錢幣窖藏，高繼林，中國錢幣，2002 年增刊 1 期。

58. 紅寺堡發現西夏錢幣窖藏，孟建民，收藏，2006 年第 10 期。

59. 一枚西夏大鐵錢，茹迪斯、董長青，內蒙古金融研究，2002 年增刊第 1 期。

60. 介紹幾枚西夏文錢，王新民，內蒙古金融研究，2002 年增刊第 1 期。

61. 一枚西夏文錢，（英）卜士禮著，聶鴻音譯，國外早期西夏學論集（一），民族出版社，2005 年。

62. 簡介一枚新見的西夏文錢，（英）卜士禮著，聶鴻音譯，國外早期西夏學論集（一），民族出版社，2005 年。

63. 唐古特的西夏王朝，其錢幣和奇特的文字，（英）卜士禮著，孫伯君譯，國外早期西夏學論集（一），民族出版社，2005 年。

64. 西夏文古錢憶舊，李憲章，北京日報，2004 年 7 月 2 日第版。

65. 西夏鐵錢小議，金申，內蒙古金融研究，2002 年增刊第 1 期。

66. 党項人與其鑄造的鐵質錢幣，陳之偉、張秀蓮，絲綢之路，2009 年第 16 期。

67. 西夏錢幣研究隨筆二則，牛達生，甘肅民族研究，2010 年第 2 期。

68. 西夏錢幣的流佈區域及相關問題，楊富學、陳愛峰，隴右文博，2009 年第 2 期。

69. 西夏錢幣的流佈區域及相關問題，楊富學、陳愛峰，西夏研究，2012 年第 4 期。

70. 也談朝鮮發現西夏文錢「乾寶錢」，牛達生，寧夏史志，2006 年第 2 期。

71. 大字版「乾祐元寶」欣賞，葉柏光，收藏界，2005 年第 11 期。

72. 西夏金銀錢探微，陳瑞海，西夏研究，2015 年第 2 期。

73. 四體「至元通寶」考述——兼論該錢爲清末戲作之品，牛達生，西夏學（第十一輯），上海古籍出版社，2015 年。

74. 西夏「大德通寶」，黃紹錦，收藏界，2011 年第 3 期。

75. 西夏大德復登臨，王文升，收藏界，2012 年第 1 期。

76. 兩種「天慶」兩重天，海泉，收藏界，2011 年第 1 期。

77. 閒話西夏文錢幣，牛志文、牛達生，寧夏史志，2012 年第 1 期。

78. 如何客觀看待遼、金、西夏三朝新面世錢幣，董大勇，收藏界，2012 年第 6 期。

79. 西夏古錢版式及市場價值，吳偉忠，錢幣博覽，2012 年第 2 期。

80. 關於西夏銀錠的幾個問題，于光建、黎大祥，吳天墀教授百年誕辰紀念文集，四川人民出版社，2013 年。

81. 銀川發現西夏銀錠，陳永中，收藏界，2006 年第 8 期。

82. 聶歷山西夏研究一誤——12 枚西夏錢認出 40 個西夏字，牛達生，寧夏史志，2007 年第 2 期。

八、民族

（一）党項族

1. 党項源流新證，湯開建，暨南史學（第一輯），暨南大學出版社，2002 年。

2. 關於彌羅國、彌藥、河西党項及唐古諸問題的考辯，湯開建，西北第二民族學院學報，2001 年第 1 期。

3. 西夏——剽悍的游牧民族，月明日，百科知識，2008 年第 17 期。

4. 早期党項拓跋氏世系考辨，周偉洲，西夏研究，2010 年第 1 期。

5. 早期党項拓跋氏世系補考，周偉洲，西夏研究，2015 年第 4 期。

6. 隋唐五代宋初党項拓跋部世次嬗遞考，湯開建，西夏學（第九輯），上海古籍出版社，2014 年。

7. 有關夏州拓跋部的幾個問題，杜建錄，鄧廣銘教授百年誕辰紀念論文集，中華書局，2008 年。

8. 唐朝時期党項族的遷徙與社會文化變遷，李吉和，青海民族研究，2006 年第 3 期。

9. 党項拓跋部的興起與西夏王朝的建立，黃兆宏，青海民族大學學報（社會科學版），2012 年第 4 期。

10. 五代夏州拓跋部世系與婚姻考論，楊浣，寧夏社會科學，2005 年第 1 期。

11. 党項拓跋氏的族屬問題探究，張陸地，劍南文學（經典閱讀），2012 年第 6 期。

12. 西夏皇族拓跋氏族屬辯證，周興華，寧夏古蹟新探，寧夏人民出版社，2002 年。

13. 宋夏交界地帶党項部族考，陳守忠，李埏教授九十華誕紀念文集，雲南大學出版社，2003 年。

14. 党項族史料概述，魏清華，黑龍江史志，2010 年第 21 期。

15. 試論「党項」名稱之由來，張麗娟、王宏濤，黑龍江史志，2009 年第 12 期。

16. 「党項」涵義辨析，黃兆宏，文史雜誌，2013 年第 5 期。

17. 漢文史料中党項與西夏族名異譯考，佟建榮，西夏學（第六輯）——首屆西夏學國際論壇專號（下），上海古籍出版社，2010 年。

18. 党項族的遷徙及其遷徙的原因和影響，李吉和，甘肅民族研究，2002 年第 2 期。

19. 唐代党項族借內遷促發展的艱辛歷程，何威，蘭臺世界，2014 年第 3 期。

20. 党項民族溯源及其最終流向探考，尹江偉，西部學刊，2015 年第 7 期。

21. 北宋西北沿邊的党項部族，劉建麗，西夏研究，2012 年第 2 期。

22. 宕昌党項羌與西夏的關係，楊海帆，西夏研究（第 3 輯・第二屆西夏學國際學術研討會論文集），中國社會科學出版社，2006 年。

23. 宕昌党項羌與西夏的關係，楊海帆，阿壩師範高等專科學校學報，2007 年第 1 期。

24. 弭藥（Mi-nyag）新考，木仕華，西夏學（第九輯），上海古籍出版社，2014 年。

25. 党項府州折氏發展考述，白雲，中央民族大學碩士學位論文，2013 年。

26. 府州折氏族源與党項化的再思考，劉翠萍，西夏研究，2015 年第 4 期。

27. 鮮卑族裔府州折氏研究，高建國，內蒙古大學博士學位論文，2014 年。

28. 府州折氏族源、改姓的新證據——介紹兩方新墓誌，高建國，西夏學（第九輯），上海古籍出版社，2014 年。

29. 鮮卑折掘氏與党項折氏，趙海霞，西北民族研究，2011 年第 2 期。

30. 楊業是党項人還是漢人，李裕民，吳天墀教授百年誕辰紀念文集，四川人民出版社，2013 年。

31. 党項仁多氏東遷與靜寧「仁大」地名的出現，劉小寧、王科社，絲綢之路，2013 第 14 期。

32. 北宋時期西夏歸明族帳考，侯愛梅，寧夏大學學報（人文社會科學版），2006 年第 4 期。

33. Šidurvu 和 Qāshīn——波斯文《史集》部族志唐古特部分閱讀劄記二則，蘇航，西夏學（第九輯），上海古籍出版社，2014 年。

34. 藏蒙史籍所載西夏故事溯源兩則，楊浣，西夏學（第九輯），上海古籍出版社，2014 年。

35. 羌渾並爲西夏主體民族考，呂建福，西北民族論叢（第二輯），中國社會科學出版社，2003 年。

36. 宗教視域下西夏人與普米族的族屬關係，熊永翔，宗教學研究，2011 年第 2 期。

37. 消逝的党項族，何曉玲，浙江林業，2010 年第 5 期。

38. 論党項民族消亡的歷史趨勢和教訓，吳峰雲，西夏研究（第 3 輯·第二屆西夏學國際學術研討會論文集），中國社會科學出版社，2006 年。

（二）西夏遺民

1. 元代唐兀氏與西夏遺民，白濱，述善集研究論集，甘肅人民出版社，2001 年。

2. 元代西夏遺民研究，鄧文韜，寧夏大學碩士學位論文，2014 年。

3. 西夏遺民何處尋，任崇嶽，尋根，2003 年第 5 期。

4. 西夏後裔今何在——昔日馳騁西北 今日安居中原，張春海，中國社會科學報，2010 年 12 月 14 日第 3 版。

5. 元帝國時期（13～14 世紀）唐古特民族與宗教變更，（俄）葉甫蓋尼·克恰諾夫著，李梅景、史志林譯，甘肅廣播電視大學學報，2015 年第 5 期。

6. 從黑水城出土漢文文書看元亦集乃路的西夏遺民，石坤，敦煌學輯刊，2005 年第 2 期。

7. 元代西夏人的政治地位，湯開建，述善集研究論集，甘肅人民出版社，2001 年。

8. 吸收與融合——元代西夏遺民社會地位及其民族融合的歷史考察，陳旭，西北第二民族學院學報（哲學社會科學版），2008 年第 2 期。

9. 玉山文會與元代的民族文化融合，陳得芝，北方民族大學學報（哲學社會科學版），2012 年第 5 期。

10. 元代江南地區西夏人的社會活動，李娜，西北師範大學碩士學位論文，2012 年。

11. 元代唐兀人的漢學，王明蓀，元代文獻與文化研究（第 1 輯），中華書局，2012 年。

12. 元代西夏人物表，湯開建，述善集研究論集，甘肅人民出版社，2001 年。

13. 增補《元代西夏人物表》，湯開建，暨南史學（第二輯），暨南大學出版社，2003 年。

14. 蒙元時期西夏遺民人物補表，鄧文韜，西夏學（第十一輯），上海古籍出版社，2015 年。

15. 元代西夏女性遺民人物史料整理與研究，張琰玲、孫穎慧，圖書館理論與實踐，2013 年第 10 期。

16. 元代西夏遺民進士補考——兼論元朝對西夏遺民的文教政策，鄧文韜，西夏學（第九輯），上海古籍出版社，2014 年。

17. 元代唐兀怯薛考論，鄧文韜，西夏研究，2015 年第 2 期。

18. 元初河西僧人簡論，牛亞麗，重慶工學院學報（社會科學版），2008 年第 2 期。

19. 西夏古國後裔今何在，高樹榆，東方收藏，2010 年第 1 期。

20. 西康木雅鄉西吳王考，鄧少琴，述善集研究論集，甘肅人民出版社，2001 年。

21. 王朝遺影，隱現在天山之北，唐榮堯，環球人文地理，2010 年第 6 期。

22. 西夏皇族後裔考——《西夏李氏世譜》研究之一，李培業，述善集研究論集，甘肅人民出版社，2001 年。

23. 由《西夏李氏世譜》看李土司宗族內部的組織管理體制，張生寅、崔永紅，青海社會科學，2006 年第 2 期。

24. 李土司先世辨正，呂建福，西北民族研究，2005 年第 3 期。

25. 李土司先世辨正，呂建福，西夏研究（第 3 輯・第二屆西夏學國際學術研討會論文集），中國社會科學出版社，2006 年。

26. 蒙古族唐古特氏人群中有西夏遺民，仁欽道爾吉，西夏研究（第 3 輯・第二屆西夏學國際學術研討會論文集），中國社會科學出版社，2006 年。

27. 在鄂托克草原追尋西夏後裔，唐榮堯，西部時報，2012 年 4 月 27 日第 12 版。

28. 夏爾巴人族源問題再探，王麗鶯、楊浣、馬升林，四川民族學院學報，2012 年第 3 期。

29. 論西夏党項遺裔進入中原的時間，王澤，河南社會科學，2012 年第 11 期。

30. 西夏遺民初到保定時間考，彭向前，保定學院學報，2008 年第 1 期。

31. 西夏遺民調查記，李範文，述善集研究論集，甘肅人民出版社，2001 年。

32. 那金川河谷的美女們──墨爾多神山下的西夏皇族後裔，王徽，寧夏畫報，2005 年第 2 期。

33. 西夏文與木雅人，西部資源，2005 年第 6 期。

34. 來自青藏高原的──西夏大發現，唐榮堯，中國民族報，2009 年 1 月 16 日第 12 版。

35. 四川發現西夏後裔，武勇，人民日報海外版，2001 年 5 月 10 日第 9 版。

36. 鄂托克前旗：古「河套人」和隱姓埋名的西夏後裔，唐榮堯，環球人文地理，2010 年第 7 期。

37. 西夏後裔在安徽，史金波、吳峰雲，述善集研究論集，甘肅人民出版社，2001 年。

38. 略談河南省的西夏遺民，任崇嶽、穆朝慶，述善集研究論集，甘肅人民出版社，2001 年。

39. 元代新安縣的西夏遺民，王俊偉、周峰，薪火相傳──史金波先生 70 壽辰西夏學國際學術研討會論文集，中國社會科學出版社，2012 年。

40. 河南省濮陽地區西夏遺民調查，羅矛昆、許生根，述善集研究論集，甘肅人民出版社，2001 年。

41. 蒙元西夏遺民唐兀崇喜及其家族歷史文化變遷散論，黃順義，鄭州大學碩士學位論文，2011 年。

42. 從《述善集》看河南濮陽西夏遺民的族屬與漢化，李清凌，述善集研究論集，甘肅人民出版社，2001 年。

43. 党項唐兀氏後裔徙居濮陽的時代背景及其家族在元代的社會地位，王天順，述善集研究論集，甘肅人民出版社，2001 年。

44. 《述善集》與西夏遺民研究，楊富學，寧夏大學學報（人文社會科學版），2003 年第 1 期。

45. 從《述善集》匾額看河南濮陽西夏遺民的家族文化，胡若飛，西夏研究，2010 年第 4 期。

46. 從《述善集》匾題看河南濮陽西夏遺民的家族文化，胡若飛，東北史研究，2012 年第 1 期。

47. 家族文化的燦爛奇葩——楊氏家族教育芻議，張迎勝，述善集研究論集，甘肅人民出版社，2001 年。

48.《述善集》選注（二篇），朱紹侯，述善集研究論集，甘肅人民出版社，2001 年。

49.《述善集》學術價值芻議，劉巧雲，述善集研究論集，甘肅人民出版社，2001 年。

50. 試論《述善集》的學術價值，朱紹侯，述善集研究論集，甘肅人民出版社，2001 年。

51. 元代唐兀楊氏《述善集·龍祠鄉約》的倫理學探析，劉坤太，述善集研究論集，甘肅人民出版社，2001 年。

52.《祖遺契券志》——元代西夏遺民整理家藏契券檔案的記錄，楊富學，中國北方民族歷史文化論稿，甘肅人民出版社，2001 年。

53. 元政府護持學校文告兩件——元代西夏遺民興學檔案之一，楊富學，檔案，2001 年第 2 期。

54. 元政府護持學校文告二件——元代西夏遺民興學檔案之一，楊富學，中國北方民族歷史文化論稿，甘肅人民出版社，2001 年。

55. 崇義書院史料輯注——元代西夏遺民興學檔案之二，楊富學，中國北方民族歷史文化論稿，甘肅人民出版社，2001 年。

56. 河南濮陽新發現的元末西夏遺民鄉約，楊富學、焦進文，寧夏社會科學，2001 年第 5 期。

57. 元代西夏遺民《龍祠鄉約》探析，楊富學、焦進文，述善集研究論集，甘肅人民出版社，2001 年。

58. 元代西夏遺民《龍祠鄉約》探析，楊富學，中國北方民族歷史文化論稿，甘肅人民出版社，2001 年。

59.《龍祠鄉約》所見元末西夏遺民的鄉村建設，王君、楊富學，寧夏社會科學，2013 年第 1 期。

60. 從《述善集》看元代河南濮陽西夏遺民的鄉村建設，王君，西北民族大學碩士學位論文，2013 年。

61. 余闕生平論考，魏紅梅，濰坊學院學報，2006 年第 1 期。

62. 從交遊對象看余闕的交遊特點，魏紅梅，山西財經大學學報，2012 年第 4 期。

63. 唐兀氏詩人余闕的授徒及其影響，邱強，浙江社會科學，2010 年第 6 期。

64. 余闕及其《青陽集》研究，周春江，安徽大學碩士學位論文，2014 年。

65. 唐兀人余闕的生平和作品，王頲、劉文飛，北方民族大學學報（哲學社會科學版），2009 年第 5 期。

66. 余闕詩歌研究，孔慶利，河北大學碩士學位論文，2012 年。

67. 西夏詩人余闕之詩風及成因，劉嘉偉，西夏研究，2014 年第 4 期。

68. 論元代余闕《合肥修城記》的地方歷史文獻價值，李玉年，合肥學院學報（社會科學版），2013 年第 5 期。

69. 蒙元時期西夏遺民高氏及其後裔，徐悅，寧夏大學學報（人文社會科學版），2008 年第 3 期。

70. 元唐兀高氏家族考略，陳廣恩，元史及民族與邊疆研究集刊（第二十二輯），上海古籍出版社，2010 年。

71. 淺談西夏後裔高智耀和察罕家族的漢化及原因，馬雲，山東大學碩士學位論文，2011 年。

72. 唐兀人察罕家族研究，陸寧，寧夏大學學報（人文社會科學版），2007 年第 6 期。

73. 大蒙古國時期的党項人察罕研究，薛琴琴，中央民族大學碩士學位論文，2015 年。

74. 略論元代的察罕及其家族，孟楠，內蒙古大學學報（人文社會科學版），2003 年第 3 期。

75. 昔裏鈐部及沙陀後裔的神話：宗譜的憂慮與元代家族史，鄧如萍，西夏研究，2015 年第 4 期。

76. 元代色目人家族的文化傾向──以唐兀昔里氏爲例，張沛之，歷史教學（高校版），2009 年第 3 期。

77. 元代大名路達魯花赤唐兀人昔李氏世系考，王頲，北方民族大學學報（哲學社會科學版），2009 年第 1 期。

78. 《全元文》補遺兩篇，邵麗光，古籍整理研究學刊，2012 年第 3 期。

79. 党項人寧夏人楊朵兒只，牛撇捺，華興時報，2007 年 10 月 22 日第 10 版。

80. 元代西夏遺民楊朵兒只父子事蹟考述，周峰，民族研究，2014 年第 3 期。

81. 元代西夏遺民買住的兩通德政碑，周峰，西夏學（第十一輯），上海古籍出版社，2015 年。

82.《平樂府學記》考釋——兼論元末西夏遺裔也兒吉尼在廣西的政績，楊浣，北方民族大學學報（哲學社會科學版），2009 年第 5 期。

83. 元代西夏遺民訥懷事蹟補考，鄧文韜，西夏研究，2013 年第 4 期。

84. 玉山雅集與党項遺裔昂吉的創作，劉成群，西夏學（第六輯）——首屆西夏學國際論壇專號（下），上海古籍出版社，2010 年。

85. 元唐兀人星吉生平考論，邱樹森、陳廣恩，西夏研究，2013 年第 1 期。

86. 西夏人邁里古思與元末兩浙的守護，王頲，蒙元史暨民族史論集——紀念翁獨健先生誕辰一百週年，社會科學文獻出版社，2006 年。

87. 元代的西夏遺民——斡氏家族，魏淑霞，西北第二民族學院學報（哲學社會科學版），2008 年第 2 期。

88. 元代西夏遺民禿滿臺家族考，周峰，薪火相傳——史金波先生 70 壽辰西夏學國際學術研討會論文集，中國社會科學出版社，2012 年。

89. 再論元代河西僧人楊璉眞迦，陳高華，中華文史論叢，2006 年第 2 輯。

90. 元代杭州永福寺、《普寧藏》扉畫與楊璉眞伽及其肖像，賴天兵，中國藏學，2012 年第 1 期。

91. 元代西夏僧人沙羅巴事輯，（德）傅海波著，楊富學、樊麗沙譯，隴右文博，2008 年第 1 期。

92. 元代西僧沙羅巴，賴天兵，浙江佛教，2001 年第 4 期。

93. 元唐兀人劉伯溫的家世與仕履，王頲，西北第二民族學院學報（哲學社會科學版），2008 年第 6 期。

94. 元人沙剌班考，王力春，北方論叢，2011 年第 3 期。

95. 論党項羌人王翰及其詩歌創作，殷曉燕，中央民族大學學報（哲學社會科學版），2007 年第 2 期。

96. 元代《故漕運同知黏合公妻逸的氏墓誌銘》考釋，翟麗萍，北方民族大學學報（哲學社會科學版，2013 年第 5 期。

97. 尋訪西夏國相斡道沖的後裔，李範文、楊愼德，寧夏畫報，2002 年第 1 期。

98. 河南、安徽西夏後裔及其漢化，史金波，漢民族文化與構建和諧社會，黑龍江人民出版社，2008 年。

99. 西夏後裔謎中謎：「王者之後」突然歸來，曹健、晁旭，新華每日電訊，2006 年 7 月 10 日第 8 版。

100. 洛陽的西夏王後裔，唐善普，中州今古，2004 年第 6 期。

（三）其他民族和部族

1. 從吐蕃先民嘎（gha）黨（Idong）兩氏族繁衍的藏弭藥（木雅）概況，木雅・貢布著，孫文景譯，西夏研究（第 3 輯・第二屆西夏學國際學術研討會論文集），中國社會科學出版社，2006 年。

2. 西夏河西地區的民族與地理分佈，趙斌，薪火相傳——史金波先生 70 壽辰西夏學國際學術研討會論文集，中國社會科學出版社，2012 年。

3. 西夏文獻中的吐蕃，聶鴻音，紀念柳升祺先生百年誕辰暨藏族歷史文化論集，中國藏學出版社，2008 年。

4. 論宋初河西蕃部的地域整合，李新貴，社會科學戰線，2014 年第 1 期。

5. 宋夏緣邊叛服蕃部考，佟建榮，固原師專學報，2006 年第 2 期。

6. 北宋時期環慶原州的蕃部，劉治立，西夏研究，2012 年第 4 期。

7. 遼宋金夏境內的沙陀族遺民，蔡家藝，民族研究，2004 年第 5 期。

8. 晚唐五代宋初靈武路上的「河西雜虜」，王使臻，甘肅民族研究，2009 年第 3 期。

9. 晚唐五代宋初靈武路上的「河西雜虜」，王使臻，寧夏師範學院學報，2009 年第 4 期。

10. 西夏文獻中的「柔然」，聶鴻音，寧夏師範學院學報，2010 年第 5 期。

11.《天盛律令》中的「契丹」和「女直」，孫伯君，東北史地，2011 年第 2 期。

12.《夢溪筆談》中「回回」一詞再釋——兼論遼宋夏金時代的「回回」，湯開建，吳天墀教授百年誕辰紀念文集，四川人民出版社，2013 年。

13.《夢溪筆談》中「回回」一詞再釋——兼論遼宋夏金時代的「回回」，湯開建，北方民族大學學報（哲學社會科學版），2014 年第 1 期。

（四）民族關係

1. 中古時期党項與粟特關係論考，陳瑋，中國史研究，2015 年第 4 期。

2. 宋遼西夏金民族互動過程述論，徐傑舜，黑龍江民族叢刊，2005 年第 6 期。

3. 宋遼夏金民族互動過程述論，徐傑舜，貴州民族研究，2005 年第 3 期。

4. 遼宋西夏金時期西北民族關係研究，彭向前，河北大學博士學位論文，2004 年。

5. 試論遼宋西夏金時期西北民族關係的主要矛盾，彭向前，內蒙古社會科學（漢文版），2004 年第 2 期。

6. 西夏與周邊各族地緣關係述論，王天順，寧夏大學學報（人文社會科學版），2003 年第 1 期。

7. 藏傳佛教與宋夏金時期西北的民族關係，李清凌，西北民族學院學報（哲學社會科學版・漢文），2001 年第 2 期。

8. 党項、吐蕃關係雜議，張雲，西夏學（第五輯）──首屆西夏學國際論壇專號（上），上海古籍出版社，2010 年。

（五）民族政策

1. 西夏民族政策研究，土曉梅，西北民族大學碩士學位論文，2012 年。

2. 試論西夏對漢族的政策，趙學東 、陳愛峰，中央民族大學學報（哲學社會科學版），2007 年第 5 期。

3. 試論西夏政權對北宋經略河湟區域民族政策的影響，楊文、高小強，寧夏社會科學，2010 年第 1 期。

4.「聯蕃制夏」抑或「以夷制夷」？──北宋前期趙宋對西北遠蕃民族政策的再認識，韓小忙、許鵬，寧夏社會科學，2013 年第 5 期。

（六）民族融合

1. 西夏的漢族和党項民族的漢化，史金波，中南民族大學學報（人文社會科學版），2013 年第 1 期。

2. 遼、西夏、金民族政權的漢化探討，魏淑霞，西夏研究，2015 年第 4 期。

3. 西夏政權的漢化進程對宋夏戰略形勢轉化的影響，強文學，重慶工學院學報（社會科學版），2008 年第 11 期。

4. 試論西夏梁太后之族屬問題──兼論西夏境內的「蕃化」漢人，李輝，西北第二民族學院學報（哲學社會科學版），2001 年第 3 期。

九、人物

（一）帝后

1. 李元昊與西夏王朝，牧川、阿里，黨風建設，2003 年第 6 期。
2. 從夏宋關係看元昊的立國策略，丁文斌，湖北大學碩士學位論文，2013 年。
3. 李元昊「僭號」與北宋中期文人談兵論析，劉春霞，蘭州學刊，2008 年第 11 期。
4. 元昊西涼府祠神初探，秦雅婷，西夏研究，2015 年第 2 期。
5. 從李元昊對情報的利用看西夏對宋三場戰爭的勝利，李琛，軍事歷史，2007 年第 3 期。
6. 李元昊七娶，王瑞來，文史知識，2012 年第 11 期。
7. 一代名君自亂家 殺妻斬子子傷父，劉肅勇，文史月刊，2011 年第 12 期。
8. 「東方金字塔」之殤──一代梟雄李元昊祭，禾青，絲綢之路，2011 年第 17 期。
9. 西夏「李王」爲「孛王」試說，彭向前，寧夏師範學院學報，2008 年第 4 期。
10. 諒祚改制考論，彭向前，西夏學（第一輯），寧夏人民出版社，2006 年。
11. 諒祚改制考論，彭向前，內蒙古社會科學（漢文版），2008 年第 4 期。
12. 「聖明皇帝」爲西夏仁宗考，梁松濤，敦煌學輯刊，2008 年第 1 期。
13. 西夏仁宗皇帝的校經實踐，孫伯君，寧夏社會科學，2013 年第 4 期。
14. 西夏仁孝皇帝尚儒淺論，繆喜平，西安航空學院學報，2015 年第 2 期。

15. 西夏文《御駕西行燒香歌》中西行皇帝身份再考，蘇航，民族研究，2014年第 4 期。

16. 金宣宗與夏神宗之比較研究，侯震、葉帥斌，哈爾濱學院學報，2014 年第 12 期。

17. 中國歷史上唯一一位狀元皇帝，劉秉光，旅遊時代，2011 年第 7 期。

18. 羅皇后與純祐帝被廢關係考略，崔紅芬、王杰敏，黃河科技大學學報，2013年第 5 期。

19. 西夏羅后與佛教政治，白雪，敦煌學輯刊，2007 年第 3 期。

20. 西夏小梁太后與北宋高太后干政比較研究，董淼，湖北大學碩士學位論文，2013 年。

（二）其他人物

1. 拓撥思恭魂斷何時，牛達生，寧夏史志，2008 年第 2 期。

2. 論李繼遷受封，汪家華，衡陽師範學院學報，2006 年第 4 期。

3. 西夏政權的奠基人——李德明，黃兆宏，哈爾濱學院學報，2014 年第 12 期。

4. 築西夏政權之基，聚党項民族至大——再論李德明，王又一，民族史研究（第 12 輯），中央民族大學出版社，2015 年。

5. 李德明經略河西地區條件的考察，劉志敏，東北師範大學碩士學位論文，2005 年。

6. 西夏「秦晉國王」再考——兼論西夏封王制度，王又一，淮海工學院學報（人文社會科學版），2015 年第 6 期。

7. 略論張浦在西夏歷史上的地位，魏淑霞，西夏研究（第 3 輯・第二屆西夏學國際學術研討會論文集），中國社會科學出版社，2006 年。

8. 夏初三朝元老劉仁勖，牛達生，西夏研究，2010 年第 2 期。

9. 「初守西涼，率父老以城降太祖」者非朵兒赤，張維慎，陝西師範大學學報（哲學社會科學版），2001 年第 2 期。

10. 西夏沙州守將昔里鈐部，敖特根，敦煌學輯刊，2004 年第 1 期。

11. 西夏僧人德慧考，崔紅芬，中國多文字時代的歷史文獻研究，社會科學文獻出版社，2010 年。

12. 西夏僧人「德慧」師號考，崔紅芬，寧夏社會科學，2010 年第 2 期。

13. 慈覺禪師生平補考，宋坤，西夏研究，2010 年第 4 期。

14. 僧人「慧覺」考略——兼談西夏的華嚴信仰，崔紅芬，世界宗教研究，2010 年第 4 期。

15. 西夏遺僧一行慧覺生平、著述新探，李燦、侯浩然，西夏學（第六輯）——首屆西夏學國際論壇專號（下），上海古籍出版社，2010 年。

16. 党項與西夏女性人物匯考，張琰玲，西夏研究，2014 年第 3 期。

十、社會

（一）社會性質、社會階層

1. 西夏河西地區基層社會考察，王曉暉，西夏學（第七輯），上海古籍出版社，2011 年。
2. 論西夏的基層組織與社會，楊蕤，復旦學報（社會科學版），2008 年第 3 期。
3. 西夏文獻中的「黑頭」和「赤面」，（俄）克平著，王培培譯，西夏學（第五輯）——首屆西夏學國際論壇專號（上），上海古籍出版社，2010 年。
4. 論西夏社會保障，任紅婷，寧夏大學學報（人文社會科學版），2015 年第 1 期。

（二）社會習俗

1. 蕃漢兼備的風俗習慣，徐莊，寧夏畫報，2006 年第 5 期。
2. 西夏党項族的習俗，湯姆，大眾科技報，2002 年 4 月 14 日第 5 版。
3. 生命彩裝：遼宋西夏金人生禮儀述略，王善軍，蘭州學刊，2015 年第 10 期。
4. 試論西夏「以十二月爲歲首」，彭向前，蘭州學刊，2009 年第 12 期。
5. 西夏社稷祭祀探析，孔德翊，農業考古，2015 年第 1 期。
6. 西夏國家祭祀初探，孔德翊，宗教學研究，2014 年第 2 期。
7. 西夏祭祀初探，孔德翊、賀亭，西夏研究，2013 年第 1 期。

8. 西夏「禿髮」考，湯開建，西北民族研究，2003 年第 2 期。

9. 西夏禿髮的類型，朱存世，北方文物，2002 年第 2 期。

10. 關於西夏禿髮令及髮式問題，景永時，北方民族大學學報，2013 年第 6 期。

11. 西夏髮式初探，任懷晟，西夏學（第九輯），上海古籍出版社，2014 年。

12. 略論西夏的墓葬形制和喪葬習俗，孫昌盛，東南文化，2004 年第 5 期。

13. 西夏喪葬習俗，保宏彪，寧夏人大，2015 年第 3 期。

14. 多元文化對西夏喪葬習俗的影響——以河西地區為中心，崔紅芬，西南民族大學學報（人文社科版），2007 年第 6 期。

15. 略論党項民族葬俗在西夏建國後的延續與演化——閩寧村西夏墓地與西夏陵的比較研究，張雯，西夏學（第十輯），上海古籍出版社，2014 年。

16. 從武威的西夏墓看西夏葬俗，蔡曉櫻，西夏學（第七輯），上海古籍出版社，2011 年。

17. 西夏天葬初探——以俄藏黑水城唐卡 X-2368 為中心，任懷晟、楊浣，西夏學（第十一輯），上海古籍出版社，2015 年。

18. 宋夏喪葬文書比較研究，穆旋，寧夏大學碩士學位論文，2015 年。

19. 宋夏喪葬文書檔案比較淺析，劉曄、穆旋、趙彥龍，檔案管理，2015 年第 3 期。

20. 近六十年宋遼西夏金火葬研究綜述與反思，馬強才、姚永輝，中國史研究動態，2012 年第 1 期。

21. 西夏人的社會風尚與精神風貌辨析，穆鴻利，絲綢之路民族古文字與文化學術討論會論文集（上），三秦出版社，2007 年。

22. 淺談西夏人的孝道觀念，李志鵬，傳承，2011 年第 31 期。

23. 西夏孝觀念研究——以《聖立義海》為中心，朱海，寧夏社會科學，2006 年第 3 期。

24. 論西夏人的尚武精神，樊麗沙、楊富學，青海民族學院學報，2008 年第 3 期。

25. 西夏節日風俗芻議，王曉玉，蘭臺世界，2012 年第 22 期。

26. 西夏人的宇宙觀，陳炳應，國家圖書館學刊（西夏研究專號），2002 年增刊。

（三）姓氏、婚姻、家庭、家族與宗族

1. 關於西夏的稱謂，段玉泉，寧夏畫報（時政版），2013 年第 2 期。

2. 西夏姓氏考論，佟建榮，寧夏大學博士學位論文，2011 年。

3. 早期党項八大部西夏姓氏考，彭向前，西夏研究，2014 年第 2 期。

4. 西夏蕃姓訂正，佟建榮，西夏學（第九輯），上海古籍出版社，2014 年。

5. 《中國藏黑水城漢文文獻》中的西夏姓氏考證，佟建榮，寧夏社會科學，2010 年第 5 期。

6. 西夏番姓譯正，孫伯君，民族研究，2009 年第 5 期。

7. 西夏蕃姓補正（一），佟建榮，西夏學（第五輯）——首屆西夏學國際論壇專號（上），上海古籍出版社，2010 年。

8. 西夏蕃姓來源考論，佟建榮，吳天墀教授百年誕辰紀念文集，四川人民出版社，2013 年。

9. 西夏番姓漢譯再研究，佟建榮，民族研究，2013 年第 2 期。

10. The Personal Name Tangut as Seen from the Old Uighur Texts, S. Ch. Raschmann, *Тангуты в Центральной Азии: Сборник статей в честь 80-летия п,роф. Е.И.Кычанова*, Irina Popova, ed.Moscow: Oriental Literature, 2012.

11. Some Notes on the Ethnic Name Tangut in Turkic Sources, P. Zieme, *Тангуты в Центральной Азии: Сборник статей в честь 80-летия проф. Е.И.Кычанова*, Irina Popova, ed.Moscow: Oriental Literature, 2012.

12. 宋代西北地區及西夏境內番族漢姓初探，曹聽，西北大學碩士學位論文，2015 年。

13. 西夏賜姓李氏考，張婧，華北水利水電學院學報（社科版），2013 年第 2 期。

14. 元昊改姓考，彭向前，青海民族大學學報（社會科學版），2013 年第 2 期。

15. 從西夏王族的姓氏變化看其與中原政權的關係，伍純初，天中學刊，2004 年第 4 期。

16. 西夏后妃姓氏異譯考論，佟建榮、張萬靜，寧夏社會科學，2009 年第 9 期。

17. 遼宋西夏金的避諱、稱謂和排行，王曾瑜，安徽師範大學學報（人文社會科學版），2005 年第 5 期。

18. 西夏婚姻制度的特徵——兼論女性在西夏婚姻中的地位，邵方，寧夏社會科學，2003 年第 5 期。

19. 論西夏皇室婚姻的幾個問題，劉興亮，西夏研究，2011 年第 4 期。

20. 西夏党項社會的族際婚，邵方，西北民族研究，2004 年第 3 期。

21. 西夏人的婚姻與喪葬，林雅琴，寧夏社會科學，2010 年第 6 期。

22. 略論西夏法律對於党項社會婚姻制度的規定，邵方，法學評論，2003 年第 1 期。

23. 西夏婚姻家庭法律制度研究，邵方，河北法學，2003 年第 5 期。

24. 楊氏家族婚姻關係芻議——《述善集》窺見，張迎勝，述善集研究論集，甘肅人民出版社，2001 年。

25. 西夏和唐代婚姻制度的異同研究——以《唐律》和西夏《天盛改舊定新律令》比較爲中心，張永萍，甘肅農業，2006 年第 5、7 期。

26. 唐和西夏婚姻制度的比較研究，楊玉明，群文天地，2008 年第 10 期。

27. 唐與西夏婚姻制度之比較——以《唐律》和《天盛改舊定新律令》爲中心，張永萍，河北學刊，2009 年第 2 期。

28. 宋夏金時期的婚制婚俗研究，劉箏箏，西北師範大學碩士學位論文，2009 年。

29. 西夏家庭研究，邵方，西北民族研究，2001 年第 4 期。

30. 西夏皇族研究，陳瑋，寧夏大學碩士學位論文，2011 年。

31. 從《天盛律令》看西夏皇族，陳瑋，西夏研究，2010 年第 2 期。

32. 西夏「節親」考，胡若飛，西夏研究，2013 年第 2 期。

33. 西夏服制與親屬等級制度研究，邵方，法學評論，2004 年第 3 期。

34. 党項宗族，杜建錄，民族研究，2001 年第 4 期。

35. 党項宗族與封建化，鄭彥卿，西夏歷史與文化——第三屆西夏學國際學術研討會論文集，甘肅人民出版社，2010 年。

36. 西夏后妃宗族考，佟建榮，西夏研究，2010 年第 2 期。

37. 党項人的宗族部族及其民族與國家的形成，楊茂盛、陳春霞，黑龍江民族叢刊，2003 年第 2 期。

（四）婦女

1. 西夏社會的女性特徵，史金波，世界をつなぐてとば，（日）三元社，2010 年。

2. 西夏婦女社會地位研究，李娜，西北師範大學碩士學位論文，2011 年。

3. 論西夏婦女的經濟地位——以《天盛律令》為中心，李娜，忻州師範學院學報，2010 年第 1 期。

4. 略論西夏婦女的法律地位——基於《天盛改舊新定律令》分析，李娜，內蒙古農業大學學報（社會科學版），2011 年第 2 期。

5. 試析党項婦女的強悍之風，何玉紅、潘春輝，青海民族研究，2002 年第 2 期。

6. 試析党項婦女的強悍之風，何玉紅，固原師專學報，2002 年第 5 期。

7. 西夏女兵及其社會風尚，何玉紅，雲南民族大學學報（哲學社會科學版），2004 年第 5 期。

（五）衣食住行

1. 西夏的服飾，史金波，中國服飾通史，寧波出版社，2002 年。

2. 西夏服飾研究，孫昌盛，民族研究，2001 年第 6 期。

3. 西夏服飾制度述論，趙斌、張睿麗，西部考古（第二輯），三秦出版社，2007 年。

4. 西夏服飾審美特徵管窺，陳霞，學理論，2010 年第 31 期。

5. 淺述西夏服飾文化，智緒燕，現代企業文化，2009 年第 20 期。

6. 西夏平民服飾淺談——以 ДX.02822《雜集時要用字》為中心，石小英，寧夏社會科學，2007 年第 3 期。

7. 西夏党項族服飾研究，羅位芝，湖南工業大學碩士學位論文，2014 年。

8. 西夏服飾研究之三——北方各少數民族對西夏服飾的影響，謝靜，藝術設計研究，2010 年第 1 期。

9. 西夏服飾考，高春明、周天，藝術設計研究，2014 年第 1 期。

10. 考古視野下的西夏服飾，唐文娟、楊雲峰，大眾考古，2014 年第 6 期。

11. 西夏官服管窺，任懷晟、楊浣，西夏研究，2014 年第 3 期。

12. 西夏公服芻議，任懷晟，西夏學（第九輯），上海古籍出版社，2014 年。

13. 論西夏服飾中的多元文化因素，任艾青，西夏研究，2015 年第 2 期。

14. 西夏僧人服飾讞論，任懷晟、魏亞麗，西夏學（第十一輯），上海古籍出版社，2015 年。

15. 西夏襆頭考——兼論西夏文官帽式，魏亞麗、楊浣，西夏研究，2015 年第 2 期。

16. 西夏帽式研究，魏亞麗，寧夏大學碩士學位論文，2014 年。

17. 西夏「東坡巾」初探，魏亞麗、楊浣，西夏學（第九輯），上海古籍出版社，2014 年。

18. 西夏僧侶帽式研究，魏亞麗、楊浣，西夏研究，2015 年第 1 期。

19. 西夏「漢式頭巾」初探，任懷晟、楊浣，西夏研究，2015 年第 3 期。

20. 西夏武官帽式研究，魏亞麗，西夏學（第十一輯），上海古籍出版社，2015 年。

21. 西夏服飾「弔敦背」考，彭向前、張建強，薪火相傳——史金波先生 70 壽辰西夏學國際學術研討會論文集，中國社會科學出版社，2012 年。

22. 敦煌壁畫與西夏服飾，徐莊，西夏研究（第 3 輯·第二屆西夏學國際學術研討會論文集），中國社會科學出版社，2006 年。

23. 敦煌石窟中回鶻、西夏供養人服飾辨析，謝靜、謝生保，敦煌研究，2007 年第 4 期。

24. 敦煌石窟中的西夏服飾研究之二——中原漢族服飾對西夏服飾的影響，謝靜，藝術設計研究，2009 年第 3 期。

25. 敦煌石窟中西夏供養人服飾研究，謝靜，敦煌研究，2007 年第 3 期。

26. 榆林窟第 29 窟西夏武官服飾考，曲小萌，敦煌研究，2011 年第 3 期。

27. 榆林 29 窟西夏供養人侍從服飾復原研究，李文倩、賈一亮，大舞臺，2011 年第 10 期。

28. 西夏服飾研究綜述，任懷晟，中國遼夏金研究年鑒 2013，中國社會科學出版社，2015 年。

29. 遼、宋、夏、金婚禮服飾及其禮俗內涵研究綜述，武婷婷，黑龍江史志，2013 年第 3 期。

30. 西夏飲食結構的成因，王守櫂，揚州大學烹飪學報，2012 年第 2 期。

31. 論西夏飲食文化的成因，王守櫂，晉城職業技術學院學報，2012 年第 1 期。

32. 略論西夏飲食文化，劉樸兵，西夏研究，2014 年第 2 期。

33. 北宋時期中原漢族與契丹族、党項族的飲食文化交流，劉樸兵，中華飲食文化基金會會訊（第 17 卷第 3 期），2011 年 8 月。

34. 西夏民眾食用野生植物考述，董立順，天水師範學院學報，2013 年第 4 期。

35. 史載党項人對肉蓯蓉的認識與利用——兼論它在西夏王朝社會生活中的價值，董立順，原生態民族文化學刊，2012 年第 4 期。

36. 西夏酒文化述略，楊滿忠，西夏學（第七輯），上海古籍出版社，2011 年。

37. 遼金西夏少數民族天然材料包裝研究，彭建祥，藝術生活（福州大學廈門工藝美術學院學報），2014 年第 3 期。

38. 遼金西夏少數民族天然材料包裝，彭建祥，唐山職業技術學院學報，2014 年第 1 期。

十一、文化

（一）概論

1. 論遼夏金文化中的兩種傳統，佟建榮，固原師專學報，2005 年第 1 期。

2. 西夏和西夏文化，史金波，黃河文化論壇，2001 年第 2 期。

3. 西夏文化概覽，保宏彪，寧夏人大，2014 年第 3 期。

4. 西夏文化（一）神秘的面紗是怎樣揭開的，徐莊，寧夏畫報，2006 年第 1 期。

5. 淺談西夏文化的溯源與發展，俞召武，大眾文藝（學術版），2011 年第 11 期。

6. 西夏文化略述，葛洪駿、劉麗霞，社科縱橫，2008 年第 1 期。

7. 文化背景的大一統——從西夏文化遺存看傳統文化的深層影響，薛正昌，寧夏社會科學，2009 年第 9 期。

8. 文化背景的大一統——從西夏文化遺存看傳統文化的深層影響，薛正昌，西夏歷史與文化——第三屆西夏學國際學術研討會論文集，甘肅人民出版社，2010 年。

9. 以文化二元對峙矛盾觀透析西夏，魏淑霞，寧夏社會科學，2005 年第 3 期。

10. 略論西夏党項民族文化，韓小忙，敦煌學與中國史研究論集——紀念孫修身先生逝世一週年，甘肅人民出版社，2001 年。

11. 漫談西夏文化中的「唐風」，楊蕤，華夏文化，2007 年第 3 期。

12. 西夏國家文化的構建，孔德翊，孔子研究，2010 年第 3 期。

13. 淺析西夏儒家文化建構的必要性，孔德翊、孔德龍，大眾商務（下半月），
    2009 年第 6 期。

14. 從西夏的消亡看文化的重要性，冶金企業文化，2005 年第 1 期。

15. 西夏王國探秘，楊新潤，中國西部，2001 年第 4 期。

16. 揭開西夏文化的神秘面紗，陸安，文史春秋，2008 年第 3 期。

17. 從西夏年號看西夏文化的階段性，保宏彪，西夏學（第九輯），上海古籍
    出版社，2014 年。

18. 從西夏文化遺存看傳統文化的深層影響，任宇嬌、周文誅，華章，2014
    年第 20 期。

19. 從張掖幾處西夏歷史遺跡看西夏文化對後世的影響，崔雲勝，西夏學（第
    十輯），上海古籍出版社，2014 年。

20. 西夏與女真族對草原文化的貢獻，張明馥，呼和浩特日報（漢），2006 年
    12 月 18 日第 8 版。

21. 試論西夏文化的多元性，陳廣恩，西北師大學報（社會科學版），2005 年
    第 3 期。

22. 多元一體的西夏文化，楊昕，文學界（理論版），2012 年第 10 期。

23. 從考古發現看唐宋文化對西夏的影響，牛達生，考古與文物，2001 年第 3
    期。

24. 論回鶻文化對西夏的影響，楊富學，宋史研究論叢（第 5 輯），河北大學
    出版社，2003 年。

25. 略論仁宗時期的西夏文化，張瑞敏，陝西社會科學論叢，2011 年第 3
    期。

26. 論西夏時期吐蕃文化對河西地區的影響，張蕾蕾，柴達木開發研究，2013
    年第 5 期。

27. 西夏文化數據庫建設，衛傳榮、張紅燕、王桂香、鄭巧英、葉平、王紹平，
    圖書館建設，2007 年第 6 期。

28. 西夏文化數據庫特色及網絡信息服務，董湧、邵晉蓉、張紅燕、王桂香，
    圖書館理論與實踐，2007 年第 5 期。

29. 寧夏的西夏文化遺產與旅遊產業，周媛，華中師範大學碩士學位論文，2011
    年。

30. 論西夏文化特色及其旅遊開發的應用價值，智凌燕、劉興全，西夏歷史與

文化——第三屆西夏學國際學術研討會論文集，甘肅人民出版社，2010
年。

31. 創新思維與西夏文化旅遊開發，楊猛、石培基，寧夏社會科學，2006 年
第 5 期。

32. 挖掘、利用「西夏歷史文化」，發展旅遊經濟，李宇紅，社科縱橫，2005
年第 5 期。

33. 作為旅遊資源的西夏歷史文化利用現狀及其類型特徵，許麗君、江可申，
南京航空航天大學學報（社會科學版），2006 年第 2 期。

34. 讓壁畫中的西夏建築走回銀川，河山，文化產業，2009 年第 6 期。

35. 寧夏區域西夏建築文化景觀及其開發利用，江金波，資源開發與市場，2003
年第 1 期。

36. 西夏文化旅遊產品設計初探——以寧夏回族自治區為例，毛娟，科技諮詢
導報，2007 年第 16 期。

37. 中國和世界西夏學的濫觴——涼州西夏文化述略，王其英，發展，2011
年第 3 期。

38. 淺談西夏文化在酒類包裝設計中的運用，谷遠亞，大眾文藝，2012 年第
12 期。

（二）儒學

1. 關於西夏儒學研究中的幾個問題，李華瑞，西夏學（第六輯）——首屆西
夏學國際論壇專號（下），上海古籍出版社，2010 年。

2. 略論西夏儒學的發展，王虹，中國集體經濟，2013 年第 33 期。

3. 儒家的「禮」與西夏《天盛律令》，陳旭，西北第二民族學院學報（哲學
社會科學版），2002 年第 3 期。

4. 西夏儒學的發展和儒釋關係初探，文志勇、崔紅芬，西北民族研究，2006
年第 1 期。

5. 論儒學與佛教在西夏文化中的地位，李華瑞，西夏學（第一輯），寧夏人
民出版社，2006 年。

6. 論儒學與佛教在西夏文化中的地位，李華瑞，西夏研究（第 3 輯·第二屆
西夏學國際學術研討會論文集），中國社會科學出版社，2006 年。

7. A Reexamination of the Status of Confucianism in Tangut Culture, 李華瑞,

Тангуты в Центральной Азии: Сборник статей в честь 80-летия проф. Е.И.Кычанова, Irina Popova, ed.Moscow: Oriental Literature, 2012.

8. 西夏佛教與儒學的地位，史金波，中國社會科學報，2010 年 7 月 15 日第 7 版。

9. 西夏人的佛儒融合思想及其倫理道德觀，袁志偉，西北大學學報（哲學社會科學版），2015 年第 4 期。

10.《聖立義海》與西夏「佛儒融合」的哲學思想，袁志偉，寧夏大學學報（人文社會科學版），2015 年第 3 期。

11. 從諺語看党項人的哲學思想，郭勤華，西夏研究，2015 年第 4 期。

12. 從歷代孔子諡號看西夏儒學的發展與貢獻，楊滿忠、何曉燕，西夏研究年第 3 期。

13. 經學在西夏的傳承及對西夏法制的影響，姜歆，寧夏師範學院學報，2010 年第 5 期。

（三）教育與科舉

1. 西夏教育考述，趙倩、張學強，雞西大學學報，2013 年第 1 期。

2. 西夏教育概況，保宏彪，寧夏人大，2015 年第 1 期。

3. 西夏教育芻議，米晨榕，陝西師範大學碩士學位論文，2015 年。

4. 西夏時期河西走廊的教育——以儒學和「蕃書」為中心的探討，劉再聰，寧夏社會科學，2005 年第 5 期。

5. 西夏文教育鉤沉，趙生泉，西夏學（第九輯），上海古籍出版社，2014 年。

6. 西夏文化教育及秘書培養考核制度，趙彥龍，寧夏大學學報（人文社會科學版），2002 年第 2 期。

7. 西夏番學不譯九經考，李吉和、聶鴻音，民族研究，2002 年第 2 期。

8. 西夏廟學制及相關問題考論，劉再聰，西夏研究（第 3 輯·第二屆西夏學國際學術研討會論文集），中國社會科學出版社，2006 年。

9. 西夏童蒙教育芻議，楊樹娜、楊彥彬，科教文匯（下旬刊），2009 年第 8 期。

10. 西夏啓蒙教育初探，楊彥林，蘭州教育學院學報，2009 年第 3 期。

11. 民族文化交流對西夏教育的影響，卜然然，西北民族研究，2002 年第 3 期。

12. 西夏人才的培養和選用，魏淑霞，寧夏社會科學，2007 年第 6 期。
13. 黑城出土西夏蒙書研究，楊樹娜，江西師範大學碩士學位論文，2012 年。
14. 簡議黑城出土的西夏蒙書，何宏米、李德芳、陳封椿，蘭臺世界，2014 年第 17 期。
15. 西夏貢舉鉤沉，周臘生，孝感學院學報，2011 年第 2 期。

（四）史學

1. 試論遼宋夏金時期的民族史觀，李珍，史學月刊，2002 年第 2 期。
2. 西夏史學研究，任菲菲，蘭州大學碩士學位論文，2010 年。
3. 党項族史學研究，魏清華，蘭州大學碩士學位論文，2011 年。
4. 西夏史書與三史的《西夏傳》，胡玉冰，史學史研究，2001 年第 2 期。

（五）文學

1. 試論西夏文學的特色，楊梓，寧夏大學學報（人文社會科學版），2001 年第 2 期。
2. 試論西夏文學特色，楊梓，西夏研究（第 3 輯·第二屆西夏學國際學術研討會論文集），中國社會科學出版社，2006 年。
3. 試論西夏文學的華儒內蘊，王昊，北京大學學報（哲學社會科學版），2013 年第 5 期。
4. 論西夏文，黃震雲，晉陽學刊，2014 年第 3 期。
5. 西夏文學研究述評，張麗華，固原師專學報，2006 年第 1 期。
6. 夏宋百年和戰背景下的文化交流與西夏文學，馬小龍，蘭州大學碩士學位論文，2006 年。
7. 宋夏文化交流與西夏的文學創作，張廷傑，文學遺產，2005 年第 4 期。
8. 西夏文學作品中所見儒釋相融思想，崔紅芬，青海民族研究，2007 年第 4 期。
9. 西夏俗文學「辯」初探，孫伯君，西夏研究，2010 年第 4 期。
10. 論西夏詩，黃震雲、楊浣，徐州工程學院學報（社會科學版），2013 年第 5 期。
11. 西夏詩歌概論，馮劍華，寧夏大學學報（人文社會科學版），2001 年第 4 期。
12. 西夏詩歌中成吉思汗的名字，（俄）克平著，韓瀟銳譯，西夏研究，2010 年第 1 期。

13. 拜寺溝方塔所出佚名詩集考，聶鴻音，國家圖書館學刊（西夏研究專號），2002 年增刊。

14. 方塔出土西夏漢文詩集研究三題，孫昌盛，寧夏社會科學，2004 年第 4 期。

15. 被炸西夏古塔遺址中發現漢文寫本詩集——古體詩 75 首，保存詩題的 60 首，莊電一，光明日報，2005 年 12 月 4 日第 2 版。

16. 賀蘭山拜寺溝方塔所出佚名詩集用韻考，孫穎新，西夏學（第七輯），上海古籍出版社，2011 年。

17. 西夏詩歌用韻考，聶鴻音，西夏研究，2013 年第 1 期。

18. 西夏文《宮廷詩集》用典分析，梁松濤，西夏研究，2011 年第 3 期。

19.《宮廷詩集》中所見的「白高」釋義，梁松濤、楊富學，宋史研究論叢（第十輯），河北大學出版社，2009 年。

20.《宮廷詩集》版本時間考述，梁松濤，薪火相傳——史金波先生 70 壽辰西夏學國際學術研討會論文集，中國社會科學出版社，2012 年。

21. 關於西夏文《月月樂詩》，聶鴻音，固原師專學報，2002 年第 5 期。

22. 甘博藏西夏文《勸世詩》殘頁考釋，梁繼紅，隴右文博，2012 年第 1 期。

23. 西夏譯《詩》考，聶鴻音，文學遺產，2003 年第 4 期。

24. 西夏詩の腳韻に見られる韻母について——『三世屬明言集文』所收西夏語詩，荒川慎太郎，（日）京都大學言語學研究（20），2001 年。

25. 西夏曲子詞《楊柳枝》初探，張清秀、孫伯君，寧夏社會科學，2011 年第 6 期。

（六）藝術

1. 西夏藝術研究及特徵認識，陳育寧、湯曉芳，西夏研究，2011 年第 1 期。

2. 西夏藝術的研究及特徵認識，陳育寧，薪火相傳——史金波先生 70 壽辰西夏學國際學術研討會論文集，中國社會科學出版社，2012 年。

3. 西夏藝術成就與周邊民族的關係，韓小忙，國家圖書館學刊（西夏研究專號），2002 年增刊。

4. 論西夏對周邊民族藝術的吸收，李銀霞，新疆藝術學院學報，2008 年第 2 期。

5. 淺談衛藏與西夏的繪畫藝術交流，楊旦春，大眾文藝，2013 年第 10 期。

6. 試論遼、金和西夏的繪畫藝術，朱和平，中州學刊，2002 年第 3 期。

7. 遼、金、西夏的書畫收藏概況，楊仁愷，中國書畫，2005 年第 6 期。

8. 西夏藝術作品中的肖像研究及史實，（俄）K.薩莫秀克著，粟瑞雪譯，國家圖書館學刊（西夏研究專號），2002 年增刊。

9. 西夏美術的視覺特點與現代應用價值，楊占河，大家，2010 年第 24 期。

10. 吞吐有方 善化己用——略論西夏佛教藝術，馬寧新，藝海，2011 年第 12 期。

11. 西夏對敦煌藝術的特殊貢獻，劉玉權，國家圖書館學刊（西夏研究專號），2002 年增刊。

12. 黑水城藝術品的藏式風格和影響，束錫紅，絲綢之路——圖像與歷史，東華大學出版社，2011 年。

13. Tucci Archive Report, 4: Dung dkar/Phyi dbang, West Tibet, and the Influence of Tangut Buddhist Art, Deborah, *East and West*, 2001, 51 (3/4).

14. 高昌回鶻與西夏佛教藝術關係考，陳愛峰，吐魯番學研究，2010 年第 2 期。

15. 西夏繪畫雕塑藝術，保宏彪，寧夏人大，2015 年第 5 期。

16. 略談西夏文化中的繪畫與雕塑藝術，尹江偉，西部學刊，2015 年第 10 期。

17. 西夏壁畫與瓷器上的山花紋飾，李進興，收藏界，2002 年第 9 期。

18. 西夏文化（二）西夏藝術繪畫，湯曉芳，寧夏畫報，2006 年第 2 期。

19. 解析西夏的繪畫藝術風格，札西傑布，黑龍江史志，2015 年第 11 期。

20. 黑水城繪畫中西夏人肖像, K. F. Samosyuk, *Тангуты в Центральной Азии: Сборник статей в честь 80-летия проф. Е.И.Кычанова*, Irina Popova, ed.Moscow: Oriental Literature, 2012.

21. 走進西夏壁畫，楊天林，朔方，2006 年增刊。

22. 冬宮博物館藏西夏壁畫風格特徵，（俄）K.薩莫秀克著，楊富學譯，中國北方民族歷史文化論稿，甘肅人民出版社，2001 年。

23. 西夏晚期經變藝術的重要特徵和創新，王豔雲，西夏研究（第 3 輯‧第二屆西夏學國際學術研討會論文集），中國社會科學出版社，2006 年。

24. 西夏晚期七大經變畫探析，王豔雲，首都師範大學博士學位論文，2003 年。

25. 西夏晚期佛教繪畫的雜糅與世俗傾向，王豔雲，西夏學（第九輯），上海古籍出版社，2014 年。

26. 西夏佛教藝術中的童子形象，王勝澤，敦煌學輯刊，2015 年第 4 期。

27. 西夏水月觀音圖像研究，何旭佳，西北大學碩士學位論文，2012 年。

28. 西夏水月觀音圖像考論，孫鳴春，蘭臺世界，2015 年第 6 期。

29. 瓜州東千佛洞二窟壁畫《水月觀音》的藝術特色——通過臨摹感悟西夏繪畫風格，汪旻，西北師範大學碩士學位論文，2009 年。

30. 西夏時代敦煌の水月観音図研究（「美術に関する調査研究の助成」研究報告）——（2005 年度助成），瀧朝子，（日）鹿島美術財団年報（23），2005 年。

31. 西夏石窟壁畫中水月觀音的傳承與流變，王豔雲，漢藏佛教美術研究——第三屆西藏考古與藝術國際學術討論會論文集，上海古籍出版社，2009 年。

32. 阿爾寨石窟的密宗壁畫及其年代，湯曉芳，寧夏大學學報（人文社會科學版），2006 年第 2 期。

33. 西藏艾旺寺、札唐寺壁畫與西夏繪畫的關係，謝繼勝，國家圖書館學刊（西夏研究專號），2002 年增刊。

34. 敦煌《引路菩薩圖》與黑水城《阿彌陀佛來迎圖》的比較與分析，馬瑤，陝西師範大學碩士學位論文，2014 年。

35. 西夏黑水城與安西石窟壁畫間的若干聯繫，王豔雲，寧夏社會科學，2008 年第 1 期。

36. 黑水城 X.2438 號唐卡水月觀音圖研究，馬莉、史忠平，新疆藝術學院學報，2015 年第 3 期。

37. 黑水城西夏唐卡中的釋迦牟尼佛像考，謝繼勝，寧夏社會科學，2002 年第 1 期。

38. 黑水城唐卡中的護法與空行母圖像考，謝繼勝，西北民族研究，2002 年第 3 期。

39. 黑水城出土唐卡研究述略，謝繼勝，民族研究，2002 年第 1 期。

40. 西夏佛教卷軸畫藝術風格，陳悅新，北京理工大學學報（社會科學版），2006 年第 2 期。

41. 吐蕃西夏歷史文化淵源與西夏藏傳繪畫，謝繼勝，西藏研究，2001 年第 3

期。

42. 11 至 13 世紀的西藏繪畫與西夏唐卡，謝繼勝，賢者新宴（第 3 輯），河北教育出版社，2003 年。

43. 一件極為珍貴的西夏唐卡——武威博物館藏文殊菩薩唐卡分析，謝繼勝，宿白先生八秩華誕紀念文集，文物出版社，2002 年。

44. 武威亥母洞石窟出土西夏唐卡初探，梁繼紅，西夏歷史與文化——第三屆西夏學國際學術研討會論文集，甘肅人民出版社，2010 年。

45. 西夏文殊菩薩像唐卡辨析，梁繼紅，隴右文博，2011 年第 2 期。

46. 俄羅斯聖彼得堡冬宮博物館藏唐卡，中國民族博覽，2015 年第 3 期。

47. 吐蕃西夏文化交流與西夏藏傳風格唐卡，謝繼勝，中國民族博覽，2015 年第 3 期。

48. 黑水城西夏繪畫中「施主」的含義及功用，（俄）薩莫秀克著，謝繼勝譯，文史新瀾——浙江古籍出版社建社二十週年紀念論文集，浙江古籍出版社，2003 年。

49. 西夏唐卡，李海東、丁延輝，固原師專學報，2002 年第 4 期。

50. 基於數學形態學等技術的黑水城唐卡圖像預處理方法研究，史偉、杜建錄，寧夏大學學報（自然科學版），2010 年第 4 期。

51. 西夏藏傳風格繪畫與西藏佛畫的異同比較，顧穎，寧夏社會科學，2009 年第 4 期。

52. 西夏佛畫藝術風格探微，劉洪柱，美與時代（城市），2013 年第 12 期。

53. 西夏絹畫《三相圖》，伊葆力、李新泉，東方收藏，2013 年第 9 期。

54. 西夏佛經版畫中的建築圖像及特點，陳育寧、湯曉芳，西夏學（第十輯），上海古籍出版社，2014 年。

55. 從版畫看西夏佛教藝術對元代內地藏傳佛教藝術的影響，熊文彬，中國藏學，2003 年第 1 期。

56. 從版畫看西夏佛教藝術對元代內地藏傳佛教藝術的影響（續），熊文彬，中國藏學，2003 年第 3 期。

57. 西夏佛教版畫初探，徐莊，國家圖書館學刊（西夏研究專號），2002 年增刊。

58. 解讀西夏佛教中的版畫藝術，慕青藤、雷志遠，設計藝術（山東工藝美術學院學報），2008 年第 5 期。

59. 解讀西夏佛教中的版畫藝術，雷志遠、慕青藤，美術大觀，2008 年第 12 期。

60. "Donors" in the Tangut Painting from Khara—Khoto: Their Meaning and Function, Kira Samosyuk, *The Tibet Journal*, Vol. 26, No. 3/4, *Contributions to the History of Tibetan Art* (Autumn & Winter 2001).

61. 元代刻印西夏文佛經版畫及藝術特徵，陳育寧、湯曉芳，寧夏社會科學，2009 第 3 期。

62. 西夏捺印佛畫賞析，馮海英，文物鑒定與鑒賞，2012 年第 11 期。

63. 西夏的佛經書法和版畫，張凌、許生根，大眾文藝（理論），2009 年第 17 期。

64. 一幅珍貴的版畫——《西夏譯經圖》，陳永耘，東方博物，2010 年第 2 期。

65. 西夏版畫中的吐蕃和印度法師肖像，（俄）К.Б.克平撰，彭向前譯，西夏研究，2011 年第 3 期。

66. 英藏西夏文獻中的一幅版畫及發願文考證，段玉泉，寧夏社會科學，2011 年第 3 期。

67. 西夏宗教版畫的圖像表現，張國榮、黃蓉，美術，2013 年第 9 期。

68. 西夏宗教版畫藝術探析，黃蓉，西北師範大學碩士學位論文，2013 年。

69. 西夏木板畫，張寶璽，美術之友，2002 年第 3 期。

70. 甘肅武威出土西夏木板畫研究述評，于光建，北方民族大學學報（哲學社會科學版），2013 年第 4 期。

71. 西夏彩繪木板畫牽馬「大六」，甘肅日報，2002 年 9 月 6 日。

72. 武威西夏木板畫藝術特點研究，曾鵬德，西北師範大學碩士學位論文，2009 年。

73. 武威西夏木板畫的遺存及其特徵，陳麗伶、余隋懷，西北工業大學學報（社會科學版），2008 年第 1 期。

74. 武威西郊西夏 2 號墓出土木板畫內涵新解，于光建，西夏研究，2014 年第 3 期。

75. 武威西夏二號墓彩繪木版畫「蒿里老人」考論，陳于柱，西夏學（第五輯）——首屆西夏學國際論壇專號（上），上海古籍出版社，2010 年。

76. 武威西夏二號墓彩繪木板畫中「金雞」、「玉犬」新考——兼論敦煌寫本《葬書》，陳于柱，敦煌學輯刊，2011 年第 3 期。

77. 武威西夏木板畫的重要價值——以五女侍、五男侍木板畫為例，徐玉萍，隴右文博，2011 年第 2 期。

78. 黑水城出土頂髻尊勝佛母曼荼羅木板畫考，孫昌盛，敦煌研究，2001 年第 2 期。

79. 論西夏文及其書法藝術，盧桐，遼寧大學學報（哲學社會科學版），2001 年第 4 期。

80. 簡述西夏文字書法藝術，竇民立，西夏研究（第 3 輯・第二屆西夏學國際學術研討會論文集），中國社會科學出版社，2006 年。

81. 簡述西夏文字及其書法藝術，竇民立，藝術評論，2006 年第 12 期。

82. 略論西夏書法藝術，毛來紅，西夏研究（第 3 輯・第二屆西夏學國際學術研討會論文集），中國社會科學出版社，2006 年。

83. 西夏時期的書法藝術，韓小忙、李彤，固原師專學報，2001 年第 1 期。

84. 漢字影響下的西夏書法藝術，牛達生，尋根，2012 年第 2 期。

85. 漢字文化圈西夏文、女書書法文化研究，馮繼紅，中央民族大學博士學位論文，2012 年。

86. 西夏文書法演變的階段性，趙生泉，西夏研究，2014 年第 3 期。

87. 西夏的筆與筆法，趙生泉，西夏學（第十一輯），上海古籍出版社，2015 年。

88. 西夏文字書法創作淺談，劉魁一，西夏研究（第 3 輯・第二屆西夏學國際學術研討會論文集），中國社會科學出版社，2006 年。

89. 西夏文書法及其創作淺析，任長幸，渭南師範學院學報，2015 年第 17 期。

90. 西夏文化（三）西夏藝術雕塑與建築裝飾，湯曉芳，寧夏畫報，2006 年第 3 期。

91. 党項族西夏王國的民間工藝及雕塑繪畫品，旦木秋，阿壩師範高等專科學校學報，2005 年第 2 期。

92. 西夏王陵「鴟吻」造型藝術研究，周胤君，牡丹，2015 年第 24 期。

93. 「流淚的佛頭」：西夏王朝的曠世傑作，東方收藏，2010 年第 9 期。

94. 西夏音樂研究，孫星群，隴右文博，2005 年第 2 期。

95. 西夏音樂概覽，保宏彪，寧夏人大，2015 年第 2 期。

96. 西夏音樂研究國內現狀綜述（上、中、下），趙宏偉，大眾文藝，2013 年第 18、19、20 期。

97. 西夏時期音樂文化的交流與融合，韓春，芒種，2013 年第 18 期。

98. 西夏音樂文獻及其音樂圖像學相關研究，趙宏偉，民族藝林，2015 年第 4 期。

99. 傳統典籍中有關西夏音樂、建築、禮制等類史料概說，胡玉冰，西夏學（第六輯）——首屆西夏學國際論壇專號（下），上海古籍出版社，2010 年。

100. 羌族西夏王國的音樂及詩歌，且木秋，中國音樂，2001 年第 1 期。

101. 西夏民族音樂及其演變，劉建麗，寧夏大學學報（人文社會科學版），2004 年第 5 期。

102. 略論西夏党項民族音樂，何濤，甘肅聯合大學學報（社會科學版），2007 年第 2 期。

103. 西夏佛教音樂，孫星群，西夏研究（第 3 輯·第二屆西夏學國際學術研討會論文集），中國社會科學出版社，2006 年。

104. 西夏佛教音樂，孫星群，西夏學（第一輯），寧夏人民出版社，2006 年。

105. 西夏樂器「七星」考，劉文榮，寧夏大學學報（人文社會科學版），2015 年第 3 期。

106. 瓜州東千佛洞西夏第 7 窟「涅槃變」中樂器圖像的音樂學考察，劉文榮，西夏學（第十一輯），上海古籍出版社，2015 年。

107. Musical Notation for Flute in Tangut Manuscripts, A. Ch. West, *Тангуты в Центральной Азии: Сборник статей в честь 80-летия проф. Е.И.Кычанова*, Irina Popova, ed.Moscow: Oriental Literature, 2012.

108. 西夏寫本中的笛譜，魏安著，湯君譯，西夏研究，2012 年第 4 期。

109. 塵封的西夏藝術 別樣的舞蹈風采——西夏舞姿面面觀，岳鍵，民族藝林，2014 年第 3 期。

110. 兩宋時期遼、金、西夏的歌舞及其與漢族的交流，王菲菲，藝術百家，2009 年第 3 期。

111. 宋遼夏金裝飾紋樣研究，谷莉，蘇州大學博士學位論文，2011 年。

112. 淺談西夏文物中的花卉紋裝飾藝術，蘇銀梅、張惠霞，西夏學（第七輯），上海古籍出版社，2011 年。

113. 論宋遼夏金時期裝飾紋樣之發展，谷莉，大眾文藝，2012 年第 19 期。

114. 論宋遼夏金時期裝飾紋樣之發展，谷莉、戴春寧，大舞臺，2013 年第 10 期。

115. 西夏絲綢「嬰戲蓮印花絹」紋樣探析，王勝澤，民族藝林，2014 年第 3 期。

116. 宋遼夏金時期摩羯紋裝飾與造型考，谷莉，文藝研究，2013 年第 12 期。

117. 瓜州東千佛洞泥壽桃洞出土一件西夏文獻裝幀考，高輝，西夏研究，2013 年第 2 期。

118. 涼州賢孝源於西夏，孫壽齡，發展，2012 年第 2 期。

（七）體育

1. 西夏體育研究，周偉，體育文化導刊，2015 年第 11 期。

2. 西夏民族體育芻談——以《文海》《同音》所反映的西夏文體項目爲中心，肖屛、余軍，北京體育大學學報，2004 年第 8 期。

3. 西夏民族——羌民族體育文化研究初探，黑生林，才智，2011 年第 15 期。

4. 淺談對西夏體育研究的現實意義，黑生林，科學時代，2011 年第 9 期。

5. 西夏軍事體育概述，汪廣茂，成都體育學院學報，2002 年第 6 期。

6. 西夏軍事體育興盛的社會學探析，劉旭東，解放軍體育學院學報，2002 年第 2 期。

7. 西夏王朝的軍事體育，劉旭東、秦文忠，貴州體育科技，2010 年第 4 期。

8. 西夏軍事體育文化的探析，王平，才智，2011 年第 33 期。

9. 對西夏軍事體育文化的內涵、外延的思考，王平，才智，2011 年第 33 期。

10. 我國西夏時期軍事體育探討，嚴秀蘭，蘭臺世界，2012 年第 36 期。

11. 西夏軍事體育對當代中國國防教育的啓迪，劉旭東，體育世界（學術版），2011 年第 2 期。

12. 從岩畫看西夏王朝軍事體育活動，戴薇、彭利華，蘭臺世界，2013 年第 36 期。

13. 西夏岩畫党項族軍事體育活動考析，崔鳳祥、崔星，軍事體育進修學院學報，2010 年 第 1 期。

14. 西夏党項族尙武精神在岩畫中的演繹，崔鳳祥、崔星，四川民族學院學報，2010 年第 3 期。

15. 西夏党項族尙武精神在岩畫中的演繹，祁躍、崔鳳祥、崔星，黑龍江民族叢刊，2010 年第 2 期

16. 党項騎射文化，保宏彪，寧夏人大，2015 年第 7 期。

17. 論党項夏國的騎射文化，崔星、崔鳳祥，黑龍江民族叢刊，2011 年第 5 期。

18. 西夏党項族騎射文化考，崔鳳祥、崔星，西夏研究，2011 年第 3 期。

19. 宋・遼・西夏・金時代における武術の発展変化の実相に関する研究，林伯原、周佩芳，（日）武道・スポーツ科學研究所年報（9），2004 年。

20. 新型民族傳統體育——西夏「潑喜」旋風炮開發構想，趙炳南、秦庚生，西安體育學院學報，2001 年第 4 期。

21. 西夏蹴鞠運動興衰考略，王全章，蘭臺世界，2012 年第 30 期。

22. 敦煌新本《雜集時要用字》中「相撲」一詞述略，郝招，體育文化導刊，2003 年第 11 期。

（八）圖書、印刷

1. 西夏書籍的編纂和出版，史金波，國學研究（第十一卷），北京大學出版社，2003 年。

2. 西夏書籍的編纂和出版，史金波，國學——多學科的視覺，北京大學出版社，2007 年。

3. 西夏法典的編輯出版，史金波，出版發行研究，2003 年第 9 期。

4. 西夏的書籍業及其特點——《西夏書籍業》提要（上），李習文、景永時，圖書館理論與實踐，2001 年第 1 期。

5. 西夏的書籍業及其特點——《西夏書籍業》提要（下），李習文、景永時，圖書館理論與實踐，2001 年第 2 期。

6. 西夏的書籍及製作技藝述論，景永時，歷史深處的民族科技之光——第六屆中國少數民族科技史暨西夏科技史國際會議論文集，寧夏人民出版社，2003 年。

7. 西夏刻書活動及其裝幀鉤沉，劉瀾汀，出版發行研究，2015 第 10 期。

8. 西夏文獻版本五題，束錫紅，敦煌研究，2008 年第 1 期。

9. 試論武威西夏文獻的版本特點及價值，梁繼紅、米玉梅，絲綢之路，2012 年第 24 期。

10. 漢文書籍的西夏刻本，（蘇）弗魯格著，聶鴻音譯，國外早期西夏學論集（二），民族出版社，2005 年。

11. 最早的藏文木刻本考略，史金波，中國藏學，2005 年第 4 期。

12. 兩種西夏藏文刻本考釋，徐麗華，中央民族大學學報（哲學社會科學版），
2015 年第 5 期。

13. 從拜寺溝方塔出土西夏文獻看古籍中的縫繢裝，牛達生，拜寺溝西夏方
塔，文物出版社，2005 年。

14. 方塔出土寫本縫繢裝兩例證，牛達生，中國印刷，2005 年第 2 期。

15. 談黏葉裝——中國書籍裝幀史箚記之一，方廣錩，國家圖書館學刊（西夏
研究專號），2002 年增刊。

16. 西夏書籍裝幀設計及其歷史文化因素探論，谷莉，江蘇師範大學學報（哲
學社會科學版），2014 年第 6 期。

17. 西夏對漢藏書籍藝術的傳承和發展，王豔雲，裝飾，2008 年第 9 期。

18. 西夏文獻版式設計中的小裝飾，王豔雲，裝飾，2011 年第 3 期。

19. 西夏佛經扉畫初探，胡進杉，西域文化論叢（第 3 輯·穿越蒼涼：絲路中
印文化交流展神韻），中國文化出版社，2010 年。

20. 西夏刻本《妙法蓮華經》扉畫賞析，胡進杉，西夏學（第九輯），上海古
籍出版社，2014 年。

21. 江南抑或西夏——金剛上師膽八與白雲宗主道安題款《普寧藏》扉畫的年
代、內容與圖本，賴天兵，西夏學（第九輯），上海古籍出版社，2014 年。

22. 重視西夏印刷史研究 推動西部經濟大建設，尹鐵虎，西夏研究（第 3 輯·
第二屆西夏學國際學術研討會論文集），中國社會科學出版社，2006 年。

23. 中國早期文字木雕版考，史金波，浙江學刊，2012 年第 2 期。

24. 回眸千年活字印刷術，史金波，新聞出版報，2001 年 3 月 2 日。

25. 千年活字印刷史概說，史金波，固原師專學報，2001 年第 4 期。

26. 現存最早的漢文活字印本芻證，史金波，中國印刷，2001 年第 3、4 期。

27. 鑒定早期活字印刷品的意義和方法芻議，史金波，中國印刷，2004 年第 1、
2 期。

28. 泥活字印刷研究的新發現和新進展，史金波，中國印刷，2007 年第 8 期。

29. 宗教珍寶檔案 世界上最早的木活字印刷物 紙本西夏文佛經《古祥遍至口
和本續》，中國宗教，2009 年第 12 期。

30. 由《本續》斷代而想到的，竇學奎，廣東印刷，2001 年第 1 期。

31. 世界上現存最早的木活字印本——寧夏賀蘭山方塔出土西夏文佛經《吉祥
遍至口和本續》介紹，張玉珍，圖書與情報，2003 年第 1 期。

32. 西夏文佛經《本續》是現存世界最早的木活字版印本，牛達生，拜寺溝西夏方塔，文物出版社，2005 年。

33. 西夏人對活字印刷術的傑出貢獻，陳炳應，隴右文博，2005 年第 2 期。

34. 西夏人對活字印刷術的傑出貢獻，陳炳應，西夏學（第一輯），寧夏人民出版社，2006 年。

35. 《三代相照言文集》——活字印刷術獨一無二的明證，（俄）克恰諾夫著，粟瑞雪譯，西夏學（第六輯）——首屆西夏學國際論壇專號（下），上海古籍出版社，2010 年。

36. 有關唐、遼、西夏印刷品的重大發現，齊吉祥，歷史教學，2005 年第 3 期。

37. 活字印刷新發現匡正學術公案——寧夏政協將提案設立「西夏印刷博物館」，吳文彪、陳華，化石，2007 年第 3 期。

38. 西夏活字印本的發現及其活字印刷技術研究，牛達生，歷史深處的民族科技之光——第六屆中國少數民族科技史暨西夏科技史國際會議論文集，寧夏人民出版社，2003 年。

39. 關於西夏活字印刷研究及其相關問題——兼談媒體對學術研究成果的曲解報導，牛達生，西北第二民族學院學報（哲學社會科學版），2008 年第 5 期。

40. 從出土西夏文獻中有關題記談西夏的活字印刷，王菡，宋代歷史文化研究（續編），人民出版社，2003 年。

41. 新發現最早的活字版西夏文佛經，陳炳應，絲綢之路民族古文字與文化學術討論會論文集（上），三秦出版社，2007 年。

42. 寧夏考古發現西夏泥活字印刷佛經文獻，于亮，印刷雜誌，2007 年第 2 期。

43. 最早的活字版西夏文在甘肅，肖潔、李超，蘭州日報，2005 年 8 月 3 日 A08 版。

44. 西夏活字印刷匡正學術公案，陳華，寧夏日報，2007 年 1 月 18 日第 3 版。

45. 張義出土最早活字版西夏文獻，張宏勇，武威日報，2005 年 11 月 18 日 A02 版。

46. 西夏印刷術印證活字印刷源於中國，吳宏林，華興時報，2007 年 2 月 6 日第 1 版。

47. 關於中國活字印刷發明和早期傳播的力作，肖東發，出版科學，2001 年第 1 期。

48. 我國發明活字印刷技術的歷史不容置疑，莊電一，光明日報，2007 年 11月 25 日第 1 版。

49. 英法藏西夏文獻活字印本和裝幀形式的發現與比較，束錫紅，黑水城人文與環境研究——黑水城人文與環境國際學術討論會文集，中國人民大學出版社，2007 年。

50. 西夏學專家呼籲權威部門重新鑒定，莊電一，光明日報，2002 年 10 月 4日。

51. 我製印新版泥活字西夏文《維摩詰所說經》下集的由來與意義，孫壽齡，西夏研究（第 3 輯・第二屆西夏學國際學術研討會論文集），中國社會科學出版社，2006 年。

52. 西夏泥活字印刷術被列入市級非物質文化遺產保護名錄，中國印刷，2008年第 11 期。

53. 論印刷史上的一次重大發現——《俄藏黑水城文獻》出版，羅樹寶，印刷雜誌，2002 年第 10 期。

54. 俄藏西夏文佛經用紙與印刷，崔紅芬，蘭州學刊，2009 年第 2 期。

55. 印刷字體史話（七）　遼、夏、金、元的印刷字體，羅樹寶，印刷雜誌，2004 年第 2 期。

56. 西夏藏書管窺，王龍，學理論，2014 年第 29 期。

十二、語言文字

（一）語言

1. 從八思巴字文獻看《蒙古字韻》及元代北方官話中「觀」糸字的讀音，宋洪民，西夏學（第七輯），上海古籍出版社，2011 年。

2. 漢語西北方言泥來混讀的早期資料，聶鴻音，方言，2011 年第 1 期。

3. 黑城出土漢文文書量詞初探，張重艷、胡妮，西夏學（第七輯），上海古籍出版社，2011 年。

4. 龔煌城院士談西夏語研究，孫天心，聲韻論叢（第 13 期），2004 年 4 月。

5. 學者破解西夏語言來源之謎，李莉，百科知識，2006 年第 5 期。

6. 伯希和西夏語文評論四種，聶鴻音，書品，2003 年第 4 期。

7. 西夏語言資料，（俄）伊鳳閣著，江橋譯，國外早期西夏學論集（一），民族出版社，2005 年。

8. 評伊鳳閣《西夏語言資料》，（法）沙畹著，聶鴻音譯，國外早期西夏學論集（一），民族出版社，2005 年

9. 西夏語言文字初探，（法）毛利瑟著，唐均譯，國外早期西夏學論集（一），民族出版社，2005 年。

10. 西夏語言：印度支那語文學研究，（美）勞費爾著，聶鴻音、彭玉蘭譯，國外早期西夏學論集（一），民族出版社，2005 年。

11. 西夏語文評注，（德）本哈第、查赫著，安婭譯，國外早期西夏學論集（一），民族出版社，2005 年。

12. 早期西夏語文學研究概述，（俄）Н・А・聶歷山著，文志勇、崔紅芬譯，西北第二民族學院學報（哲學社會科學版），2006 年第 1 期。

.

13. 西夏語研究の新領域，（日）西田龍雄，（日）東方學（104），2002 年。

14. 西夏語言研究的新領域，（日）西田龍雄著，魯忠慧、景永時譯，寧夏社會科學，2007 年第 6 期。

15. 西夏語言研究簡論，霍豔娟，寧夏社會科學，2013 年第 6 期。

16. 西夏語文獻解讀與西夏語的研究，林英津，中央研究院學術諮詢總會通訊（第十四卷第二期），2006 年。

17. 史料紹介 西夏語音復元のための各種資料（世界史の研究）（221），荒川愼太郎，（日）歷史と地理（629），2009 年 11 月。

18. 近年発見された西夏語資料が物語ること：甘肅・內蒙・寧夏の文物を中心に，荒川愼太郎，（日）アジア・アフリカ言語文化研究所通信（111），2004 年。

19. 西夏語的多族融合環境和多語借用性質，楊傑，西夏研究（第 3 輯・第二屆西夏學國際學術研討會論文集），中國社會科學出版社，2006 年。

20. The Contribution of Tangut to Trans-Himalayan Comparative Linguistics, Hill Nathan W, *Archiv orientální*, 83 (1), 2015.

21. 西夏語在漢藏語言比較研究中的地位，龔煌城，語言暨語言學（第 8 卷第 2 期），2007 年 4 月。

22. "Brightening" and the place of Xixia (Tangut) in the Qiangic branch of Tibeto-Burman, JA Matisoff, *Studies on Sino-Tibetan languages: Papers in honor*, 2004.

23. 漢語對西夏語的影響，李範文，西北第二民族學院學報（哲學社會科學版），2006 年第 4 期。

24. 概觀西夏語語法的研究，（日）西田龍雄著，魯忠慧譯，寧夏社會科學，2010 年第 5 期。

25. Classification of the Fragments of Tangut Vajracchedikā-prajñāpāramitā Kept in the British Library, ARRKAWA shinataro，薪火相傳——史金波先生 70 壽辰西夏學國際學術研討會論文集，中國社會科學出版社，2012 年。

26. 後出轉精的西夏語音韻系統構擬，林英津，漢藏語研究——龔煌城先生七秩壽慶論文集（語言暨語言學專刊外編之四），中央研究院語言學研究所，2004 年。

27. 西夏語的作格性，（日）小高裕次，西夏研究（第 3 輯・第二屆西夏學國

際學術研討會論文集），中國社會科學出版社，2006 年。

28. 西夏語中「能格性」的考察，（日）小高裕次，言語學論集：古浦敏生先生御退官記念，（日）廣島溪水社，2002 年。

29. 西夏語文法新考，（日）西田龍雄著，孫伯君、劉紅軍譯，國家圖書館學刊（西夏研究專號），2002 年增刊。

30. 西夏語與宋代漢語西北方音的關係，李範文，國家圖書館學刊（西夏研究專號），2002 年增刊。

31. 西夏語和羌語支語言的詞匯比較以認同詞試探關係，（日）池田巧，西夏研究（第 3 輯・第二屆西夏學國際學術研討會論文集），中國社會科學出版社，2006 年。

32. 納西語與西夏語初步比較，木仕華，西夏研究（第 3 輯・第二屆西夏學國際學術研討會論文集），中國社會科學出版社，2006 年。

33. 西夏語和日語主題標記對比研究，唐均，華西語文學刊（第九輯），四川文藝出版社，2013 年。

34. 西夏語鬆緊元音假說評議，聶鴻音，民族語文，2006 年第 5 期。

35. 關於西夏語聲義中的複輔音問題，孫宏開、劉光坤，慶祝王均先生八十壽辰語言學論文集，吉林人民出版社，2002 年。

36. 番漢語輕唇音反切擬音之比較，賈常業，西夏研究，2010 年第 1 期。

37. Some Linguistic Topics in the Tangut Documents in Japan（日本藏西夏文獻中的幾個語言學問題），ARAKAWA Shintaro（荒川慎太郎），中國多文字時代的歷史文獻研究，社會科學文獻出版社，2010 年。

38. 關於西夏語的發生學分類問題，孫宏開，國家圖書館學刊（西夏研究專號），2002 年增刊。

39. 黑城出土西夏語音韻學資料考，荒川慎太郎，黑水城人文與環境研究——黑水城人文與環境國際學術討論會文集，中國人民大學出版社，2007 年。

40. 再談西夏語音韻系統的構擬——敬覆鄭張尚芳先生，林英津，薪火相傳——史金波先生 70 壽辰西夏學國際學術研討會論文集，中國社會科學出版社，2012 年。

41. 論西夏語的漢語借詞「車」與「雜」——少數民族語言規劃的觀點，林英津，首屆中國少數民族古籍文獻國際學術研討會論文集，民族出版社，2012 年。

42. 西夏語韻母的構擬與分攝，賈常業，西夏研究，2012 年第 1 期。

43. 淺論西夏儀式語，克平著，楊蕤譯，北方語言論叢（2011），陽光出版社，2012 年。

44. 西夏語 SOV 型單句中主語的形式，馬忠建，寧夏大學學報（人文社會科學版），2003 年第 1 期。

45. 西夏語 SOV 型單句中賓語的形式，馬忠建，民族語文，2001 年第 2 期。

46. 論西夏語的-j-介音，聶鴻音，中國多文字時代的歷史文獻研究，社會科學文獻出版社，2010 年。

47. 西夏語的構詞和詞的變化，史金波，華西語文學刊（第一輯），四川文藝出版社，2009 年。

48. 西夏語同義詞詞源研究芻議，黃振華，民族語文，2002 年第 5 期。

49. 西夏語同義詞詞源研究再議，黃振華，民族語文，2003 年第 5 期。

50. 西夏語的外來語詞初探，張佩琪，西夏歷史與文化——第三屆西夏學國際學術研討會論文集，甘肅人民出版社，2010 年。

51. 西夏語時間名詞簡論，孫伯君，西夏研究，2012 年第 3 期。

52. 指人名詞人稱分裂的語言共性研究，唐均，語言學研究，2015 年第 1 期。

53. 西夏語專有名詞的類別標記，聶鴻音，語言科學，2013 年第 2 期。

54. 西夏語「空間位移」的表述，林英津，*Typological Studies of the Linguistic Expression of Motion Events* vol. 1 *Perspectives from East and Southeast Asia*，2007 年。

55. 西夏語的名詞性謂語，向柏霖，民族語文，2008 年第 4 期。

56. 西夏語的名物化後綴 Sji^2 和 lew^2，聶鴻音，語言研究，2013 年第 2 期。

57. 西夏語的動詞，К.Б.克平著，段玉泉譯，西夏研究，2011 年第 1 期。

58. On the Tangut Verb Prefixes in Tiansheng Code（天盛），荒川慎太郎，*Тангуты в Центральной Азии: Сборник статей в честь 80-летия проф. Е.И.Кычанова*, Irina Popova, ed.Moscow: Oriental Literature, 2012.

59. 西夏語における形態素 ndzih wi の機能について，小高裕次，（日）東アジア言語研究（5），2001 年。

60. Notes on the Predicative Personal Suffixes of the Tangut Language, Nathan W. Hill ed., *Medieval Tibeto-Burman Languages* IV, Leidon・Boston: Brill, 2012.

61. 西夏語謂詞人稱後綴補議，聶鴻音，語言科學（第 7 卷第 5 期），2008 年。

62. 論西夏語的來去動詞，張佩琪，西夏學（第九輯），上海古籍出版社，2014年。

63. On the Tangut Verb Phrase inThe Sea of Meaning, Established by the Saints, AS 荒川慎太郎, *Central Asiatic Journal*, Vol. 57, *(Special Tangut Edition)*, 2014.

64. The origin of vowel alternations in the Tangut verb, G Jacques, *Language and linguistics* (10—1). 2009.

65. 西夏語動詞的體範疇，馬忠建，寧夏社會科學，2001年第3期。

66. 西夏語動詞的式範疇，馬忠建，民族語文，2001年第6期。

67. 論西夏語動詞的態範疇，張珮琪，西夏學（第七輯），上海古籍出版社，2011年。

68. 西夏語與木雅語的存在動詞，池田巧，中國多文字時代的歷史文獻研究，社會科學文獻出版社，2010年。

69. The Structure of the Tangut verb / 西夏語動詞的結構, Guillaume Jacques(向柏霖), *Journal of Chinese Linguistics*, Vol. 39, No. 2 (JUNE 2011).

70. 西夏語動詞的人稱呼應與音韻轉換，龔煌城，語言暨語言學（第2卷第1期），2001年1月。

71. 西夏語人稱呼應和動詞音韻轉換再探討，史金波，民族語文，2010年第5期。

72. 西夏語的格助詞，張珮琪，西夏學（第五輯）——首屆西夏學國際論壇專號（上），上海古籍出版社，2010年。

73. 西夏助詞考略，（蘇）聶歷山著，馬忠建譯，國外早期西夏學論集（二），民族出版社，2005年。

74. 西夏語中的選擇連詞 mo^2，段玉泉，語言研究，2015年第1期。

75. The Principles of Tangut Text Interpretation: Taking "zju^2" as an Example, 林英津, *Тангуты в Центральной Азии: Сборник статей в честь 80-летия проф. Е.И.Кычанова*, Irina Popova, ed.Moscow: Oriental Literature, 2012.

76. Tangut 'cannot' and beyond, Lin, Ying-chin, *Central Asiatic Journal (a special volume on Tangut studies dedicated to Dr, Kychanov)* 57. 2014.

77. A New Grammaticalisation Pathway: From Non-Finite Verb to Ergative Marker, Guillaume Jacques, *Central Asiatic Journal, Vol. 57, Special Tangut Edition*, 2014.

78. 西夏語の 3 種の遠稱指示代名詞の使い分けについて，荒川愼太郎，（日）言語研究（148），2015 年 9 月。

79. A Note on the Etymology of the Tangut Name Ngwemi, Guillaume Jacques, *Journal of the American Oriental Society*, Vol. 130, No. 2 (April-June 2010).

80. The Fourth Deng of Finals in Ocean of Characters and Phonetic Tables（《文海》和《韻圖》中的四等韻），M.V.Sofronov（索夫羅諾夫），中國多文字時代的歷史文獻研究，社會科學文獻出版社，2010 年。

81. 從《番漢合時掌中珠》看西夏語七品正齒音的音值構擬，張竹梅，江蘇大學學報（社會科學版），2002 年第 1 期。

82. 從《番漢合時掌中珠》看西夏語有無舌上音，張竹梅，江蘇大學學報（社會科學版），2003 年第 3 期。

83. 也談西夏語裏的小舌音問題，孫宏開、劉光坤，寧夏大學學報（人文社會科學版），2001 年第 6 期。

84.「尼×」對譯西夏語的思考——以《番漢合時掌中珠》爲例，張竹梅，薪火相傳——史金波先生 70 壽辰西夏學國際學術研討會論文集，中國社會科學出版社，2012 年。

85. 西夏語第九類聲母的音類歸屬，張竹梅，語言研究，2006 年第 1 期。

86. 西夏語第九類聲母音值擬測之我見，張竹梅，西夏學（第一輯），寧夏人民出版社，2006 年。

87.《番漢合時掌中珠》裏的「重」與「輕」，聶鴻音，民族文化遺產（第一輯），民族出版社，2004 年。

88. 試論西夏譯場對《掌中珠》編寫的啓示，尤麗婭、彭向前，西夏學（第十一輯），上海古籍出版社，2015 年。

89. 試論西夏語的「一生補處」——西夏語、漢語、梵文對勘，林英津，西夏研究，2010 年第 2 期。

90. 試論西夏語的㦿 sju^2 與絹 dzjo^1 及其相關問題，林英津，西夏學（第七輯），上海古籍出版社，2011 年。

91. Tangut 'cannot' and beyond, Lin Ying-chin, *Central Asiatic Journal* Vol. 57, (Special Tangut Edition), 2014.

92. 試論西夏語的「我所製衣」及其相關問題，林英津，西域歷史語言研究集刊（第四輯），科學出版社，2010 年。

93. 論西夏語「不知云何作記」，林英津，西夏研究，2011 年第 3 期。

94. 論西夏語的蔣 lju¹「流」及其相關問題，林英津，西夏學（第九輯），上海古籍出版社，2014 年。

95. Re-analysis of the Tangut Verb Phrase Based on a Study of the Word Order，西夏學（第九輯），Arakawa Shintaro，上海古籍出版社，2014 年。

96. 簡論西夏文「毚」*djij$^{2.33}$ 的語法功能，孫伯君，西夏學（第五輯）——首屆西夏學國際論壇專號（上），上海古籍出版社，2010 年。

97. 釋「負贍」，彭向前，東北史地，2011 年第 2 期。

98. 西夏語中的夏漢對音與語言研究「旁材料」的重要性，斌傑，西夏研究（第 3 輯‧第二屆西夏學國際學術研討會論文集），中國社會科學出版社，2006 年。

99. 後吐蕃時代藏語文在西域河西西夏的行用與影響，武內紹人著，楊富學譯，敦煌研究，2011 年第 5 期。

100. 評《西夏文漢藏譯音釋略》，（法）伯希和著，聶鴻音譯，國外早期西夏學論集（二），民族出版社，2005 年。

101. 論西夏字的藏文注音，（英）伍爾芬頓著，聶大昕譯，國外早期西夏學論集（二），民族出版社，2005 年。

102. 大英圖書館所藏夏蔵対音資料 Or. 12380/3495 について，荒川愼太郎，（日）京都大學言語學研究（27），2008 年。

103. 漢藏文注音中的西夏語前綴和輔音韻尾，（英）伍爾芬頓著，聶大昕譯，國外早期西夏學論集（二），民族出版社，2005 年。

104. 西夏《黑河建橋敕碑》藏文碑銘補注，彭向前，西夏學（第八輯），上海古籍出版社，2011 年。

105. 藏語在解讀西夏文獻中的作用，彭向前，中國社會科學報，2013 年 3 月 6 日 B01 版。

106. 讀史劄記：正史胡語考釋四則，彭向前，北方民族大學學報（哲學社會科學版），2013 年第 4 期。

107. Translating History from Tangut Buddhist Texts, RUTH W. DUNNELL, *Asia Major, THIRD SERIES*, Vol. 22, No. 1 (2009).

108. 夏譯漢籍中的「顛倒」譯法，彭向前，民族語文，2011 年第 5 期。

109. 黑水城夏譯漢籍文獻的翻譯特徵（上），張佩琪，書目季刊（第 43 卷第 1

期），2009 年 6 月。

110. 黑水城夏譯漢籍文獻的翻譯特徵（下），張佩琪，書目季刊（第 44 卷第 1 期），2010 年 6 月。

111. 從西夏翻譯透視其翻譯文化，盧明玉，寧夏社會科學，2007 年第 3 期。

112. A Chinese Tract in Tangut Translation (Or.12380/2579), Imre Galambos, *Central Asiatic Journal, Vol. 57, Special Tangut Edition*, 2014.

113. 面向語音擬構的西夏古文獻數據庫結構設計及其實現，葉建雄、單迪，西夏學（第六輯）——首屆西夏學國際論壇專號（下），上海古籍出版社，2010 年。

114. 西夏音韻數據庫及其安卓平臺拓展，葉建雄、單迪，西夏學（第九輯），上海古籍出版社，2014 年。

115. 歸義軍期から西夏時代のチベット語文書とチベット語使用，竹內紹人，（日）東方學（104），2002 年。

（二）文字

1. 西夏或唐古特王國的文字，（法）戴維理亞著，聶鴻音譯，國外早期西夏學論集（一），民族出版社，2005 年。

2. 西藏文字對照西夏文字抄覽，（蘇）聶歷山著，劉紅軍、孫伯君、聶大昕譯，國外早期西夏學論集（二），民族出版社，2005 年。

3. 評《西藏文字對照西夏文字抄覽》，（法）伯希和著，聶鴻音譯，國外早期西夏學論集（二），民族出版社，2005 年。

4. 關於西夏字典，（蘇）聶歷山著，馬忠建譯，國外早期西夏學論集（二），民族出版社，2005 年。

5. 簡論西夏文及其辭書，趙啓民，北華大學學報（社會科學版），2002 年第 1 期。

6. 百年來西夏文辭書編纂之回溯，許鵬，中央民族大學學報（哲學社會科學版），2015 年第 3 期。

7. 《河西譯語》探析，聶鴻音，寧夏大學學報（人文社會科學版），2002 年第 1 期。

8. 西夏文字的美學原理，（日）北室南苑，西夏研究（第 3 輯·第二屆西夏學國際學術研討會論文集），中國社會科學出版社，2006 年。

9. 從西夏文記錄審視中文「能」部字，唐均，華西語文學刊（第五輯，比較文字學專輯），四川文藝出版社，2011 年。

10. 《俄藏黑水城文獻》第五冊俗字研究，夏麗麗，寧夏大學碩士學位論文，2010 年。

11. 《俄藏黑水城文獻》俗字研究的文字學價值——以第六冊爲例，蔡永貴、靳紅慧，西夏學（第九輯），上海古籍出版社，2014 年。

12. 俄藏黑水城文獻俗字與《漢語大字典》證補，程建鵬，齊齊哈爾大學學報（哲學社會科學版），2012 年第 6 期。

13. 黑水城漢文文獻詞語雜釋，惠宏，西夏學（第六輯）——首屆西夏學國際論壇專號（下），上海古籍出版社，2010 年。

14. 西夏新譯佛經中的特殊標音漢字，孫伯君，寧夏社會科學，2007 年第 1 期。

15. 黑水城文獻中的切身字整理研究，鄭祖龍，寧夏大學碩士學位論文，2015 年。

16. 俄藏黑水城文獻《劉知遠諸宮調》俗字整理研究，蔡永貴、靳紅慧，西夏學（第六輯）——首屆西夏學國際論壇專號（下），上海古籍出版社，2010 年。

17. 中國少數民族文字在中國文字學中的地位，史金波，中國文字博物館，2010 年第 4 期。

18. 西夏文字，李彤，中國審計，2003 年增刊第 1 期。

19. 破譯西夏文字之謎，史金波，文明，2005 年第 4 期。

20. 西夏文通行 400 年突失傳 死文字如今只有 10 人懂，中國地名，2002 年第 5 期。

21. 西夏文的死亡和再生，史金波，榮寶齋，2006 年第 3 期。

22. 對話西夏文字，杜羽，光明日報，2013 年 12 月 18 日第 5 版。

23. 黑城，西夏古文字的復活之路，白英，中國西部，2012 年第 20 期。

24. 謎一樣的文字——西夏文，王培培，文史知識，2009 年第 1 期。

25. 解讀「天書」，張顯峰，科技日報，2003 年 11 月 26 日。

26. 西夏文字的破解歷程，段玉泉、姚忠祿，寧夏畫報（時政版），2013 年第 1 期。

27. 四城記：千年西夏文 萬里覓遺蹤，張春海，中國社會科學報，2010 年 12

月 14 日第 2 版。

28. 西夏文：其言已逝 其學不絕，張春海，中國社會科學報，2010 年 12 月 14 日第 4 版。

29. 西夏文字及文物中所見其使用情況，牛達生，西夏研究，2013 年第 1 期。

30. 西夏文字與西夏文獻，（俄）Ｈ・Ａ・聶歷山著，崔紅芬、文志勇譯，固原師專學報，2006 年第 1 期。

31. 貨幣文字考——西夏文字，吉池孝一，（日）東洋哲學研究所紀要（17），2001 年。

32. 西夏的文字和語言，（英）巴魯奇著，孫伯君譯，國外早期西夏學論集（二），民族出版社，2005 年。

33. 西夏文字及其典藏，（蘇）聶歷山著，馬忠建譯，國外早期西夏學論集（二），民族出版社，2005 年。

34. 西夏文字的分析，（日）西田龍雄著，魯忠慧編譯，西夏研究，2012 年第 2 期。

35. 重讀《西夏文字的分析》，聶鴻音，書品，2002 年第 5 期。

36. 西夏文字新考，（日）西田龍雄著，那楚格譯，隴右文博，2001 年第 2 期。

37. 規模の大きな漢字糸文字の集合論——西夏文字での試み（1），（日）鹿島英一，（日）地域文化研究（5），2007 年 1 月。

38. 規模の大きな漢字糸文字の集合論——西夏文字での試み（2），（日）鹿島英一，（日）地域文化研究（6），2008 年 1 月。

39. D17 トンパ文字、西夏文字の造字法に基づくピクトグラムデザイン方法とその評価（グラフィック、タイポグラフィ，心「こころ」とデザイン，第 55 回春季研究発表大會），周臻、木本晴夫，（日）デザイン學研究。研究発表大會概要集（55），2008 年 6 月。

40. トンパ文字及び西夏文字の構成法に基づくピクトグラフデザイン方法，周臻、木本晴夫，（日）芸術工學會志（47），2008 年 11 月。

41. 西夏文正字研究，韓小忙，陝西師範大學博士學位論文，2004 年。

42. 佛教與西夏文字的創製，張迎勝，蘭州學刊，2009 年第 3 期。

43. 關於佛典刊本中出現的西夏異體字，韓小忙，首屆中國少數民族古籍文獻國際學術研討會論文集，民族出版社，2012 年。

44. 一批新發現的西夏文字及其解讀，王豔春、賈常業，寧夏社會科學，2012

年第 5 期。

45. 談談西夏字的結構特點，韓振西，寧夏大學學報（人文社會科學版），2003年第 1 期。

46. 淺談西夏文字形體結構的規範寫法，賈常業，寧夏社會科學，2005 年第 5期。

47. 西夏文字形體結構的規範寫法，賈常業，西夏研究（第 3 輯·第二屆西夏學國際學術研討會論文集），中國社會科學出版社，2006 年。

48. 西夏文字的字形結構組合形式與造字方法，賈常業，西夏研究，2014 年第 1 期。

49. 西夏文來日音九品佚失字形結構的復原，賈常業，薪火相傳——史金波先生 70 壽辰西夏學國際學術研討會論文集，中國社會科學出版社，2012 年。

50. 西夏文齒音、喉音佚失字形結構的復原，賈常業，西夏學（第七輯），上海古籍出版社，2011 年。

51. 西夏文詞典佚缺字形結構與反切擬音解讀，賈常業，寧夏社會科學，2008年第 6 期。

52. 西夏文詞典佚缺字形結構與反切擬音解讀，賈常業，中國多文字時代的歷史文獻研究，社會科學文獻出版社，2010 年。

53. 西夏文字佚失字形結構的復原（一），賈常業，西夏研究，2010 年第 2 期。

54. 西夏文字佚失字形結構的復原（二），賈常業，西夏研究，2010 年第 4 期。

55. 西夏詞典的注字及構字特點，賈常業，寧夏社會科學，2007 年第 5 期。

56. 番漢合時掌中珠，（日）石濱純太郎著，劉紅軍、孫伯君譯，國外早期西夏學論集（二），民族出版社，2005 年。

57. 夏漢字典中尼卒型的二合字，（蘇）龍果夫著，聶大昕譯，國外早期西夏學論集（二），民族出版社，2005 年。

58. 評《夏漢字典中尼卒型的二合字》，（法）伯希和著，聶鴻音譯，國外早期西夏學論集（二），民族出版社，2005 年。

59. 西夏文中特殊的漢語形聲字，韓小忙，中國多文字時代的歷史文獻研究，社會科學文獻出版社，2010 年。

60. 西夏文中的異體字和訛體字，韓小忙，民族語文，2005 年第 4 期。

61.《番漢合時掌中珠》中的異訛字，賈常業，西夏研究，2015 年第 1 期。

62. 有關《番漢合時掌中珠》的四個問題，高山杉，南方都市報，2014 年 10

月 19 日 GB15 版。

63. 《夏漢字典》補證之一：字形校證，韓小忙，寧夏大學學報（人文社會科學版），2005 年第 3 期。

64. 《夏漢字典》補證之二：字音訂補，韓小忙，寧夏社會科學，2008 年第 1 期。

65. 《夏漢字典》補證之三：字義補識（一），韓小忙，寧夏社會科學，2005 年第 3 期。

66. 《夏漢字典》補證之四：字義補識（二），韓小忙，寧夏社會科學，2006 年第 2 期。

67. 《夏漢字典》計量分析與西夏文字辨析，賈常業，寧夏社會科學，2003 年第 5 期。

68. 《夏漢字典》的異體、訛體、誤譯、未譯及新字彙考，李範文，西夏歷史與文化——第三屆西夏學國際學術研討會論文集，甘肅人民出版社，2010 年。

69. 《夏漢字典》——國際西夏學期待已久的一部大型工具書，（芬）J·楊虎嫩著，胡若飛譯，寧夏社會科學，2002 年第 1 期。

70. 西夏文字數考辨，李範文、胡若飛，國家圖書館學刊（西夏研究專號），2002 年增刊。

71. 契丹、女眞、西夏文中數目的文字表示，唐均，中國文字研究（第一輯），廣西教育出版社，2005 年。

72. 夏譯本《論語全解》、《孝經傳》中的避諱字，賈常業，寧夏社會科學，2011 年第 4 期。

73. 《文海》之航路圖志, M. V. Sofronov, *Тангуты в Центральной Азии: Сборник статей в честь 80-летия проф. Е.И.Кычанова*, Irina Popova, ed.Moscow: Oriental Literature, 2012.

74. 西夏字典中的非常規反切，聶鴻音，寧夏師範學院學報，2015 年第 5 期。

75. 《文海》中反切上字拼注音研究的若干問題，（蘇）M.V.索夫羅諾夫著，楊振常譯，西夏研究（第 3 輯·第二屆西夏學國際學術研討會論文集），中國社會科學出版社，2006 年。

76. 《文海》中的梵語譯音字，聶鴻音，寧夏師範學院學報，2008 年第 1 期。

77. 西夏文獻中的通假，孫穎新，寧夏社會科學，2015 年第 6 期。

78. 釋「大」，聶鴻音，西夏學（第一輯），寧夏人民出版社，2006 年。

79. 關於西夏文「佛」字源流的深度考察，唐均，蘭州學刊，2012 年第 5 期。

80. 論西夏語非指涉「佛」之實體名詞，林英津，語言暨語言學（10 卷 1 期），2009 年。

81. 西夏人對「菩薩」一詞的翻譯，侯愛梅、彭向前，西夏研究，2012 年第 3 期。

82. 西夏文「�ївᵭ席金剛杵」考，劉景雲，西夏學（第九輯），上海古籍出版社，2014 年。

83. 西夏文記錄的蒙古民族與國家諸稱呼──13 世紀前期蒙古汗國勃興的一個側面，唐均，西夏研究，2012 年第 2 期。

84. 印度紀月法的西夏譯名，王龍，寧夏社會科學，2015 年第 6 期。

85. 西夏文記錄的一水三山，唐均，西夏學（第九輯），上海古籍出版社，2014 年。

86. 漢文文獻中党項與西夏人名、族名異譯字的語音分析，佟建榮，西夏學（第七輯），上海古籍出版社，2011 年。

87. 釋「兀擦」，書品，彭向前，2009 年第 6 期。

88. 讀史箚記五則，彭向前，西夏學（第六輯）──首屆西夏學國際論壇專號（下），上海古籍出版社，2010 年。

89. 吐蕃傳說中的兩個西夏詞，向柏霖，寧夏社會科，2008 年第 6 期。

90. 神經網絡的西夏字識別技術研究，馬希榮、王行愚，計算機工程與應用，2001 年第 18 期。

91. 基於漢字字形的西夏文字信息處理研究，馬希榮、王行愚，計算機工程與應用，2001 年第 21 期。

92. 西夏字與漢字共存方案的實現，柳長青、馬希榮，寧夏大學學報（自然科學版），2001 年第 1 期。

93. 基於漢字字形的西夏文字版面分析方法研究，馬希榮、王行愚，計算機工程與應用，2002 年第 1 期。

94. 基於細化的西夏字筆劃提取方法研究，馬希榮、王行愚，計算機工程與應用，2002 年第 20 期。

95. 西夏文字識別中的圖像預處理，馬希榮、王行愚，計算機工程與應用，2002

年第 2 期。

96. 西夏文字特徵提取的研究，馬希榮、王行愚，計算機工程與應用，2002 年第 13 期。

97. 西夏字部件檢索系統的設計，高雅琪、莊德明，西夏研究（第 3 輯·第二屆西夏學國際學術研討會論文集），中國社會科學出版社，2006 年。

98. 一種基於多級分類的西夏文字識別算法，門光福，高師理科學刊，2010 年第 4 期。

99. 西夏文字輸入法，高雅琪，西夏歷史與文化——第三屆西夏學國際學術研討會論文集，甘肅人民出版社，2010 年。

100. 西夏字屬性及編碼，丁志義，寧夏大學學報（自然科學版），2001 年第 1 期。

101. 西夏文四角號碼輸入法研究，柳長青、史偉、杜建錄，寧夏大學學報（自然科學版），2010 年第 4 期。

102. 西夏文古籍字庫建立研究，柳長青，西夏學（第六輯）——首屆西夏學國際論壇專號（下），上海古籍出版社，2010 年。

103. 網絡下的西夏文及西夏文獻處理研究，柳長青、杜建錄，寧夏社會科學，2008 年第 5 期。

104. 基於 Level Set 方法的西夏字輪廓提取，柳長青，中文信息學報，2009 年第 4 期。

105. 基於方正書版（Founder BookMaker9.X/10.X）的西夏文字處理技術研究，導夫，寧夏大學學報（人文社會科學版），2005 年第 2 期。

106. 西夏文數字化的現狀與未來，景永時，西夏學（第七輯），上海古籍出版社，2011 年。

107. 西夏文計算機數字化現狀與展望，柳長青，西夏學（第七輯），上海古籍出版社，2011 年。

108. 基於彈性網格的西夏文字識別，門光福、潘晨、柳長青，中文信息學報，2011 年第 5 期。

109. 西夏、契丹、女真文的計算機編碼概況，孫伯君，華西語文學刊（第八輯），四川文藝出版社，2013 年。

110. 在線夏漢電子字典的設計與實現，柳長青，寧夏大學學報（自然科學版），2011 年第 4 期。

111. On Tangut Historical Documents Recognition*Original Research Article, Changqing Liu, *Physics Procedia*, Volume 33, 2012.

112. 略論西夏文草書，史金波，西夏學（第十一輯），上海古籍出版社，2015年。

113. 西夏文社會文書草書結體特色初探，趙天英，寧夏社會科學，2015年第2期。

114. 西夏寫本《近住八齋戒文》草書規律初探，孫穎新，寧夏社會科學，2015年第1期。

十三、宗教

（一）概論

1. 略論西夏的宗教信仰，張瑞敏，文學界（理論版），2010 年第 5 期。

2. 西夏文化（四）西夏宗教，湯曉芳，寧夏畫報，2006 年第 4 期。

3. 略論西夏的原始宗教，韓小忙，寧夏大學學報（人文社會科學版），2003 年第 1 期。

4. 略論西夏的原始宗教與佛教的關係，崔紅芬，絲綢之路民族古文字與文化學術討論會論文集（上），三秦出版社，2007 年。

5. 論西夏宗教信仰對其禮制的影響，艾紅玲，蘭州學刊，2009 年第 3 期。

6. 西夏の土著信仰に関する一考察，大西啓司，日本西藏學會會報（55），2009 年 7 月。

7. 西夏人的天神崇拜，張迎勝，西夏研究（第 3 輯・第二屆西夏學國際學術研討會論文集），中國社會科學出版社，2006 年。

8. 西夏人的自然崇拜管窺——略談西夏人的石、山、水、龍崇拜，張迎勝，西夏歷史與文化——第三屆西夏學國際學術研討會論文集，甘肅人民出版社，2010 年。

9. 略論西夏的占卜信仰，趙小明，青海民族大學學報（社會科學版），2013 年第 4 期。

10. 從星宿神靈崇拜看西夏文化的雜糅性，崔紅芬，江漢論壇，2010 年第 10 期。

11. 12 世紀西夏國的星曜崇拜，（俄）Н・А・聶歷山著，崔紅芬、文志勇譯，固原師專學報，2005 年第 2 期。

12. 十二世紀西夏國的星曜崇拜，（蘇）H.A.聶歷山著，文志勇、崔紅芬譯，西夏研究（第 3 輯‧第二屆西夏學國際學術研討會論文集），中國社會科學出版社，2006 年。

13. 西夏王國的星宿崇拜——聖彼得堡艾爾米塔什博物館黑水城藏品分析，（俄）薩莫秀克著，謝繼勝譯，敦煌研究，2004 年第 4 期。

14. 黑水城遺址出土 12 世紀「恒星巫術圈」，（俄）薩摩斯卡‧吉拉著，鄭國穆譯，敦煌學與中國史研究論集——紀念孫修身先生逝世一週年，甘肅人民出版社，2001 年。

15. 黑水城出土文獻中十二世紀時期的「星魔圈」，（俄）吉拉‧薩瑪秀克著，王幗豔譯，寧夏社會科學，2003 年第 6 期。

16. 西夏的行星崇拜——聖彼得堡國立愛爾米塔什博物館黑水城遺物，（俄）薩摩斯卡‧吉拉著，鄭國穆譯，隴右文博，2002 年第 2 期。

17. 西夏流傳過景教嗎？陳廣恩，世界宗教文化，2007 年第 3 期。

18. 西夏景教流傳初探，陳廣恩，西夏學（第九輯），上海古籍出版社，2014 年。

19. 13～14 世紀黑水城的景教信仰，陳瑋，尋根，2011 年第 1 期。

20. 13～14 世紀黑水城的穆斯林與景教徒，陳瑋，（美國）中西文化交流學報（第七卷第 2 期），2015 年 12 月。

21. 西夏時期伊斯蘭教在西北傳播及發展初探，姜歆，固原師專學報，2005 年第 5 期。

22. 試論伊斯蘭教在西夏的流傳，陳廣恩，回族研究，2005 年第 1 期。

23. 酒泉、張掖的西夏土主信仰，崔雲勝，寧夏社會科學，2005 年第 3 期。

（二）佛教

1. 西夏佛教新探，史金波，寧夏社會科學，2001 年第 5 期。

2. 西夏的佛教（上），史金波，法音，2005 年第 8 期。

3. 西夏的佛教（下），史金波，法音，2005 年第 9 期。

4. 西夏的佛教信仰和風俗，史金波，（臺灣）普門學報，2003 年第 1 期。

5. 關於西夏佛與儒的幾個問題，史金波，江漢論壇，2010 年第 10 期。

6. Buddhism and Confucianism in the Tangut State, Shi Jinbo(史金波), *Central Asiatic Journal*, Vol. 57, *(Special Tangut Edition)*, 2014.

7. 關於西夏佛教的諸研究，（日）小林照道著，陳興林譯，國外早期西夏學論集（二），民族出版社，2005 年。

8. The Glimpses of Tangut Buddhism, KJ Solonin, *Central Asiatic Journal*, Vol. 52，2008.

9. 西夏佛教研究學術價值增加，（俄）索羅寧，中國社會科學報，2012 年 11 月 23 日 A06 版。

10. 西夏の仏教とその政治的背景，向本健，（日）大谷大學大學院研究紀要（23），2006 年。

11. 西夏的佛教術語，聶鴻音，寧夏社會科學，2005 年第 6 期。

12. 西夏的佛教術語，聶鴻音，西夏研究（第 3 輯・第二屆西夏學國際學術研討會論文集），中國社會科學出版社，2006 年。

13. 西夏佛教術語的來源，聶鴻音，固原師專學報，2002 年第 2 期。

14. Sinitic Buddhism in the Tangut State, KJ Solonin, *Central Asiatic Journal*, Vol. 57, *(Special Tangut Edition)*, 2014.

15. Tangut Buddhism as a Local Tradition，索羅寧（K.J.Solonin），西夏研究（第 3 輯・第二屆西夏學國際學術研討會論文集），中國社會科學出版社，2006 年。

16. 西夏佛教之「系統性」初探，索羅寧，世界宗教研究，2013 年第 4 期。

17. 宋夏金時期佛教的走勢，李清凌，西北師大學報（社會科學版），2002 年第 6 期。

18. 佛教在西夏傳播的社會歷史條件，張超，東北師範大學碩士學位論文，2009 年。

19. 漢傳佛教在西夏的傳播和影響，樊麗沙，西北民族大學碩士學位論文，2009 年。

20. 西夏與遼金間的佛教關係，陳愛峰、楊富學，西夏學（第一輯），寧夏人民出版社，2006 年。

21. Khitan Connection of Tangut Buddhism，K.J.Solonin，黑水城人文與環境研究——黑水城人文與環境國際學術討論會文集，中國人民大學出版社，2007 年。

22. Buddhist Connections between the Liao and Xixia: Preliminary Considerations, K. J. Solonin, *Journal of Song-Yuan Studies*, Volume 43, 2013.

23. 西夏印度佛教關係考，陳愛峰、楊富學，寧夏社會科學，2009 年第 2 期。

24. 西夏印度佛教關係考，楊富學、陳愛峰，新視野下的中外關係史，甘肅人民出版社，2010 年。

25. 爲國祈安：西夏尊佛教爲國教考，秦宇，文史雜誌，2014 年第 5 期。

26. 佛教不是西夏「國教」論，牛達生，西夏研究，2014 年第 3 期。

27. 國家、民眾與佛教：西夏崇佛的歷史心理探析，郝振宇，長安大學學報（社會科學版），2014 年第 3 期。

28. 西夏仏教史考（修士論文要旨），藤本匡，（日）龍谷大學大學院文學研究科紀要（27），2005 年 12 月。

29. 異軍突起的西夏佛教，吳平，世界宗教文化，2003 年第 4 期。

30. 淺談佛教在我國西夏時期的傳播，曹曉飛，重慶科技學院學報（社會科學版），2008 年第 5 期。

31. 新世紀初國內西夏佛教研究的回顧與展望，楊富學、張海娟，西夏學（第六輯）——首屆西夏學國際論壇專號（下），上海古籍出版社，2010 年。

32. 西夏的佛教文化及其藝術，史金波、李翎，法音，2005 年第 8 期。

33. 西夏佛教文化在後世的流傳，段玉泉，寧夏畫報（生活版），2014 年第 3 期。

34. 西夏佛教區域差異比較研究，郝振宇，寧夏大學學報（人文社會科學版），2014 年第 6 期。

35. 西夏京畿的佛教文化，楊志高，固原師專學報，2006 年第 1 期。

36. 淺析西夏河西佛教興盛的原因，崔紅芬，甘肅民族研究，2005 年第 1 期。

37. 淺析西夏河西佛教興盛的原因，崔紅芬，敦煌學輯刊，2005 年第 2 期。

38. 西夏時期的河西佛教，崔紅芬，蘭州大學博士學位論文，2006 年。

39. 西夏的滅亡及西夏佛教對蒙元時期河西地區的影響，崔紅芬、文志勇，敦煌學輯刊，2006 年第 1 期。

40. 重構十一至十四世紀的西域佛教史——基於俄藏黑水城漢文佛教文書的探討，沈衛榮，歷史研究，2006 年第 5 期。

41. 西夏時期的敦煌佛教，白濱，敦煌與絲路文化學術講座，北京圖書館出版社，2003 年。

42. 西夏たなける黑水城と敦煌の仏教文化のついて彌勒信仰老なてかかた，向本健，黑水城人文與環境研究——黑水城人文與環境國際學術討論

會文集，中國人民大學出版社，2007 年。

43. 從武威出土文物看西夏時期的涼州佛教，朱姝民，蘭州大學碩士學位論文，2013 年。

44. 宋元時期佛教在河湟地區的傳播和影響，張雖旺，陝西師範大學博士學位論文，2015 年。

45. 西夏的藏傳佛教，史金波，中國藏學，2002 年第 1 期。

46. 藏傳佛教在西夏的傳播，沈衛榮，中國社會科學報，2012 年 11 月 23 日 A06 版。

47. 藏傳佛教各宗派對西夏的影響，崔紅芬，西南民族大學學報（人文社科版），2006 年第 5 期。

48. 芻議西夏的藏傳佛教傳播——從安西榆林窟說起，羅延焱，人民論壇（中旬刊），2012 年第 17 期。

49. 西夏時期藏傳佛教在河西地區的傳播與發展，王軍濤，西北民族大學碩士學位論文，2008 年。

50. 宗教信仰和環境需求：十一至十四世紀藏傳密教於黑水城地區的流行，沈衛榮，黑水城人文與環境研究——黑水城人文與環境國際學術討論會文集，中國人民大學出版社，2007 年。

51. 西夏密教考古遺存與文獻研究，楊志高，西夏研究（第 3 輯·第二屆西夏學國際學術研討會論文集），中國社會科學出版社，2006 年。

52. 西夏時期藏傳佛教在涼州傳播的原因及其影響，梁繼紅，西北民族大學學報（哲學社會科學版），2007 年第 5 期。

53. 淺析西夏文化中的藏傳佛教與道教思想，展帆，青春歲月，2014 年第 1 期。

54. 西夏遺存文獻所見藏傳佛教的傳承世襲，孫伯君，中華文史論叢，2014 年第 3 期。

55. 論西夏藏傳佛教及其對元朝的影響，焦榮，綏化學院學報，2012 年第 3 期。

56. 試論西夏藏傳佛教對元代藏傳佛教之影響，陳廣恩、陳偉慶，寧夏社會科學，2008 年第 5 期。

57. 初探蒙古接受藏傳佛教的西夏背景，沈衛榮，西域歷史語言研究輯刊（第 1 輯），科學出版社，2007 年。

58. 初探蒙古接受藏傳密教的西夏背景，烏雲高娃、沈衛榮，中國社會科學院院報，2007 年 5 月 22 日第 2 版。

59. 西夏與北宋佛教政策和管理比較研究，黃偉，湖北大學碩士學位論文，2011年。

60. 淺析西夏宗教與西夏佛塔，布加，理論前沿，2013 年第 12 期。

61. 淺析西夏宗教與西夏佛塔，布加，現代婦女（下旬），2013 年第 12 期。

62. 《俄藏黑水城出土西夏文佛經文獻敘錄》中的帝師與國師，崔紅芬，西北第二民族學院學報（哲學社會科學版），2004 年第 4 期。

63. 再論西夏帝師，崔紅芬，中國藏學，2008 年第 1 期。

64. 再論西夏帝師，崔紅芬，西夏歷史與文化——第三屆西夏學國際學術研討會論文集，甘肅人民出版社，2010 年。

65. 出土文獻所見西夏禪宗發展相關問題，樊麗沙，求索，2014 年第 10 期。

66. 西夏佛教的「眞心」思想，（俄）索羅寧，西夏學（第五輯）——首屆西夏學國際論壇專號（上），上海古籍出版社，2010 年。

67. 禪宗在遼與西夏：以黑水城出土《解行照心圖》和通理大師《究竟一乘圓明心義》爲例，索羅寧，遼金佛教研究，金城出版社，2012 年。

68. 遼與西夏之禪宗關係：以黑水城出土《解行照心圖》爲例，索羅寧，遼金元佛教研究（上）——第二屆河北禪宗文化論壇論文集，大象出版社，2012年。

69. The Liao Buddhism and the Formation of the Tangut Chan Buddhism, K.J. Solonin, *Тангуты в Центральной Азии:Сборник статей в честь 80-летия проф. Е.И.Кычанова*, Irina Popova, ed.Moscow: Oriental Literature, 2012.

70. "Chan Contemplation" in the Tangut Buddhism, K Solonin, *Fudan Journal of the Humanities & Social Sciences*, 2014, 7(2).

71. 南陽慧忠（？～775）及其禪思想——《南陽慧忠語錄》西夏文本與漢文本比較研究，索羅寧，中國多文字時代的歷史文獻研究，社會科學文獻出版社，2010 年。

72. 《華嚴海印懺儀》思想補考，索羅寧，薪火相傳——史金波先生 70 壽辰西夏學國際學術研討會論文集，中國社會科學出版社，2012 年。

73. Hongzhou Buddhism in Xixia and the Heritage of Zongmi (780-841): A Tangut Source,K. J. SOLONIN, *Asia Major*, *THIRD SERIES*, Vol. 16, No. 2 (2003).

74. 西夏文「洪州」文獻再考，索羅寧，首屆中國少數民族古籍文獻國際學術研討會論文集，民族出版社，2012 年。

75. 西夏文「洪州」文獻再考，索羅寧，中國禪學（第 6 輯），大象出版社，2012 年。

76. 《最勝上樂集本續顯釋記》譯傳考──兼論西夏上樂付法上師，魏文，中國藏學，2013 年第 1 期。

77. 佛教世俗化與宋代職業倫理建構──以俄藏黑水城文獻《慈覺禪師勸化集》為中心，韋兵，學術月刊，2008 年第 9 期。

78. 從俄藏黑水城所出《慈覺禪師勸化集》看宗賾佛教思想的世俗化傾向，宋坤，西夏學（第八輯），上海古籍出版社，2011 年。

79. 西夏時期的佛教寺院，梁松濤，西夏研究，2015 年第 2 期。

80. 西夏佛寺地理分佈研究，秦宇，五臺山研究，2014 年第 3 期。

81. 大度民寺考，聶鴻音，民族研究，2003 年第 4 期。

82. 聖容寺與「涼州山開瑞像現」，張寶璽，敦煌學與中國史研究論集──紀念孫修身先生逝世一週年，甘肅人民出版社，2001 年。

83. 永昌聖容寺的歷史變遷探賾，黨壽山，敦煌研究，2014 年第 4 期。

84. 關於涼州瑞像的一些新資料──兼談黑水城出土涼州瑞像，張小剛，西夏研究，2012 年第 4 期。

85. 永昌聖容瑞像與敦煌莫高窟因緣，祝巍山，河西學院學報，2005 年第 4 期。

86. 西夏聖容寺初探，彭向前，民族研究，2005 年第 5 期。

87. 西夏陵沒有「聖容寺」，牛達生，民族研究，2006 年第 6 期。

88. 聖容寺研究──以黑水城出土文書為中心，張笑峰，西夏研究，2011 年第 1 期。

89. 西夏聖容寺及其相關問題考證，梁松濤、楊富學，內蒙古社會科學（漢文版），2012 年第 5 期。

90.「炳靈寺」得名來源考，侯愛梅、彭向前，西夏研究，2012 年第 2 期。

91.「炳靈寺」得名臆談，崔永利、劉再聰，西夏學（第七輯），上海古籍出版社，2011 年。

92. 西夏涼州護國寺歷史變遷述論，黎大祥，西夏學（第十輯），上海古籍出版社，2014 年。

93. 神奇瑰麗的傳說 西夏文化的寶庫——涼州金剛亥母寺，李才仁加，中國宗教，2010 年第 11 期。

94. 被埋沒的西夏千佛閣遺址，黨壽山，西夏學（第七輯），上海古籍出版社，2011 年。

95. 西夏五臺山信仰斟議，楊富學，西夏研究，2010 年第 1 期。

96. 西夏時期敦煌的五臺山文殊信仰，公維章，泰山學院學報，2009 年第 2 期。

97. 西夏佛教「華嚴信仰」與西夏佛教之「系統性」初探，索羅寧，吳天墀教授百年誕辰紀念文集，四川人民出版社，2013 年。

98. 西夏彌勒信仰及相關問題，楊富學、樊麗莎，吳天墀教授百年誕辰紀念文集，四川人民出版社，2013 年。

99. 西夏時期敦煌的淨土信仰，公維章，泰山學院學報，2008 年第 5 期。

100. 黑水城唐卡中的淨土信仰，史偉，西夏學（第六輯）——首屆西夏學國際論壇專號（下），上海古籍出版社，2010 年。

101. 西夏天王信仰研究，陳瑋，西夏學（第九輯），上海古籍出版社，2014 年。

102. 西夏時期的三十五佛信仰，公維章，西夏學（第九輯），上海古籍出版社，2014 年。

103. 從出土文獻看西夏的觀音信仰，樊麗沙，西夏研究，2013 年第 4 期。

104. 西夏、蒙元時代的大黑天神崇拜與黑水城文獻：以漢譯龍樹聖師造《吉祥大黑八足贊》為中心，沈衛榮，賢者新宴，上海古籍出版社，2007 年。

105. 西夏大黑天傳承初探——以黑水城文書《大黑求修並做法》為中心，曾漢辰，中國藏學，2014 年第 1 期。

106. 中國藏黑水城漢文文獻所見大黑天信仰，吳超，西藏民族學院學報（哲學社會科學版），2012 年第 1 期。

107. 大黑根本命咒：西夏大黑天信仰的一個側面，黃傑華，西夏研究，2010 年第 3 期。

108. 西夏文裝藏咒語考，聶鴻音，西夏研究，2013 年第 4 期。

109. 武威出土米拉日巴泥塑像及有關問題研究，黎樹科，隴右文博，2005 年第 2 期。

110. 從黑城攜來的佛像，（俄）鄂登堡著，馬忠建譯，國外早期西夏學論集（一），民族出版社，2005 年。

111. 西夏施觸地印佛像小考，李翎，西夏學（第五輯）──首屆西夏學國際論壇專號（上），上海古籍出版社，2010 年。

112. 略說西夏塔形擦擦與銅模，李進興，中國文物報，2009 年 6 月 24 日第 7 版。

113. 伏虎羅漢、行腳僧、寶勝如來與達摩多羅──11 至 13 世紀中國多民族美術關係史個案分析，謝繼勝，故宮博物院院刊，2009 年第 1 期。

114. 金代與西夏菩薩像造型分析，齊慶媛，故宮學刊，2014 年第 1 期。

115. 大夏佛韻，劉彥佐，文物鑒定與鑒賞，2010 年第 12 期。

116. 遼、金、西夏造像藝術，林保堯，東方收藏，2011 年第 2 期。

117. 從藏漢交流的風格形態看飛來峰元代造像與西夏藝術的關係，賴天兵，敦煌研究，2009 年第 5 期。

118. 西夏語佛典目錄編纂諸問題，（日）西田龍雄著，劉紅軍譯，西夏學（第四輯），寧夏人民出版社，2009 年。

119. 西夏佛教發願文初探，段玉泉，圖書館理論與實踐，2008 年第 1 期。

120. 俄藏黑水城發願文研究，范立君，蘭州大學碩士論文，2011 年。

121. 從出土文書看西夏佛典的印製與傳播，樊麗沙，蘭臺世界，2015 年第 9 期。

122. Reassessing Printed Buddhist Frontispieces from Xi Xia，Shih-shan Susan Huang，浙江大學藝術與考古研究（第 1 輯），浙江大學出版社，2014 年。

123. 元代杭州刊刻《大藏經》與西夏的關係，王菡，文獻，2005 年第 1 期。

124. 元杭州路刊刻河西字《大藏經》探析，崔紅芬，西部蒙古論壇，2014 年第 2 期。

125. 元刊《河西藏》考補，孫伯君，首屆中國少數民族古籍文獻國際學術研討會論文集，民族出版社，2012 年。

126. 元刊西夏文大藏經的幾個問題，段玉泉，文獻，2009 年第 1 期。

127. 管主八施印《河西字大藏經》新探，段玉泉，西夏學（第一輯），寧夏人民出版社，2006 年。

128. 元刊西夏文大藏經的幾個問題，段玉泉，西夏歷史與文化──第三屆西夏學國際學術研討會論文集，甘肅人民出版社，2010 年。

129. 西夏語譯大藏經考，（蘇）聶歷山、（日）石濱純太郎著，周一良譯，國外早期西夏學論集（二），民族出版社，2005 年。

130. 印度出版的《西夏文大藏經》及其編者，楊志高，中國多文字時代的歷史文獻研究，社會科學文獻出版社，2010 年。

131. 佛教翻譯史上的傳奇——西夏譯經，段玉泉，寧夏畫報（生活版），2014 年第 1 期。

132. 西夏「回鶻僧譯經」補證，聶鴻音，西夏研究，2014 年第 3 期。

133. 吐蕃經師的西夏譯名考，聶鴻音，清華大學學報（哲學社會科學版），2002 年第 1 期。

134. 回鶻僧與《西夏文大藏經》的翻譯，楊富學，敦煌吐魯番研究（第 7 卷），中華書局，2004 年。

135. 淺談西夏番文大藏經翻譯相關問題，樊麗沙，蘭臺世界，2015 年第 36 期。

136. 《西夏譯場圖》人物分工考，段岩、彭向前，寧夏社會科學，2015 年第 4 期。

137. 西夏佛典中的翻譯史料，鄧如萍、聶鴻音，中華文史論叢，2009 年第 3 期。

138. 西夏佛經翻譯的用字特點與譯經時代的判定，孫伯君，中華文史論叢，2007 年第 2 期。

139. 西夏譯經的梵漢對音與漢語西北方音，孫伯君，語言研究，2007 年第 1 期。

140. 淺析西夏從北宋贖經及影響，張立娜，蘭臺世界，2012 年第 3 期。

141. 西夏國和僧侶，（俄）克恰諾夫著，徐悅譯，西夏學（第五輯）——首屆西夏學國際論壇專號（上），上海古籍出版社，2010 年。

142. 西夏僧侶的培養和選敘，魏淑霞，寧夏社會科學，2006 年第 5 期。

143. 僧人在西夏歷史上的地位與作用，崔紅芬，西北民族大學學報（哲學社會科學版），2004 年第 5 期。

144. 西夏僧人的管理及義務，文志勇、崔紅芬，寧夏社會科學，2006 年第 1 期。

145. 西夏僧人的管理及其義務，文志勇、崔紅芬，敦煌佛教與禪宗學術討論會論文集，三秦出版社，2007 年。

146. 西夏境內的漢僧及其地位，樊麗沙、楊富學，敦煌學輯刊，2009 年第 1 期。

147. 試論在西夏的藏傳佛教僧人及其地位、作用，孫昌盛，西藏研究，2006 年第 1 期。

148. 西夏文「明點」考釋，孫伯君，寧夏社會科學，2015 年第 1 期。

149. 賀蘭山東麓的西夏佛教文化開發，楊志高，中國歷史上的西部開發——2005 年國際學術研討會論文集，商務印書館，2007 年。

150. 關於編纂《番文佛教詞典》的構想與思考，賈常業，西夏歷史與文化——第三屆西夏學國際學術研討會論文集，甘肅人民出版社，2010 年。

（三）道教

1. 西夏道家道教研究綜述，項璐，寧夏師範學院學報，2014 年第 4 期。

2. 西夏兩幅道教繪畫的釋文辨析及藝術評價，湯曉芳，薪火相傳——史金波先生 70 壽辰西夏學國際學術研討會論文集，中國社會科學出版社，2012 年。

3. 西夏流傳道家道教六種文獻考辨，項璐，四川師範大學碩士學位論文，2014 年。

4. 國家圖書館道教文獻殘頁「xixdi11jian1.04-1」等三張考辨，項璐，寧夏社會科學，2015 年第 4 期。

5. 黑水城《南華真經》寫本淵源考，項璐，寧夏大學學報（人文社會科學版），2014 年第 5 期。

6. 西夏全真教佚詞十一首考釋，湯君，宗教學研究，2007 年第 2 期。

十四、科學技術

（一）概論

1. 西夏的科學技術，徐莊，寧夏畫報，2006 年第 6 期。

2. 西夏科技史的學科建設問題，蘇冠文，歷史深處的民族科技之光——第六屆中國少數民族科技史暨西夏科技史國際會議論文集，寧夏人民出版社，2003 年。

3. 西夏科技史研讀箚記，王勇，湖北大學成人教育學院學報，2002 年第 6 期。

4. 西夏科技史研讀箚記，王勇，歷史深處的民族科技之光——第六屆中國少數民族科技史暨西夏科技史國際會議論文集，寧夏人民出版社，2003 年。

5. 西夏科技史研究述評，張玉海、楊志高，歷史深處的民族科技之光——第六屆中國少數民族科技史暨西夏科技史國際會議論文集，寧夏人民出版社，2003 年。

6. 西夏管理初探，王福良，歷史深處的民族科技之光——第六屆中國少數民族科技史暨西夏科技史國際會議論文集，寧夏人民出版社，2003 年。

7. 西夏科技教育政策考，王福良，第五屆中國少數民族科技史國際研討會論文集，廣西民族出版社，2002 年。

8. 西夏紡織芻議，俞琰、邱夷平、許福軍，西夏研究，2014 年第 4 期。

9. 西夏紡織技術概覽，保宏彪，寧夏人大，2015 年第 4 期。

10. 西夏化學成就述論，蘇冠文，寧夏社會科學，2003 年第 2 期。

11. 西夏化學史略，蘇冠文，歷史深處的民族科技之光——第六屆中國少數民族科技史暨西夏科技史國際會議論文集，寧夏人民出版社，2003 年。

12. 西夏建築技術述論，蘇冠文，寧夏社會科學，2002 年第 5 期。

13. 西夏信息傳遞述論，蘇冠文，寧夏社會科學，2006 年第 2 期。

14. 西夏服裝製作技術述論，蘇冠文，寧夏社會科學，2001 年第 4 期。

15. 輝煌的西夏冶金工藝，劉建安，廣東藝術，2003 年第 6 期。

16. 西夏煉鋼鍛鐵技術水準考，秦庚生，第五屆中國少數民族科技史國際研討會論文集，廣西民族出版社，2002 年。

17. 遼金西夏金屬製品設計史料研究，李春波，湖南工業大學碩士學位論文，2013 年。

18. 西夏的造紙技術，杜建錄，歷史深處的民族科技之光——第六屆中國少數民族科技史暨西夏科技史國際會議論文集，寧夏人民出版社，2003 年。

19. 西夏造紙技術初探，牛達生，西夏學（第五輯）——首屆西夏學國際論壇專號（上），上海古籍出版社，2010 年。

20. 西夏古紙的檢測和初步研究，李曉岑、賈建威，西北民族研究，2014 年第 1 期。

21. 西夏雙木扇式風箱在古代鼓風器發展中的地位，徐莊，寧夏社會科學，2008 年第 1 期。

（二）醫學

1. 西夏的醫學思想，蘇冠文，西夏研究（第 3 輯·第二屆西夏學國際學術研討會論文集），中國社會科學出版社，2006 年。

2. 西夏民族醫學漫談，肖屏，中醫藥文化，2008 年第 3 期.

3. 西夏醫藥知識詮次，肖屏、余軍，西夏歷史與文化——第三屆西夏學國際學術研討會論文集，甘肅人民出版社，2010 年。

4. 西夏醫藥學與傳統中醫學的關係探驪——從一張西夏文藥方談起，肖屏，中醫文獻雜誌，2010 年第 2 期。

5. 西夏醫藥學成就初探，陳廣恩，寧夏社會科學，2003 年第 6 期。

6. 西夏醫藥成就探析，陳廣恩，歷史深處的民族科技之光——第六屆中國少數民族科技史暨西夏科技史國際會議論文集，寧夏人民出版社，2003 年。

7. 西夏的醫藥科技，段玉泉、惠宏，歷史深處的民族科技之光——第六屆中國少數民族科技史暨西夏科技史國際會議論文集，寧夏人民出版社，2003 年。

8. 俄藏黑水城佚名古方書輯校考釋，張如青，上海中醫藥大學學報，2001年第 4 期。

9. 黑水城出土西夏文醫藥文獻價值芻議，梁松濤，保定學院學報，2011 年第 6 期。

10. 黑水城出土醫藥文獻所反映的西夏醫學特色，梁松濤，宋史研究論叢（第十三輯），河北大學出版社，2012 年。

11. 談西夏醫學文化的成就——兼論幾個藥方，朱國祥，新課程學習（下），2013 年第 7 期。

12. 俄藏黑水城漢文醫藥文獻概要，惠宏，國醫論壇，2005 年第 1 期。

13. 俄藏黑水城《孫真人千金方》殘頁考釋，毛永娟，學理論，2011 年第 12 期。

14. 英藏黑水城文獻 Or8212/1343 號脈法殘片考——兼論黑水城文獻與敦煌文獻的互串問題，惠宏，西夏學（第一輯），寧夏人民出版社，2006 年。

15. 俄羅斯藏黑水城醫藥文獻《神仙方論》錄釋，李應存、李金田、史正剛，甘肅中醫，2008 年第 9 期。

16. 從藥名異譯論西夏醫方的性質，聶鴻音，中華文史論叢，2014 年第 3 期。

17. 西夏文醫藥文獻敘錄，梁松濤、李冰，蘭臺世界，2012 年第 4 期。

18. 黑水城出土西夏文醫藥文獻非計量單位的考察，梁松濤，中國民族醫藥雜誌，2012 年第 2 期。

19. 論西夏法典《天盛律令》中的法醫學，姜歆，寧夏大學學報（人文社會科學版），2006 年第 5 期。

20. 西夏《天盛律令》裏的中藥名，聶鴻音，中華文史論叢，2009 第 4 期。

21. 俄藏黑水城醫學文獻《神仙方論》輯校考釋，張如青、湯曉龍，中華醫史雜誌，2010 年第 3 期。

22. 俄藏 ИНВ. No.911 號醫書第 14—2 藥方考釋——兼論西夏醫藥文獻的來源及特點，梁松濤，西夏學（第八輯），上海古籍出版社，2011 年。

23. 俄藏黑水城文獻 4384 西夏文古醫方考，梁松濤，中醫文獻雜誌，2012 年第 1 期。

24. 黑水城出土 4384（9—8）與 4894 號綴合西夏文醫方考釋，梁松濤，寧夏社會科學，2012 年第 2 期。

25. 黑水城出土西夏文古醫方「天雄散」考述，梁松濤，雲南中醫學院學報，2012 年第 2 期。

26. 俄藏黑水城醫藥文獻 4894 號所載「五補丸」方考釋，梁松濤，寧夏師範學院學報，2012 年第 1 期。

27. 俄藏黑水城出土西夏文「五倍丸方」考釋，梁松濤，西夏研究，2012 年第 1 期。

28. 黑水城出土西夏文三則治療腸風瀉血方考述，梁松濤，河南中醫，2012 年第 6 期。

29. 黑水城出土三則偏頭痛西夏文古醫方考釋，梁松濤，河北中醫，2012 年第 3 期。

30. 黑水城出土 4979 號一則西夏文醫方考釋兼論西夏文醫藥文獻的價值，梁松濤，遼寧中醫藥大學學報，2012 年第 8 期。

31. 黑水城出土一則西夏文「治口瘡」古方考證，梁松濤，貴陽中醫學院學報，2012 年第 4 期。

32. 黑水城出土西夏文古醫方「人參半夏散」考述，梁松濤，時珍國醫國藥，2012 年第 7 期。

33. 黑水城出土 4979 號一則西夏文醫方考釋兼論西夏文醫藥文獻的價值，梁松濤，遼寧中醫藥大學學報，2012 年第 8 期。

34. 黑水城出土二則齒科病方考述，梁松濤，中醫藥文化，2012 年第 4 期。

35. 黑水城出土西夏文五則治療眼疾古方考，梁松濤，山西中醫學院學報，2012 年第 4 期。

36. 黑水城出土西夏文古方「黃耆丸」考述，梁松濤，貴陽中醫學院學報，2012 年第 5 期。

37. 黑水城出土西夏文文獻古方還陽丹考述，梁松濤，南京中醫藥大學學報（社會科學版），2012 年第 2 期。

38. 黑水城出土西夏文古佚醫方「萆薢丸」考，梁松濤，山東中醫藥大學學報，2012 年第 6 期。

39. 黑水城出土西夏文古佚醫方「豆冰丹」考，梁松濤，貴陽中醫學院學報，2014 年第 2 期。

40. 黑水城出土西夏文醫方「水脹食鳴丸」考，梁松濤，陝西中醫學院學報，2014 年第 6 期。

41. 黑水城出土西夏文古醫方「茯苓散」考，梁松濤，山西中醫學院學報，2013年第 5 期。

42. 黑水城出土西夏文古佚醫方「鹿角霜丸」考，梁松濤，中醫文獻雜誌，2013年第 5 期。

43. 黑水城出土西夏文醫藥文獻底本來源及特點，梁松濤，南京中醫藥大學學報（社會科學版），2013 年第 3 期。

44. 西夏醫藥檔案整理與研究，趙彥龍、楊綺，寧夏師範學院學報，2013 年第 4 期。

45. 西夏文「治婦人催生助產嬰兒」古方二首考釋，湯曉龍、劉景雲、張如青，中醫藥文化，2013 年第 6 期。

46. 西夏文醫方「消風散」考釋，惠宏、段玉泉，西夏學（第八輯），上海古籍出版社，2011 年。

47. 黑水城出土西夏文醫方芍藥柏皮丸考釋，惠宏、段玉泉，敦煌研究，2012年第 2 期。

48. 西夏文醫方《敕賜紫苑丸》初探，段玉泉，寧夏社會科學，2013 年第 5 期。

49. 黑水城出土醫方《神仙方論》的錯亂及再校錄，惠宏，時珍國醫國藥，2012年第 6 期。

50. 黑水城出土漢文醫方——治瘡瘍方的考釋與研究，楊昕，西夏研究，2012年第 2 期。

51. 俄藏黑水城西夏文醫藥文獻「治偏頭疾方」破釋探析，湯曉龍、張如青、劉景雲、丁媛，河南中醫，2011 年第 12 期。

52. 英藏黑水城出土醫方初探，許生根，西夏研究，2010 年第 2 期。

53. 俄藏黑水城出土西夏藥方《三棱煎丸》之解讀考釋，吳國聖，西夏學（第五輯）——首屆西夏學國際論壇專號（上），上海古籍出版社，2010 年。

（三）天文曆法

1. 中華天文星象學在北方民族中的傳播與發展——北魏、遼、西夏和吐魯番天文星象圖的比較研究，張碧波，北方文物，2006 年第 1 期。

2. 日本新發現北宋開寶五年刻《熾盛光佛頂大威德銷災吉祥陀羅尼經》星圖考——兼論黃道十二宮在宋、遼、西夏地區的傳播，韋兵，自然科學史研究，2005 年第 3 期。

3. 日本新發現北宋開寶五年刻《熾盛光佛頂大威德銷災吉祥陀羅尼經》星圖考——兼論黃道十二宮在宋、遼、西夏地區的傳播，韋兵，西夏研究（第 3 輯‧第二屆西夏學國際學術研討會論文集），中國社會科學出版社，2006 年。

4. 西夏天文曆法述論，蘇冠文，寧夏社會科學，2005 年第 1 期。

5. 西夏天文曆法概覽，保宏彪，寧夏人大，2014 年第 6 期。

6. 西夏的曆法和曆書，史金波，民族語文，2006 年第 4 期。

7. 西夏的曆法和曆書，史金波，西夏研究（第 3 輯‧第二屆西夏學國際學術研討會論文集），中國社會科學出版社，2006 年。

8. 黑水城出土活字版漢文曆書考，史金波，文物，2001 年第 10 期。

9. 星占、曆法與宋夏關係，韋兵，四川大學學報（哲學社會科學版），2007 年第 4 期。

10. 一件黑水城出土的夏漢合璧曆日考釋，彭向前、李曉玉，西夏學（第四輯），寧夏人民出版社，2009 年。

11. 俄藏 ИHB‧No‧8085 西夏曆日目驗記，彭向前，西夏學（第十輯），上海古籍出版社，2014 年。

12. 西夏曆日文獻中關於長期觀察行星運行的記錄，彭向前，西夏學（第十一輯），上海古籍出版社，2015 年。

13. 黑城出土《西夏皇建元年庚午歲（1210 年）具注曆日》殘片考，鄧文寬，文物，2007 年第 8 期。

14. 幾件黑水城出土殘曆日新考，彭向前，中國科技史雜誌，2015 年第 2 期。

15. 英藏黑水城出土西夏曆書概述，許生根，西夏研究，2011 年第 4 期。

16. 所謂「大輪七年星占書」考釋，杜建錄、彭向前，薪火相傳——史金波先生 70 壽辰西夏學國際學術研討會論文集，中國社會科學出版社，2012 年。

17. 西夏星占檔案整理研究，趙彥龍，檔案管理，2015 年第 2 期。

18. 西夏星占、曆法檔案鉤沉，陳娉，蘭臺世界，2015 年第 26 期。

十五、歷史地理

（一）概論

1. 西夏地理初探，楊蕤，復旦大學博士學位論文，2005 年。

2. 地理環境與西夏歷史，李學江，中國歷史地理論叢，2002 年第 2 期。

3. 影響西夏興衰的地理環境因素，馮會會、張多勇、苗紅、張敏，隴東學院學報，2010 年第 3 期。

4. 試論西夏分立的地緣條件，宋乃平，中國歷史地理論叢，2001 年第 1 期。

5. 簡論西夏經濟與地理環境的關係，陸寧，西北第二民族學院學報（哲學社會科學版），2007 年第 6 期。

6. 西夏地理區劃考論──以《天盛改舊新定律令》中的方位詞為中心，潘潔，西夏研究，2012 年第 4 期。

7. 西夏地名考釋──以 ДХ.02822《雜集時要用字》為中心，韋寶畏、許文芳，寧夏師範學院學報，2010 年第 1 期。

8. 西夏環境史研究三題，楊蕤，西北第二民族學院學報（哲學社會科學版），2007 年第 2 期。

9. 西夏環境史專題初步研究，董立順，陝西師範大學碩士學位論文，2014 年。

10. 宋夏時期鄂爾多斯高原生態環境的多視角觀察，何彤慧，西夏研究，2010 年第 4 期。

11. 北宋與西夏的對峙及其對陝北生態環境的影響，王東倉，延安教育學院學報，2006 年第 4 期。

12. 薩拉烏蘇河兩岸宋（西夏）元前後的環境變化與人類活動，胡珂、莫多聞、王輝、張翼飛，北京大學學報（自然科學版），2011 年第 1 期。

13. 論河套地區在宋、遼、西夏對峙中的地位和作用，薛智平，宋史研究論叢（第十一輯），河北大學出版社，2010 年。

14. 從出土文獻蠡測西夏氣候狀況，楊蕤，寧夏師範學院學報，2007 年第 5 期。

15. 開闢西夏民族歷史地理考古學研究與編製——《西夏歷史考古地圖集》芻議，黃盛璋，西夏研究（第 3 輯·第二屆西夏學國際學術研討會論文集），中國社會科學出版社，2006 年。

16. 漢文西夏地圖文獻述要，胡玉冰，文獻，2005 年第 1 期。

17. 《西夏地形圖》研究回顧，楊浣、王軍輝，圖書館理論與實踐，2015 年第 12 期。

18. 西夏時期河西走廊區位特點試析，于光建、閆婷婷，蘭州教育學院學報，2006 年第 4 期。

19. 克夷門考，劉利華，西夏研究，2014 年第 1 期。

20. 白河·石城·父冢與博峪略考，王國基，西夏研究（第 3 輯·第二屆西夏學國際學術研討會論文集），中國社會科學出版社，2006 年。

21. 從黑水城出土文物談西夏時期黑水城人文社會，裴海霞，絲綢之路，2013 年第 12 期。

（二）地方行政建置

1. 西夏地方行政區劃若干問題初探，劉雙怡，宋史研究論叢（第 16 輯），河北大學出版社，2015 年。

2. 《天盛律令·司序行文門》與西夏政區芻議，楊蕤，中國史研究，2007 年第 4 期。

3. 西夏京師政區的沿革地理討論，汪一鳴，寧夏大學學報（人文社會科學版），2005 年第 3 期。

4. 西夏京畿鎮守體系蠡測，張多勇、張志揚，歷史地理（第 31 輯），上海人民出版社，2015 年。

5. 隋唐宋時期鄂爾多斯高原地區軍政建制沿革研究，紀浩，陝西師範大學碩士學位論文，2011 年。

6. 遼宋夏金時期鄂爾多斯高原的行政建制，保宏彪，西夏研究，2014 年第 3 期。

7. 西夏監軍司考，魯人勇，寧夏社會科學，2001 年第 1 期。

8. 西夏監軍司的研究現狀和尚待解決的問題，張多勇，西夏研究，2015 年第 3 期。

9. 黑山威福軍司補證，聶鴻音，寧夏師範學院學報，2008 年第 4 期。

10. 西夏寧西監軍司考，孫伯君，中國多文字時代的歷史文獻研究，社會科學文獻出版社，2010 年。

11. 西夏寧西監軍司考，孫伯君，西夏歷史與文化──第三屆西夏學國際學術研討會論文集，甘肅人民出版社，2010 年。

12. 西夏天都監軍司所遺址及神勇軍考，劉華、楊孝峰，寧夏社會科學，2001 年第 2 期。

13. 西夏西壽保泰監軍司遺址考述，劉華，寧夏社會科學，2006 年第 4 期。

14. 西夏白馬強鎮監軍司地望考察，張多勇，西夏學（第十一輯），上海古籍出版社，2015 年。

15. 北宋鎮戎軍研究，詹靜嫻，蘭州大學碩士學位論文，2015 年。

（三）疆域

1. 淺析統一多民族國家疆域──以南宋與金、西夏等並立時期為例，加帥軍、張哲，心事，2014 年第 16 期。

2. 西夏疆域與政區考述，李昌先，歷史地理（第 19 輯），上海人民出版社，2003 年。

3. 西夏的疆域和邊界，魯人勇，寧夏大學學報（人文社會科學版），2003 年第 1 期。

4. 歷史上的夏遼疆界考，楊蕤，內蒙古社會科學（漢文版），2003 年第 6 期。

5. 夏遼邊界問題再討論，許偉偉、楊浣，西夏研究，2013 年第 1 期.

6. 宋夏疆界考論，楊蕤，中國邊疆史地研究，2005 年第 4 期。

7. 夏金疆界考論，楊蕤，北方文物，2005 年第 2 期。

8. 任得敬分國地界考，楊浣，歷史教學（高校版），2015 年第 11 期。

9. 西夏在鄂爾多斯高原的疆界變遷，保宏彪，西夏研究，2013 年第 4 期。

10. 宋遼夏金政權在鄂爾多斯高原地區的疆界變遷，陸瑤，陝西師範大學碩士學位論文，2014 年。

（四）都城

1. 淺析環境的變遷對党項政權都城選擇的影響，陳冠男，寶雞文理學院學報（社會科學版），2011 年第 2 期。

2. 遼、西夏、金都城建設對中原制度的模仿與創新——兼論唐、宋都城制度對少數民族都城之影響途徑，郝紅暖、吳宏岐，中南民族大學學報（人文社會科學版），2009 年第 3 期。

3. 淺談西夏早期的國都、皇宮、避暑宮，黃多榮，寧夏史志，2004 年第 2 期。

4. 西夏都城遷移的地理因素，劉菊湘，民族語文，2001 年第 6 期。

5. 西夏都城興慶府建制小考，許偉偉，西夏學（第七輯），上海古籍出版社，2011 年。

6. 西夏故都興慶府復原的考古學觀察，楊蕤，草原文物，2014 年第 1 期。

7. 略論西夏興慶府城規劃布局對中原風水文化的繼承和發展，顏廷眞、陳喜波、曹小曙，地域研究與開發，2009 年第 2 期。

8. 試析西夏建都興慶府在銀川城市發展中的歷史地位——兼論銀川歷史文化名城地位的確立，李芳，寧夏大學學報（人文社會科學版），2005 年第 5 期。

9. 西夏都城興慶府的建設規模及其相關問題，楊滿忠，亞洲文明（第四集·紀念何炳棣院士九十華誕祝壽紀念專集），三秦出版社，2008 年。

10. 西夏都城興慶府的歷史地位與作用，楊滿忠，亞洲文明（第四集·紀念何炳棣院士九十華誕祝壽紀念專集），三秦出版社，2008 年。

11. 論西夏都城興慶府的歷史地位及其作用，楊滿忠，西夏研究（第 3 輯·第二屆西夏學國際學術研討會論文集），中國社會科學出版社，2006 年。

12. 西夏「宮城」初探，吳忠禮，西夏研究，2015 年第 1 期。

（五）城址

1. 党項民族對寧夏古代城池的開發與建設，楊滿忠，寧夏社會科學，2006 年第 5 期。

2. 西夏對寧夏古代城池的開發與建設，楊滿忠，中國歷史上的西部開發——2005 年國際學術研討會論文集，商務印書館，2007 年。

3. 党項西夏對寧夏古代城池的開發與建設，楊滿忠，亞洲文明（第四集·紀念何炳棣院士九十華誕祝壽紀念專集），三秦出版社，2008 年。

4. 內蒙古地區西夏城址的初步研究，周會麗，內蒙古師範大學碩士學位論文，2014 年。

5. 黑水城收藏西夏，紀原，中國科技縱橫，2003 年第 1 期。

6. 黑水城：不同歷史時期的地位與影響，薛正昌，西夏學（第五輯）——首屆西夏學國際論壇專號（上），上海古籍出版社，2010 年。

7. 導言一：整合人文與自然學科 探討黑水城歷史奧秘，史金波，黑水城人文與環境研究——黑水城人文與環境國際學術討論會文集，中國人民大學出版社，2007 年。

8. 西夏廢墟黑城子，趙建華，人與自然，2003 年第 11 期。

9. 大漠孤城，黃焱紅，華夏人文地理，2002 年第 10 期。

10. 黑水古城及其歷史文化特點，楊滿忠，西夏學（第一輯），寧夏人民出版社，2006 年。

11. 黑水城的流沙——重返額濟納之四，景愛，森林與人類，2002 年第 10 期。

12. 甘肅民勤境內西夏時期古城遺址，黎樹科、張振華，西夏學（第十輯），上海古籍出版社，2014 年。

13. 西夏時期的統萬城，杜建錄，統萬城遺址綜合研究，三秦出版社，2004 年。

14. 宋夏吐蕃間的西涼府，孫穎慧、余目，西夏研究，2011 年第 4 期。

15. 西夏時期的武威，史金波，西夏學（第七輯），上海古籍出版社，2011 年。

16. 探秘「西夏陪都」，王文元，西部論叢，2009 年第 7 期。

17. 宋、夏「豐州」考辨，楊浣、許偉偉，寧夏社會科學，2015 年第 3 期。

18. 古城豐州，翎子，實踐（思想理論版），2006 年第 6 期。

19. 西夏定州俗稱「田州」考，張安生，方言，2013 年第 2 期。

20. 甘肅鎮原縣境內宋代禦夏古城遺址考察研究，王博文，西夏研究，2015 年第 4 期。

21. 西夏古城今安在 寧夏省崾城遺址的前世今生，呂春華，大眾考古，2013 年第 6 期。

22. 西夏龍州考，問王剛，西夏學（第九輯），上海古籍出版社，2014 年。

23. 西夏安州考，魯人勇，寧夏社會科學，2003 年第 4 期。

24. 北宋防禦西夏的前沿陣地環州城考察研究，張多勇、王淑香，西夏研究，2014 年第 1 期。

25. 孤獨的大順城，葉梓，絲綢之路，2012 年第 15 期。

26. 宋代大順城址與大順城防禦系統，張多勇，西夏學（第七輯），上海古籍出版社，2011 年。

27. 隴上安遠：箭鏃舞動出的古城，楊歲虎，絲綢之路，2012 年第 15 期。

28. 金湯白豹古城考察報告，朱世廣、王立新、楊貴寶、張亞萍，隴東學院學報（社會科學版），2003 年第 2 期。

（六）堡寨

1. 宋夏關係中的堡寨，李愷，湖北大學碩士學位論文，2014 年。

2. 北宋西北地區城寨述論，劉縉，文博，2004 年第 5 期。

3. 宋代華池縣境內部分禦夏堡寨遺址考察研究，張多勇、龐家偉，西夏研究，2012 年第 3 期。

4. 論北宋華池寨地望及其功能，崔玉謙，保定學院學報，2012 年第 3 期。

5. 有關北宋華池寨若干問題考補，崔玉謙，保定學院學報，2013 年第 1 期。

6. 論北宋淮安鎮道里及其地位，周永傑，長江師範學院學報，2014 年第 5 期。

7. 西夏瓦川會考，李玉峰，河北北方學院學報（社會科學版），2015 年第 5 期。

8. 細腰胡蘆諸寨地望考辨，高仁，西夏學（第七輯），上海古籍出版社，2011 年。

9. 細腰胡蘆諸寨的修築與明珠、滅藏、康奴等族的就撫，高仁，西夏學（第九輯），上海古籍出版社，2014 年。

10. 探尋黃鐸堡古城，王璽，固原日報，2009 年 7 月 23 日第 3 版。

11. 神木發現宋代「楊家將」駐軍古城遺址，郭青，陝西日報，2010 年 2 月 26 日第 3 版。

12. 吳起古城寨堡：千年古戰場的滄桑記憶，高寶軍、姚志偉，陝西日報，2010 年 3 月 5 日第 11 版。

13. 關於秦州弓門寨的幾個問題，崔玉謙，衡水學院學報，2013 年第 6 期。

（七）山川

1. 賀蘭山概況及其在西夏以前的情況，牛達生，寧夏史志，2005 年第 3 期。

2. 西夏鹽池地理分佈考，任長幸，鹽業史研究，2015 年第 1 期。

（八）交通

1. 論西夏交通，魯人勇，固原師專學報，2001 年第 1 期。

2. 宋境通西夏道路新考，曹家齊，吳天墀教授百年誕辰紀念文集，四川人民出版社，2013 年。

3. 北宋時期陝西路沿邊地區道路考述，魏玉帥，復旦大學碩士學位論文，2014 年。

4. 略論宋夏時期的中西陸路交通，李華瑞，中國史研究，2014 年第 2 期。

5. 西夏與絲綢之路，李輝，社科縱橫，2001 年第 3 期。

6. 西夏時期的絲綢之路，李學江，寧夏社會科學，2002 年第 1 期。

7. 關於西夏絲路研究中幾個問題的再探討，楊蕤，中國歷史地理論叢，2003 年第 4 期。

8. 西夏與絲綢之路若干問題述論，梁松濤、陳炳應，「中華文明的歷史與未來」國際學術研討會論文集，河北大學出版社，2010 年。

9. 西夏、金朝的金銀器與草原絲綢之路的文化交流現象，張景明，文物世界，2013 年第 5 期。

10. 關於西夏初期絲綢之路是否暢通的初探，趙煥震，黑龍江史志，2014 年第 3 期。

11. 西夏與絲綢之路關係研究，陳愛峰，西北民族大學碩士學位論文，2007 年。

12. 西夏與絲綢之路研究綜述，陳愛峰、趙學東，西北第二民族學院學報（哲學社會科學版），2007 年第 2 期。

13. 西夏王朝對絲綢之路的經營，彭向前，寧夏大學學報（人文社會科學版），2006 年第 2 期。

14. 西夏與絲綢之路的關係——以黑水城出土文獻為中心，楊富學、陳愛峰，黑水城人文與環境研究——黑水城人文與環境國際學術討論會文集，中國人民大學出版社，2007 年。

15. 黑水城出土文書與絲綢之路，張重豔，寧夏社會科學，2012 年第 2 期。

16. 晚唐五代党項與靈州道關係考述，崔星、王東，西夏研究，2013 年第 2 期。

17. 唐宋時期中西交通史中的靈州，陳旭，陰山學刊，2004 年第 4 期。

18. 西夏時代たなける黑河流域の交通路，佐藤貴保，黑水城人文與環境研究——黑水城人文與環境國際學術討論會文集，中國人民大學出版社，2007 年。

十六、考古

（一）綜述

1. 西夏考古發現與研究簡述，牛達生，西夏學（第一輯），寧夏人民出版社，2006 年。
2. 西夏考古學與西夏文物，吳峰雲，國家圖書館學刊（西夏研究專號），2002 年增刊。
3. 寧夏地區西夏文物考古發現研究，牛達生，遼金西夏研究 2010，同心出版社，2012 年。
4. 西夏考古有重大發現，馬卷，中國旅遊報，2005 年 11 月 14 日第 9 版。
5. 西夏的北垂考古及文獻史料，A.A. Kovalev, *Тангуты в Центральной Азии: Сборник статей в честь 80-летия проф. Е.И.Кычанова*, Irina Popova, ed. Moscow: Oriental Literature, 2012.
6. 黑水城考古發現的總別，T. I. Yusupova, *Тангуты в Центральной Азии: Сборник статей в честь 80-летия проф. Е.И.Кычанова*, Irina Popova, ed. Moscow: Oriental Literature, 2012.

（二）帝陵

1. 西夏皇陵何處尋，張笑峰，尋根，2011 年第 6 期。
2. 尋找西夏，賀震，江蘇政協，2012 年第 5 期。
3. 神奇的西夏王陵（一），王德恒，知識就是力量，2011 年第 6 期。
4. 神奇的西夏王陵（二），王德恒，知識就是力量，2011 年第 7 期。
5. 神奇的西夏王陵（三），王德恒，知識就是力量，2011 年第 8 期。

6. 神奇的西夏王陵（四）──6 號陵地宮探秘，王德恒，知識就是力量，2011 年第 9 期。

7. 神奇的西夏王陵（五）──陵主的再認定，王德恒，知識就是力量，2011 年第 10 期。

8. 神秘的西夏陵，楊弋，中華文化畫報，2013 年第 7 期。

9. 西夏王陵探「謎」，郭向星，大江週刊，2002 年第 18 期。

10. 西夏陵，湯曉芳、王月星，寧夏歷史十五題，寧夏人民出版社，2003 年。

11. 西夏陵，世界遺產，2014 年第 1 期。

12. 西夏王陵，城建檔案，2001 年第 4 期。

13. 西夏王陵，新西部（上旬刊），2008 年第 10 期。

14. 西夏王陵，呂坤爐，寶藏，2011 年第 2 期。

15. 西夏王陵，余軍，中國民族，2012 年第 6 期。

16. 西夏王陵，保宏彪，寧夏人大，2015 年第 10 期。

17. 西夏王陵，齊鴻燦，朔方，2015 年第 10 期。

18. 西夏帝陵，國靛青，城鄉建設，2014 年第 3 期。

19. 走進西夏王陵，周健偉，新華每日電訊，2001 年 7 月 23 日第 8 版。

20. 西夏王陵掠影，章飛雲，文史月刊，2005 年第 11 期。

21. 西夏陵──中國國家級風景名勝區，中共銀川市委黨校學報，2002 年第 3 期。

22. 西夏王陵話興衰，史輝化，娘子關，2003 年第 2 期。

23. 西夏王陵滄桑，廖無我，炎黃縱橫，2006 年第 2 期。

24. 西夏王陵：一個西部王朝的背影，何玲，中國經濟時報，2007 年 1 月 18 日第 16 版。

25. 閒話西夏陵，牛達生，尋根，2003 年第 5 期。

26. 西夏王陵──「東方金字塔」考察側記，金磊，上海市建設職工大學學報，2001 年第 4 期。

27. 東方金字塔──西夏王陵，李彤，中國審計，2003 年第 16 期。

28. 東方金字塔──西夏王陵，沈光旦，絲綢之路，2006 年第 9 期。

29. 東方金字塔──西夏王陵，呂途，山東人大工作，2009 年第 2 期。

30. 「東方金字塔」──神秘的西夏王陵，王明亮、馬路，中國統一戰線，2009 年第 5 期。

31. 走進「東方金字塔」──寧夏西夏王陵大探秘，考古，中國土族，2001年第 4 期。

32. 走近「東方金字塔」──寧夏西夏王陵大探秘，考古，文史春秋，2002年第 6 期。

33. 走近「東方金字塔」──寧夏西夏王陵探秘，振中，西部，2002 年第 6 期。

34.「東方金字塔」西夏王陵揭開面紗，劉泉龍，中國礦業報，2003 年 9 月 16 日。

35. 探幽西夏王陵 沉睡在大漠裏的孤獨帝國，李旭，大陸橋視野，2010 年第 12 期。

36. 謎底被揭開了──這是神秘的「東方金字塔」，阿文，神州，2003 年第 1 期。

37. 一個消失的民族：神秘未解的王陵，黎泉，風景名勝，2004 年第 11 期。

38. 神秘的「東方金字塔」，周哲，中國氣象報，2002 年 3 月 28 日第 2 版。

39. 從神秘中走來──西夏王陵發現始末，林駿，中國旅遊報，2002 年 1 月 21 日第 10 版。

40. 西夏王陵挖掘 30 年的「東方金字塔」，唐榮堯，銀川晚報，2011 年 6 月 13 日第 4 版。

41. 西夏文物：解讀消逝的文明，俞靈，中國民族報，2003 年 11 月 21 日第 5 版。

42. 北宋皇陵西夏王陵舉世無雙，華夏人文地理，2005 年第 9 期。

43. 西夏王陵形制綜論，楊浣、王軍輝，西夏研究，2010 年第 3 期。

44. 西夏陵陵園形制布局研究，孟凡人，故宮學刊（第八輯），故宮出版社，2012 年。

45. 西夏陵其制度不「仿鞏縣宋陵而作」，張雯，西夏學（第七輯），上海古籍出版社，2011 年。

46. Singularités architecturales du cimetière impérial des Xixia: le monument funéraire, Diane Zhang-Goldberg, *Arts Asiatiques*, Vol. 67, 2012.

47. 西夏王陵對唐宋陵寢制度的繼承與嬗變──以西夏王陵三號陵園為切入點，余軍，宋史研究論叢（第 16 輯），河北大學出版社，2015 年。

48. 遼西夏金陵墓制度的新因素及其影響，劉毅，南方文物，2015 年第 3 期。

49. 西夏王陵與北宋皇陵空間結構的比較，潘靜、劉臨安，文博，2006 年第 1 期。

50. 寧夏銀川市西夏 3 號陵園遺址發掘簡報，寧夏回族自治區文物考古研究所、銀川市西夏陵區管理處，考古，2002 年第 8 期。

51. 西夏三號陵獻殿形制的探討與試復原，岳鍵，西夏學（第十輯），上海古籍出版社，2014 年。

52. 西夏陵區三號陵園西碑亭遺址，寧夏史志，2010 年第 6 期。

53. 西夏陵最重要的考古成果面世，莊電一，光明日報，2007 年 7 月 1 日第 5 版。

54. 西夏陵六號陵地面遺跡有重要發現，莊電一，光明日報，2009 年 2 月 18 日第 2 版。

55. 西夏陵六號陵園平面結構及其文化意義，朱存世、李芳，固原師專學報，2001 年第 1 期。

56. 西夏六號陵陵主考，孫昌盛，西夏研究，2012 年第 3 期。

57. 西夏陵 7 號陵旁陪葬墓主是誰？——工作人員採集到漢文殘碑，推斷該人名叫「移訛成」，楊薇，銀川晚報，2013 年 12 月 31 日第 3 版。

58. 西夏 10 號帝陵的發現與思考，岳鍵，西夏研究（第 3 輯‧第二屆西夏學國際學術研討會論文集），中國社會科學出版社，2006 年。

59. 161 號陪葬墓應為西夏「10 號」帝陵，岳鍵，寧夏師範學院學報，2007 年第 1 期。

60. 西夏陵陪葬墓的地球物理考古勘探研究，林金鑫、田鋼、石戰結，工程勘察，2014 年第 7 期。

61. 西夏王陵鎏金銅牛石馬和遼代興平公主墓葬考，黃震雲，西夏學（第五輯）——首屆西夏學國際論壇專號（上），上海古籍出版社，2010 年。

62. 西夏陵碑亭考古，余軍，西夏研究，2010 年第 3 期。

63. 西夏帝陵建築揭秘，牛達生，大眾考古，2014 年第 9 期。

64. 淺析西夏陵北端建築遺址出土的泥塑人像，楊蕤，寧夏社會科學，2005 年第 4 期。

65. 再論西夏陵區北端建築遺址的性質，彭向前，西夏研究（第 3 輯‧第二屆西夏學國際學術研討會論文集），中國社會科學出版社，2006 年。

66. 再論西夏陵區北端建築遺址的性質，彭向前，寧夏師範學院學報，2007

年第 1 期。

67. 西夏陵出土琉璃建築材料考釋，李範文，西夏研究（第 3 輯·第二屆西夏學國際學術研討會論文集），中國社會科學出版社，2006 年。

68. 自成體系的西夏陵屋頂裝飾構件，牛達生，西夏學（第十輯），上海古籍出版社，2014 年。

69. 西夏王陵出土的陶瓷建築構件，溫濤、高臨鵬，收藏，2010 年第 11 期。

70. 西夏三號陵出土迦陵頻伽、摩羯的藝術造型，湯曉芳，西夏學（第九輯），上海古籍出版社，2014 年。

71. 迦陵頻伽在西夏王陵的象徵意義，聶鴻音，寧夏師範學院學報，2007 年第 1 期。

72. 「妙音鳥」再現西夏王陵，周健偉、劉泉龍，瞭望新聞週刊，2001 年第 7 期。

73. 「千秋萬歲」與「妙音鳥」的關係問題──答陳建國書記，李範文，西夏研究，2010 年第 1 期。

74. 淺析西夏陵的文化內涵及對其旅遊開發的借鑒，雷富強、李隴堂、齊桂豔，西昌學院學報（自然科學版），2010 年第 1 期。

75. 西夏王陵旅遊區深度開發初步研究，毛娟、李隴堂、李東，寧夏大學學報（人文社會科學版），2005 年第 5 期。

（三）墓葬

1. 武威西關西夏墓清理簡報，朱安、鍾亞萍、鍾長發、楊福，隴右文博，2001 年第 2 期。

2. 武威西郊西夏墓墓葬題記述論，常嵐、于光建，寧夏社會科學，2014 年第 2 期。

3. 玉泉營西夏墓群初探，哈彥成，文物世界，2013 年第 3 期。

4. 青銅峽一西夏墓被盜──所幸盜賊尚未探到墓室，李清萍，寧夏日報，2009 年 2 月 20 日第 7 版。

5. 西夏「北山王」墓現身甘肅白銀？路生、王文元，西部大開發，2004 年第 12 期。

（四）遺址

1. 西夏王國探秘，肖林森，科學之友（上旬刊），2005 年第 2 期。

2. 西夏王國之謎，迎風，百科知識，2006 年第 11 期。

3. 西夏的故國，楊森林，人民日報，2004 年 10 月 30 日。

4.「神秘王國」不再神秘，周志忠，人民日報，2005 年 8 月 23 日第 1 版。

5. 西夏──消失的神秘王國，華新，北京科技報，2003 年 11 月 10 日第 5 版。

6. 神秘消失的西夏王朝 熠熠生輝的國家寶藏，孫琪，人民政協報，2007 年 4 月 5 日 C02 版。

7. 風雨西夏 党項悲歌，岳西平，絲綢之路，2005 年第 1 期。

8. 大白高國 千年黑水──西夏故國懷古攬勝，黃鶴，中國西部，2011 年第 7 期。

9. 探索神秘的西夏腹地，史金波，傳奇天下，2009 年第 1 期。

10. 賀蘭山北方石林與西夏離宮遺址，孫力，森林與人類，2005 年第 3 期。

11. 銀川發現 3 處西夏時期文物遺存──分別為西夏離宮、別墅、寺院遺址，填補賀蘭山沿線無西夏時代系統性研究資料空白，申東、劉國鵬，寧夏日報，2008 年 12 月 19 日第 6 版。

12. 銀川新發現「西夏離宮」等西夏遺存，文化市場，2008 年第 6 期。

13. 西夏區發現大規模古代石灰窯遺址──疑為西夏陵建築材料來源地，申東，寧夏日報，2009 年 8 月 5 日第 6 版。

14. 銀川發現西夏時期古井，楊燾郡，寧夏日報，2009 年 12 月 4 日第 11 版。

15. 銀川新發現西夏時期文物遺存，申東、劉國鵬，西部時報，2008 年 12 月 23 日第 9 版。

16. 寧夏靈武市回民巷西夏窯址的發掘，寧夏回族自治區文物考古研究所、靈武市文物管理所，考古，2002 年第 8 期。

17. 寧夏靈武市磁窯堡、回民巷古瓷窯遺址考察紀要，呂成龍，故宮博物院院刊，2006 年第 4 期。

18. 寧夏賀蘭縣拜寺口北寺塔群遺址的清理，寧夏回族自治區文物考古研究所、賀蘭縣文化局，考古，2002 年第 8 期。

19. 青銅峽市發現西夏時期昊王渠遺址，丁西林，吳忠日報，2008 年 12 月 4 日第 5 版。

20. 甘肅武威境內新發現的西夏時期寺廟遺址，張振華、黎樹科，西夏學（第十輯），上海古籍出版社，2014 年。

21. 西夏西涼府署大堂，黨菊紅、黨壽山，西夏學（第十輯），上海古籍出版社，2014 年。

22. 西夏建張掖龍王廟史蹟考述，崔雲勝，西夏學（第七輯），上海古籍出版社，2011 年。

23. Les fouilles archéologiques du secteur nord de Mogao, Peng Jinzhang, Costantino Moretti, *Arts Asiatiques*, Vol. 67 (2012).

24. 黑水死城（上），（俄）E・И・魯勃・列斯尼切欽科、T・K・沙弗拉諾夫斯卡婭著，崔紅芬、文志勇譯，西北第二民族學院學報（哲學社會科學版），2005 年第 1 期。

25. 黑水死城（下），（俄）E・И・魯勃・列斯尼切欽科、T・K・沙弗拉諾夫斯卡婭著，崔紅芬、文志勇譯，西北第二民族學院學報（哲學社會科學版），2005 年第 2 期。

26. 黑水城「河邊大塔」的性質及斷代──以考察隊的地圖和照片為中心，束錫紅，西夏學（第四輯），寧夏人民出版社，2009 年。

27. 斯坦因喀拉浩特遺址所發掘諸廢墟及其出土文物對應關係研究，石坤，蘭州大學碩士學位論文，2006 年。

28. 額濟納古代遺址測量工作簡報，滕銘予，邊疆考古研究（第 7 輯），科學出版社，2008 年。

29. 黑城興衰與額濟納綠洲環境演變的思考，李景斌、李景欣、陳善科、吳團榮，草業科學，2006 年第 5 期。

30. 黑城滄桑，鄒萬銀，前沿，2006 年第 11 期。

31. 西夏皇后沉睡黑水城，余輝，北京科技報，2004 年 1 月 28 日 A13 版。

32. 神秘古城西夏黑水城消失之謎，毛小凝，科海故事博覽，2010 年第 15 期。

33. 絲路上消失的王國，劉豔麗，森林與人類，2009 年第 2 期。

34. 尋訪失落的文明──西夏重溫，蕭傑，室內設計與裝修，2004 年第 12 期。

35. 夢回西夏，劉亞軍，收藏界，2002 年第 1 期。

36. 大夏國探秘，詹克明，尋根，2002 年第 2 期。

37. 尋找被遺忘的王朝，考古，檔案，2001 年第 1 期。

38. 西夏──從古城中發現的歷史，月明日，百科知識，2009 年第 19 期。

39. 略論鄂爾多斯西夏文化遺存，李軍平，前沿，2015 年第 8 期。

40. 甘肅境內西夏遺址綜述，俄軍、趙天英，西夏研究，2015 年第 4 期。

41. 武威亥母洞寺石窟遺址調查報告，梁繼紅、高輝，隴右文博，2010 年第 2 期。

42. 甘肅武威塔爾灣西夏遺址調查簡報，于光建、黎大祥，隴右文博，2013 年第 1 期。

43. 我省確認一西夏寺院建築遺址，安君、吉平，蘭州日報，2012 年 9 月 16 日第 3 版。

44. 古浪縣確認一處大型西夏佛教寺院遺址，施秀萍，甘肅日報，2012 年 10 月 17 日第 3 版。

45. 環縣「三普」中發現的宋代城寨遺址概述，沈浩注、李媛，2013 年第 1 期。

46. 永昌縣花大門石刻考古有新發現，蔡敏，甘肅日報，2013 年 3 月 26 日第 3 版。

47. 蒙古國南戈壁省西夏長城與漢受降城有關問題的再探討，А・А・科瓦列夫、Д・額爾德涅巴特爾，內蒙古文物考古，2008 年第 2 期。

十七、文物

（一）建築、寺院、佛塔

1. 西夏官式建築的文化特點——西夏王陵出土建築構件之分析，陳育寧、湯曉芳，西北民族研究，2006 年第 1 期。

2. 西夏官式建築再探，陳育寧、湯曉芳，西夏學（第七輯），上海古籍出版社，2011 年。

3. 西夏文詩歌所反映的西夏建築特點及其文化特質，梁松濤，宋史研究論叢（第十二輯），河北大學出版社，2011 年。

4. 逝去的藝術——西夏建築，趙雙慧，寧夏史志，2002 年第 2 期。

5. 西夏建築材料及裝飾構件述略，馬強，文物鑒定與鑒賞，2013 年第 4 期。

6. 滾鍾口發現西夏建築文物，孫力，西夏學（第一輯），寧夏人民出版社，2006 年。

7. 西夏時期佛教建築研究，王海，寧夏大學碩士學位論文，2011 年。

8. 西夏建築中的佛教建築，鄭濤，現代裝飾，2013 年第 9 期。

9. 西夏建築文化小探，陳冠男，渭南師範學院學報，2011 年第 3 期。

10. 西夏時期古代建築對現代建築設計的啟迪，羅康寧，廣東園林，2007 年第 6 期。

11. 張掖大佛寺及其寺藏文物概述，王虹、王康，圖書與情報，2015 年第 1 期。

12. 甘肅重鎮張掖與大臥佛寺，宿育海，中國特產報，2002 年 6 月 4 日第 4 版。

13. 大佛寺，從西夏走來，付聰林，檔案，2015 年第 8 期。

14. 甘肅張掖大佛寺大佛殿的建築特徵，楊靜，文物春秋，2005 年第 4 期。

15. 張掖大佛寺大佛殿建築磚雕木雕，張多金，文物鑒定與鑒賞，2011 年第 11 期。

16. 從張掖大佛寺解讀西夏宗教，陳清，魅力中國，2010 年第 33 期。

17. 室內涅槃佛像之最——張掖大佛寺臥佛，張多金，文物鑒定與鑒賞，2011 年第 11 期。

18. 張掖大佛寺西夏涅槃像考釋，張寶璽，西夏學（第十輯），上海古籍出版社，2014 年。

19. 大夏佛韻，劉彥佐，文物鑒定與鑒賞，2010 年第 10 期。

20. 寧夏境內的西夏古塔建築，牛達生，尋根，2010 年第 6 期。

21. 西夏古塔，段玉泉、駱豔，寧夏畫報（時政版），2013 年第 6 期。

22. 西夏佛塔的特點，李銀霞，阿壩師範高等專科學校學報，2008 年第 4 期。

23. 消逝族群的歷史建構與文化想像——基於對西夏佛塔的歷史民族志解讀，李柏杉、周毅，寧夏社會科學，2014 年第 6 期。

24. 佛塔與西夏「佛祖院」，周興華，寧夏古蹟新探，寧夏人民出版社，2002 年。

25. 拜寺溝方塔訪古，周興華，寧夏古蹟新探，寧夏人民出版社，2002 年。

26. 拜寺溝方塔原構推定及其建築特點，牛達生，國家圖書館學刊（西夏研究專號），2002 年增刊。

27. 從拜寺溝方塔沒有地宮談起——兼論別具一格的方塔建築，牛達生，中國遼夏金研究年鑒 2013，中國社會科學出版社，2015 年。

28. 方塔塔心柱漢文題記考釋，孫昌盛，拜寺溝西夏方塔，文物出版社，2005 年。

29. 西夏的轉輪王塔——寧夏拜寺口西塔之建築背景，杜斗城，唐代佛教與佛教藝術，（新竹）覺風佛教藝術文化基金會，2006 年。

30. 108，關於青銅峽塔群的傳說，流年，中國民族報，2010 年 3 月 2 日第 7 版。

31. 寂寞承天寺，楊天林，中國民族，2002 年第 10 期。

32. 追溯承天寺，尙瑞瓊，消防月刊，2003 年第 11 期。

33. 築塔爲魂——沒藏氏與承天寺塔，唐一德、子桑、董宏徵、李靖，寧夏畫報（生活版），2009 年第 4 期。

34. 拯救千年海寶塔，張曉雪，銀川晚報，2011 年 11 月 16 日第 25 版。

35. 海寶塔始建年代探析，程娟、景濤，山西建築，2012 年第 34 期。

36. 北塔古建築群空間形態研究，王薇，中國建築裝飾裝修，2010 年第 6 期。

37. 宏佛塔建築成就及出土文物價值探論，王瑞，寧夏大學學報（人文社會科學版），2010 年第 6 期。

（二）石窟

1. 西夏故地石窟藝術的多元文化特徵，王建舜、劉泓屹，西夏研究（第 3 輯·第二屆西夏學國際學術研討會論文集），中國社會科學出版社，2006 年。

2. 西夏石窟藝術研究，李銀霞，西北師範大學碩士學位論文，2009 年。

3. 西夏石窟藝術淺述，牛達生，寧夏社會科學，2007 年第 2 期。

4. 西夏洞窟中的孫悟空形象，麥青，文史雜誌，2014 年第 5 期。

5. 西夏晚期石窟壁畫風格探析，周維娜，蘭臺世界，2015 年第 6 期。

6. 西夏時期敦煌裝飾圖案藝術，李迅文，裝飾，2003 年第 5 期。

7. 敦煌西夏石窟研究瑣言，劉玉權，敦煌研究，2009 年第 4 期。

8. 敦煌西夏石窟研究綜述，張亞奇、沙武田，西夏研究，2014 年第 4 期。

9. 敦煌西夏洞窟分期及存在的問題，王惠民，西夏研究，2011 年第 1 期。

10. 敦煌西夏石窟分期研究之思考，沙武田，西夏研究，2011 年第 2 期。

11. 敦煌西夏石窟斷代的新證據──三珠火焰紋和陰陽珠火焰紋，岳健，西夏學（第七輯），上海古籍出版社，2011 年。

12. 敦煌宋西夏石窟壁畫裝飾風格及其相關的問題，關友惠，2004 年石窟研究國際學術會議論文集（下），上海古籍出版社，2004 年。

13. 河西石窟西夏壁畫中的涅槃經變，王豔雲，敦煌學輯刊，2007 年第 1 期。

14. 河西石窟西夏壁畫中的彌勒經變，王豔雲，寧夏大學學報（人文社會科學版），2003 年第 4 期。

15. 河西石窟西夏壁畫中的界畫，王豔雲，寧夏社會科學，2007 年第 1 期。

16. 西夏壁畫中的藥師經變與藥師佛形象，王豔雲，寧夏大學學報（人文社會科學版），2003 年第 1 期。

17. 西夏河西石窟壁畫中的綠度母探源，史偉，西夏學（第七輯），上海古籍出版社，2011 年。

18. 西夏敦煌壁畫風格研究，顧穎，榮寶齋，2009 年第 1 期。

19. 西夏時期敦煌壁畫的變調與創新——敦煌壁畫研究中被忽視的方面，顧穎，文藝研究，2008 年第 10 期。

20. 西夏時期敦煌石窟裝飾圖案藝術研究，牛勇，中國包裝，2015 年第 7 期。

21. 西夏時期敦煌藻井中的龍紋裝飾，張靜、梁昭華、陳熊俊，美術大觀，2008 年第 9 期。

22. 西夏「龍鳳藻井圖案」探秘，岳鍵，敦煌佛教與禪宗學術討論會論文集，三秦出版社，2007 年。

23. 西夏皇室和敦煌莫高窟芻議，史金波，阿爾寨石窟國際學術研討會論文集，內蒙古人民出版社，2008 年。

24. 西夏皇室和敦煌莫高窟芻議，史金波，西夏學（第四輯），寧夏人民出版社，2009 年。

25. 莫高窟、榆林窟西夏文題記研究，史金波、白濱，西夏學（第二輯），寧夏人民出版社，2007 年。

26. 敦煌莫高窟北區西夏文文獻譯釋研究（二），史金波，敦煌莫高窟北區石窟（第二卷），文物出版社，2004 年。

27. 敦煌莫高窟北區西夏文文獻譯釋研究（三），史金波，敦煌莫高窟北區石窟（第三卷），文物出版社，2004 年。

28. 莫高窟北區出土西夏文殘片補考，戴忠沛，西夏學（第二輯），寧夏人民出版社，2007 年。

29. 敦煌莫高窟第 3 窟爲西夏洞窟考，沙武田、李國，敦煌研究，2013 年第 4 期。

30. 莫高窟第 16 窟整體重修時供養人畫像的缺失與藏經洞的封閉，沙武田，西夏研究，2012 年第 2 期。

31. 莫高窟第 61 窟甬道壁畫繪於西夏時代考，沙武田，西北第二民族學院學報（哲學社會科學版），2006 年第 3 期。

32. 敦煌莫高窟第 148 窟西夏供養人圖像新探——以佛教史考察爲核心，張先堂，西夏學（第十一輯），上海古籍出版社，2015 年。

33. 敦煌莫高窟第 297 窟甬道南壁西夏文題記譯釋——兼論西夏統治敦煌的時間問題，陳光文，敦煌學輯刊，2014 年第 2 期。

34. 莫高窟第 465 窟壁畫繪於西夏考，謝繼勝，中國藏學，2003 年第 2 期。

35. The Murals of Mogao Cave 465: New Evidence for 12th Century Tangut Xia

Patronage, Jisheng, Xie, *Orientations-Hong Kong* 35 (5), 2004.

36. 敦煌莫高窟第 465 窟主室壁畫繪於西夏補考，公維章，西夏學（第七輯），上海古籍出版社，2011 年。

37. 莫高窟第 465 窟曼荼羅再考，阮麗，故宮博物院院刊，2013 年第 4 期。

38. 敦煌莫高窟第 465 窟斷代研究綜述，敖特根，敦煌研究，2003 年第 5 期。

39. 敦煌石窟尊勝佛母曼荼羅圖像解說，劉永增，故宮博物院院刊，2013 年第 4 期。

40. 文殊山萬佛洞西夏說獻疑，楊富學，西夏研究，2015 年第 1 期。

41. 文殊山石窟萬佛洞西夏壁畫，施愛民，文物世界，2003 年第 1 期。

42. 淺談敦煌榆林窟的西夏壁畫繪畫風格，札西傑布，黑龍江史志，2015 年第 13 期。

43. 榆林窟第 3 窟五護佛母圖像研究，賈維維，敦煌研究，2015 年第 4 期。

44. 榆林窟第 3 窟壁畫研究，賈維維，首都師範大學博士學位論文，2014 年。

45. 榆林窟第三窟頂髻尊勝佛母曼荼羅研究，賈維維，故宮博物院院刊，2014 年第 2 期。

46. 情感與理想的寄託——榆林第三窟《文殊變》、《普賢變》壁畫藝術探究，卯芳，西北師範大學碩士學位論文，2006 年。

47. 榆林窟《文殊變》、《普賢變》繪畫藝術探賾，卯芳，西北美術——西安美術學院學報，2011 年第 3 期。

48. 論榆林窟第三窟的藝術特徵——以〈文殊變〉、〈普賢變〉爲例，卯芳，作家，2012 年第 20 期。

49. 佛教繪畫藝術表現的情感訴求——以榆林窟第三窟《文殊變》《普賢變》爲例，卯芳，大眾文藝，2014 年第 9 期。

50. 西夏時期的敦煌五臺山圖——敦煌五臺山信仰研究之一，趙曉星，西夏學（第十一輯），上海古籍出版社，2015 年。

51. 西夏晚期石窟壁畫藝術特色探析——以榆林窟二窟、三窟、二十九窟、東千佛洞二窟爲例，王曉玲，西北師範大學碩士學位論文，2007 年。

52. 敦煌榆林窟西夏壁畫繪畫風格探，汪旻，跨世紀，2008 年第 11 期。

53. 榆林窟第 29 窟壁畫之審美特徵及宗教觀念初探——以《藥師經變圖》、《阿彌陀經變圖》爲側重點，孫達，西夏學（第九輯），上海古籍出版社，2014 年。

54. 甘肅安西榆林窟西夏后期石窟裝飾及其與宋《營造法式》之關係初探（上），李路珂，敦煌研究，2008 年第 3 期。

55. 甘肅安西榆林窟西夏后期石窟裝飾及其與宋《營造法式》之關係初探（下），李路珂，敦煌研究，2008 年第 4 期。

56. 敦煌壁畫臨摹中礦物顏料應用技法初探——以榆林窟西夏第 29 窟整理性客觀臨摹爲個案，馬強，美術，2008 年第 4 期。

57. 東千佛洞西夏佛教繪畫藝術與周邊地區佛教藝術的關係，史偉，中國社會科學報，2014 年 11 月 5 日 B04 版。

58. 東千佛洞西夏壁畫中的藥師佛及其審美意蘊，史偉，西夏學（第九輯），上海古籍出版社，2014 年。

59. 論瓜州東千佛洞第二窟施度寶母圖像源流及相關問題，常紅紅，故宮博物院院刊，2014 年第 2 期。

60. 西夏晚期的佛教壁畫藝術淺析——以甘肅瓜州縣東千佛洞第 2 窟爲例，張國榮、王曉玲，美術，2012 年第 4 期。

61. 東千佛洞二窟卷草蓮花紋審美風格，王曉珍，藝術教育，2012 年第 12 期。

62. 瓜州東千佛洞第 2 窟供養人身份新探，張先堂，敦煌學輯刊，2006 年第 4 期。

63. 瓜州東千佛洞第 2 窟供養人身份新探，張先堂，絲綢之路，2011 年第 18 期。

64. 黑水城與東千佛洞石窟同類佛教造像題材淺析，張小剛、郭俊葉，西藏研究，2013 年第 5 期。

65. 甘肅瓜州東千佛洞第五窟研究，常紅紅，首都師範大學碩士學位論文，2011 年。

66. 瓜州東千佛洞石窟壇城圖像考，張寶璽，隴右文博，2007 年第 2 期。

67. 寧靜的西夏——瓜州東千佛洞掃描，胡楊，絲綢之路，2011 年第 15 期。

68. 西夏瓜州旱峽石窟，張寶璽，西夏學（第七輯），上海古籍出版社，2011 年。

69. 探賀蘭山山嘴溝石窟西夏壁畫之苯教意蘊，馬曉明，學理論，2012 年第 32 期。

70. 山嘴溝西夏壁畫探析，陳育寧、湯曉芳，西夏學（第一輯），寧夏人民出版社，2006 年。

71. 賀蘭山山嘴溝石窟西夏壁畫的初步分析，謝繼勝，西夏研究（第 3 輯·第

二屆西夏學國際學術研討會論文集），中國社會科學出版社，2006 年。

72. 山嘴溝石窟壁畫及其相關的幾個問題，謝繼勝，山嘴溝西夏石窟，文物出版社，2007 年。

73. 阿爾寨石窟，郭殿勇，西部資源，2009 年第 4 期。

74. 內蒙古修復阿爾寨石窟寺，楊竣傑、張倩，中國旅遊報，2012 年 11 月 26 日第 14 版。

（三）碑刻、墓誌

1. 華北居庸關古代佛教銘文考，（英）偉烈著，孫伯君譯，國外早期西夏學論集（一），民族出版社，2005 年。

2. 南口的西夏文，（英）卜士禮著，孫伯君譯，國外早期西夏學論集（一），民族出版社，2005 年。

3. 西夏碑刻淺述，牛達生，西夏研究（第 3 輯·第二屆西夏學國際學術研討會論文集），中國社會科學出版社，2006 年。

4. 党項與西夏碑石刻敘錄，魏靈芝，西北第二民族學院學報（哲學社會科學版），2007 年第 5 期。

5. 西夏·殘碑·消失的文明，孟昭麗、李小龍，發展導報，2004 年 5 月 18 日第 19 版。

6. 西夏碑（石）刻述要，陳永耘，文博，2010 年第 5 期。

7. 西夏故地碑刻概述，陳永耘、金飛堯，碑林集刊（第 17 輯），三秦出版社，2011 年。

8. 中國藏西夏文獻碑刻題記卷綜述，杜建錄，西夏學（第一輯），寧夏人民出版社，2006 年。

9. 西夏文殘碑，白振峰，集郵博覽，2011 年第 4 期。

10. 武威西夏碑的發現對西夏學研究的重大意義，黎大祥，發展，2008 年第 9 期。

11. 涼州西夏碑考，（法）戴維理亞著，聶鴻音譯，國外早期西夏學論集（一），民族出版社，2005 年。

12. 評戴維理亞《涼州西夏碑考》，（德）邦格著，安婭譯，國外早期西夏學論集（一），民族出版社，2005 年。

13. 張澍發現西夏碑相關問題的再探討，崔雲勝，寧夏社會科學，2008 年第 5

期。

14. 張澍《觀西夏碑》詩箋注，崔雲勝，寧夏社會科學，2010 年第 6 期。

15. 「涼州重修護國寺感通塔碑銘」再認識，吳峰天，西夏學（第八輯），上海古籍出版社，2011 年。

16. 西夏語資料略解──涼州感通塔碑の發見と造塔緣起，長田夏樹，（日）東洋學術研究，（45─2），2006 年。

17. 武威西夏碑，劉莉莉，甘肅日報，2004 年 12 月 17 日。

18. 千古奇絕「西夏碑」，趙光，中國土族，2001 年第 3 期。

19. 千古奇絕西夏碑，趙光，檔案，2001 年第 2 期。

20. 西夏碑，李衛，人民日報海外版，2001 年 7 月 12 日第 7 版。

21. 文廟奇碑，王蓬，絲綢之路，2006 年第 12 期。

22. 西夏碑──破解西夏文之謎的鑰匙，武威日報，2005 年 9 月 13 日第 8 版。

23. 西夏碑最初發現地考證研究，王麗霞，絲綢之路，2013 年第 8 期。

24. 《西夏碑》碑座偶現側記，吳峰天，金昌日報，2005 年 12 月 20 日第 4 版。

25. 新發現的西夏碑碑座介紹，梁繼紅，隴右文博，2008 年第 1 期。

26. 論涼州西夏碑碑座圖像的構圖意境，譚黛麗、于光建，西夏研究，2014 年第 2 期。

27. 拓片字跡和圖案的整修與復原──整修與復原《西夏碑》拓片工作中的一些體會和經驗，吳峰天，中國文物報，2005 年 11 月 25 日第 8 版。

28. 西夏仁孝敕建黑水河橋漢藏文碑，陶琦，隴右文博，2010 年第 1 期。

29. 漢藏合璧西夏「黑水橋碑」再考，佐藤貴保、赤木崇敏、阪尻彰宏、吳正科，（日）內陸アジア言語の研究（22），2007 年。

30. 承天寺西夏斷（殘）碑新證，趙濤，寧夏社會科學，2010 年第 5 期。

31. 西夏黑河橋碑與黑河流域的平天仙姑信仰，崔雲勝，寧夏社會科學，2006 年第 4 期。

32. 西夏承天寺「兩碑」三題，牛達生、牛志文，寧夏史志，2010 年第 2 期。

33. 略述遼宋夏金元時期中國少數民族文字石刻檔案，唐雯，檔案與建設，2010 年第 11 期。

34. 元、明西夏遺民碑刻淺述，牛達生，隴右文博，2006 年第 1 期。

35. 居庸關六體石刻西夏文再檢討（I），林英津，石璋如院士百歲祝壽論文集

——考古・歷史・文化,（臺北）南天書局,2002 年。

36. 《大元肅州路也可達魯花赤世襲之碑》考釋——論元代党項人在河西的活動,白濱、史金波,述善集研究論集,甘肅人民出版社,2001 年。

37. 元《濬州達魯花赤追封魏郡伯墓碑》考釋,任崇嶽,述善集研究論集,甘肅人民出版社,2001 年。

38. 元代西夏遺民文獻《唐兀公碑》校釋,楊富學,甘肅民族研究,2001 年第 1 期。

39. 元代西夏遺民文獻《唐兀公碑》校釋,楊富學,中國北方民族歷史文化論稿,甘肅人民出版社,2001 年。

40. 談《唐兀公碑》的族屬問題,王澤,中原文物,2012 年第 6 期。

41. 民族融合的見證——唐兀公碑,牛素然、劉素閣,東京文學,2011 年第 8 期。

42. 《河西老索神道碑銘》考釋,梁松濤,民族研究,2007 年第 2 期。

43. 保定出土《老索神道碑銘》再研究,崔紅芬,中國文化,2013 年第 2 期。

44. 元代西夏遺民蹤跡的新發現——元《重修鹿泉神應廟碑》考釋,孫繼民、宋坤,寧夏社會科學,2011 年第 2 期。

45. 元《敏公講主江南求法功德碑》考釋,高輝、于光建,西夏研究,2012 年第 3 期。

46. 泉州清源山三世佛造像記考論,崔紅芬,民族研究,2011 年第 3 期。

47. 內蒙古烏審旗發現的五代至北宋夏州拓拔部李氏家族墓誌銘考釋,鄧輝、白慶元,唐研究（第八卷）,北京大學出版社,2002 年。

48. 夏州拓跋部的幾個問題——新出土唐五代宋初夏州拓跋政權墓誌銘考釋,杜建錄,西夏研究,2013 年第 1 期。

49. 陝北出土三方唐五代党項拓拔氏墓誌考釋——兼論党項拓拔氏之族源問題,周偉洲,民族研究,2004 年第 6 期。

50. 榆林唐拓拔守寂墓及墓誌,喬建軍,西夏研究（第 3 輯・第二屆西夏學國際學術研討會論文集）,中國社會科學出版社,2006 年。

51. 党項族首領拓拔守寂寞墓誌考釋,王富春,考古與文物,2004 年第 3 期。

52. 唐夏州張寧墓誌考釋,杜維民,西夏研究,2014 年第 3 期。

53. 拓拔思恭卒年考——唐代《白敬立墓誌銘》考釋之一,牛達生,中國多文字時代的歷史文獻研究,社會科學文獻出版社,2010 年。

54. 夏州政權建立者拓拔思恭的新資料——唐代《白敬立墓誌銘》考釋之二，牛達生，蘭州學刊，2009 年第 1 期。

55. 後唐定難軍節度押衙白全周墓誌考釋，杜建錄、鄧文韜、王富春，寧夏社會科學，2015 年第 2 期。

56. 榆林出土西夏皇族先祖《李仁寶墓誌》，趙斌、尹夏清，碑林集刊（七），陝西人民美術出版社，2001 年。

57. 後晉綏州刺史李仁寶墓誌銘考釋，陳瑋，西夏學（第十一輯），上海古籍出版社，2015 年。

58. 後晉夏銀綏宥等州觀察支使何德璘墓誌銘考釋，陳瑋，中國國家博物館館刊，2013 年第 3 期。

59. 後晉定難軍攝節度判官兼掌書記毛汶墓誌銘考釋，陳瑋，西夏學（第八輯），上海古籍出版社，2011 年。

60. 後周綏州刺史李彝謹墓誌銘考釋，陳瑋，西夏學（第五輯）——首屆西夏學國際論壇專號（上），上海古籍出版社，2010 年。

61. 《草垛山徐德墓誌銘粗釋》補證，高建國，延安大學學報（社會科學版），2015 年第 2 期。

62. 宋代党項拓跋部大首領李光睿墓誌銘考釋，杜建錄、白慶元、楊滿忠、賀吉德，西夏學（第一輯），寧夏人民出版社，2006 年。

63. 北宋定難軍節度觀察留後李繼筠墓誌研究，陳瑋，西夏研究，2014 年第 4 期。

64. 宋《鄭榮墓誌》疏考，劉蓮芳，文博，2010 年第 2 期。

65. 甘肅合水安定寺石窟金代党項人題記考釋，周峰，西夏學（第八輯），上海古籍出版社，2011 年。

66. 大名新出夏漢文合璧墓誌銘的價值和意義，劉廣瑞、朱建路，光明日報，2014 年 5 月 21 日第 14 版。

67. 河北新出西夏文墓誌銘簡釋，劉廣瑞，西夏研究，2014 年第 3 期。

68. 河北邯鄲大名出土小李鈐部公墓誌芻議，史金波，河北學刊，2014 年第 4 期。

69. 元代《宣差大名路達魯花赤小李鈐部公墓誌》考釋，朱建路，民族研究，2014 年第 6 期。

70. 元代唐兀人李愛魯墓誌考釋，朱建路、劉佳，民族研究，2012 年第 3 期。

71. 《元代唐兀人李愛魯墓誌考釋》補正，趙生泉，寧夏社會科學，2015 年第 4 期。

72. 會寧伯李公（南哥）墓誌銘之研究，李培業，西夏研究（第 3 輯・第二屆西夏學國際學術研討會論文集），中國社會科學出版社，2006 年。

73. 讀須彌山石窟題刻題記箚記，韓有成，寧夏師範學院學報，2010 年第 4 期。

74. 保定西夏文石幢之謎破解，劉成群，河北日報，2007 年 6 月 21 日第 11 版。

75. 保定出土明代西夏文石幢名稱考，彭向前、楊浣，寧夏社會科學，2011 年第 4 期。

76. 《打刺赤碑記》考釋，張玉海、張琰玲，西夏學（第八輯），上海古籍出版社，2011 年。

（四）官印、印章

1. 西夏官印略說，韓小忙、李彤，固原師專學報，2002 年第 2 期。

2. 西北師範大學博物館館藏西夏印考釋，李懷順，絲綢之路，2010 年第 20 期。

3. 新發現的西夏官印，楊明、黃麗榮，固原師專學報，2001 年第 1 期。

4. 四枚宋代官印和一枚西夏官印——古銅官印研究之二，聖提哥，中國文物報，2010 年 8 月 18 日第 8 版。

5. 出自平夏城的三枚西夏官印，周佩妮，文物鑒定與鑒賞，2012 年第 10 期。

6. 西夏文首領印賞析，柳炳武，東方收藏，2010 年第 4 期。

7. 包頭博物館館藏西夏「首領」銅印選析，郭麗、郭濤，大眾文藝，2012 年第 2 期。

8. 還我首領印，東方，商品與質量，2006 年第 47 期。

9. 西夏文字淵源及西夏「首領」銅印賞析，李志勇、李彩霞，新西部（中旬・理論），2012 年第 7 期。

10. 西夏大阿闍梨帝師官印考釋，陳慶英、鄒西成，西北民族大學學報（哲學社會科學版），2013 年第 2 期。

11. 罕見的西夏銅烙印考，趙天英、閏惠群，西夏學（第十輯），上海古籍出版社，2014 年。

（五）陶瓷

1. 西夏瓷探秘（上），杭天，收藏，2009 年第 6 期。
2. 西夏瓷探秘（下），杭天，收藏，2009 年第 9 期。
3. 西夏文物（一）特色鮮明的西夏瓷器，董宏徵，寧夏畫報（時政版），2007 年第 1 期。
4. 西夏文物（二）質樸實用的西夏瓷器，董宏徵，寧夏畫報（時政版），2007 年第 2 期。
5. 西夏瓷器的民族藝術特色，金韻，檢察風雲，2011 年第 16 期。
6. 尋找失落的西夏瓷，唐小萍，中國收藏，2009 年第 10 期。
7. 西夏瓷：掩隱在中國陶瓷史中的瑰寶，唐榮堯、董宏徵、子桑，寧夏畫報（生活版），2009 年第 2 期。
8. 眾裏尋他千百度 民間收藏西夏白瓷與白陶，米向軍，收藏，2015 年第 5 期。
9. 追尋西夏文明的碎片，路生，絲綢之路，2009 年第 15 期。
10. 西夏瓷器走出「深閨」示眾人，馬俊、于瑤，經濟參考報，2009 年 8 月 7 日 D02 版。
11. 西夏瓷：走出深閨示眾人，米向軍，收藏，2010 年第 11 期。
12. 西夏瓷器概觀，王效軍，收藏，2006 年第 8 期。
13. 西夏古瓷藝術鑒賞，袁沁煒，收藏界，2003 年第 3 期。
14. 西夏瓷推開一扇西夏窗，魏萍，寧夏日報，2007 年 5 月 25 日第 3 版。
15. 淺論西夏瓷研究的幾個問題，周東波，文物鑒定與鑒賞，2014 年第 12 期。
16. 西夏時武威的陶瓷製造業，孫壽齡，隴右文博，2008 年第 1 期。
17. 新石器彩陶製作風格對西夏製瓷工藝的影響，李進興，東方收藏，2011 年第 9 期。
18. 試析考古出土西夏瓷器的製作工藝，杜靜薇，絲綢之路，2014 年第 10 期。
19. 西夏瓷及其燒製技術，武裕民，歷史深處的民族科技之光——第六屆中國少數民族科技史暨西夏科技史國際會議論文集，寧夏人民出版社，2003 年。
20. 西夏瓷器藝術特色初探，武宇林，西夏研究（第 3 輯・第二屆西夏學國際學術研討會論文集），中國社會科學出版社，2006 年。

21. 頗具特色的西夏瓷器，王萍，西夏研究（第 3 輯・第二屆西夏學國際學術研討會論文集），中國社會科學出版社，2006 年。

22. 甘肅館藏西夏瓷器研究，黎李，西北師範大學碩士學位論文，2013 年。

23. 甘肅武威地區出土西夏瓷器研究，閻晶宇，吉林大學碩士學位論文，2012 年。

24. 契丹陶磁の「周縁性」に関する検討（4）西夏陶磁との関連から，町田吉隆，（日）神戶市立工業高等專門學校研究紀要（53），2015 年 3 月。

25. 與馬未都先生商榷：西夏陶瓷工藝絕非「粗枝大葉」，武裕民，東方收藏，2010 年增刊。

26. 略說後刻工的仿西夏瓷器，李進興，東方收藏，2015 年第 1 期。

27. 西夏瓷器造型探析，李進興，蘭州學刊，2009 年第 9 期。

28. 略說西夏瓷器的造型，李進興，西夏歷史與文化——第三屆西夏學國際學術研討會論文集，甘肅人民出版社，2010 年。

29. 試論西夏故地三期瓷器的燒造年代，李進興，東方收藏，2012 年第 1 期。

30. 略述甘肅館藏西夏瓷器上的文字，黎李，中國陶瓷，2015 年第 8 期。

31. 西夏瓷器款識述論，張雪愛，西夏研究，2015 年第 3 期。

32. 說說西夏瓷器的落款，李進興，東方收藏，2010 年第 8 期。

33. 天斧鑿石 肆意強悍——西夏牡丹紋飾瓷器，湯兆基，上海工藝美術，2011 年第 4 期。

34. 西夏瓷器上牡丹花紋的重新解讀，李進興，東方收藏，2015 年第 5 期。

35. 說說寧夏境內的官類瓷器，李進興，東方收藏，2011 年第 4 期。

36. 西夏官府瓷與西夏「官窯」，杭天，收藏，2013 年第 19 期。

37. 甘肅武威發現西夏瓷窯遺址，宋喜群，光明日報，2013 年 6 月 24 日第 9 版。

38. 探尋西夏瓷窯之謎，任建中，中國民族報，2004 年 12 月 3 日第 7 版。

39. 賀蘭山貴房子窯初探，張燕、王建保，中國國家博物館館刊，2011 年第 9 期。

40. 賀蘭山腹地的兩處西夏瓷窯遺址，王建保，中國文物報，2010 年 12 月 31 日總第 1892 期第 4 版。

41. 戍堡下的風景——西夏靈武窯考古發掘與研究回顧，耕生，收藏界，2003 年第 3 期。

42. 蒼涼的西夏靈武窯，錢漢東，收藏界，2006 年第 12 期。

43. 西夏名窯——寧夏靈武窯出土瓷器研究，宋燕、王效軍、李曉莉、馬清林，中國陶瓷，2010 年第 11 期。

44. 西夏靈武窯剔刻花瓷淺談，霍秉誠，收藏，2006 年第 4 期。

45. 西夏靈武窯瓷器的裝飾紋樣研究，張莉，美術大觀，2012 年第 6 期。

46. 西夏的注子與溫碗，李進興，東方收藏，2010 年第 10 期。

47. 茄紫釉雙繫瓶解讀西夏瓷，大剛，中國商報，2005 年 6 月 9 日第 9 版。。

48. 西夏瓷器的嬌子——扁壺，邊曜輝，中國文物報，2007 年 8 月 8 日第 5 版。

49. 淺論西夏扁壺，山丹，內蒙古大學藝術學院學報，2008 年第 2 期。

50. 精美碩大的西夏扁壺，劉勇先，收藏界，2008 年第 7 期。

51. 寧夏固原市原州區開城鄉出土西夏文扁壺介紹，楊志芳，寧夏師範學院學報，2012 年第 2 期。

52. 居延海的扁壺，張詠梅，收藏，2009 年第 4 期。

53. 西吉縣發現西夏褐釉瓷扁壺，蘇正喜、夏曉玉，朔方，2006 年第 9 期。

54. 一件青花四系扁壺的斷代，馬廣彥，收藏，2007 年第 8 期。

55. 盛開在西夏的曇花——西夏瓷扁壺與酒文化，米向軍，收藏，2013 年第 5 期。

56. 武威塔兒灣出土的西夏瓷壺，黨菊紅，隴右文博，2009 年第 2 期。

57. 西夏剔刻花瓷鑒賞，米向軍，收藏界，2007 年第 6 期。

58. 民間收藏西夏剔刻花瓷四品，米向軍，收藏界，2005 年第 7 期。

59. 西夏黑釉剔花缸，唐延青，隴右文博，2003 年第 2 期。

60. 一件懷疑爲西夏釀酒器的黑釉剔花大罐，嚴輝，收藏界，2007 年第 12 期。

61. 西夏炭窯烽款澄泥硯，杭天，收藏，2010 年第 11 期。

62. 出土埋藏近千年浮雕瓷馬首，孫煜東，武威日報，2008 年 8 月 14 日第 1 版。

63. 武威出土西夏珍貴文物馬首浮雕，張永生，酒泉日報，2008 年 8 月 27 日第 4 版。

64. 西夏白瓷兩奇葩，馬紅林、武裕民，收藏界，2003 年第 3 期。

65. 西夏白釉碗上的中原文化與工藝，朱躍嶺，中國商報，2003 年 6 月 26 日。

66. 淺論西夏的磁州窯類型器，黃衛文、蔡毅，中國古陶瓷研究（第 16 輯），紫禁城出版社，2010 年。

67. 西夏瓷眞贗對比五例，方石，收藏，2010 年第 11 期。

68. 略說後刻工的仿西夏瓷器，李進興，中國文物報，2014 年 9 月 23 日第 5 版。

69. 我是怎樣復活西夏瓷器的，孫壽齡，西夏學（第七輯），上海古籍出版社 2011 年。

（六）石雕、石棺、石函

1. 西夏陵石雕藝術風格初探，周胤君，藝術科技，2015 年第 11 期。

2. 寧夏回族自治區博物館鎮館之寶，臺聲，2009 年第 3 期。

3. 西夏石雕欣賞，楊秀山，收藏，2006 年第 5 期。

4. 西夏文物（三）精美生動的西夏石雕（一），董宏徵，寧夏畫報（時政版），2007 年第 3 期。

5. 西夏陵區出土石刻文物，董宏徵，東方收藏，2014 年第 7 期。

6. 西夏石雕藝術的傑作——誌文支座，王怡，文物鑒定與鑒賞，2014 年第 7 期。

7. 淺析西夏力士碑座的藝術風格，楊蕤、董紅徵，四川文物，2010 年第 5 期。

8. 試論西夏雕像石座，余軍、郭曉紅，華夏考古，2002 年第 3 期。

9. 西夏陵人像石座小考，周興華，寧夏古蹟新探，寧夏人民出版社，2002 年。

10. 雜木寺石刻——兼談佛座弮具的演變，李翎，西夏研究（第 3 輯·第二屆西夏學國際學術研討會論文集），中國社會科學出版社，2006 年。

11. 甘肅永昌縣花大門藏傳佛教石刻塔群遺址考論，于光建、張振華、黎大祥，西藏研究，2014 年第 1 期。

12. 武威發現西夏覆缽式喇嘛塔石刻造像，孫壽齡，西夏學（第十輯），上海古籍出版社，2014 年。

13. 西夏佛塔岩畫，朱存世，西夏研究（第 3 輯·第二屆西夏學國際學術研討會論文集），中國社會科學出版社，2006 年。

14. 試析西夏文字題記和西夏文字岩畫，李芳，西夏研究（第 3 輯·第二屆西夏學國際學術研討會論文集），中國社會科學出版社，2006 年。

15. 桃坪羌寨發現西夏圖騰泰山石敢當，張翔里、曾長明、王嘉俊，阿壩日報，2007 年 6 月 12 日第 3 版。

（七）木器

1. 西夏木緣塔考補，劉茂德，絲綢之路，2013 年第 14 期。
2. 試探西夏木製家具，王豔雲，寧夏社會科學，2003 年第 3 期。
3. 漫談西夏家具，楊森，絲綢之路民族古文字與文化學術討論會論文集（上），三秦出版社，2007 年。
4. 宋、遼、金、西夏桌案研究，劉剛，上海博物館集刊（第七期），上海古籍出版社，2002 年。
5. 宋、遼、金、西夏椅式研究，劉剛，上海博物館集刊（第十期），上海古籍出版社，2005 年。
6. 西部大發現之三——西夏木雕工藝品出土，莊電一，西北民族研究，200 年第 4 期。
7. 頗具特色的西夏木雕，母少娟，文物鑒定與鑒賞，2012 年第 11 期。
8. 武威西夏墓出土冥契研究，于光建、徐玉萍，西夏研究，2010 年第 3 期。

（八）金屬器物

1. 內蒙古地區出土的西夏金器，孫建華，故宮博物院院刊，2007 年第 6 期。
2. 西夏金銀器鑒賞，金萍、王效軍，收藏界，2008 年第 4 期。
3. 西夏金銀器概述，李海東，隴右文博，2001 年第 2 期。
4. 西夏敕燃馬牌——驛傳路上的「帶牌天使」，朋朋、柳葉氘，中華遺產，2015 年第 12 期。
5. 西夏敕燃馬牌，譚海玲，寧夏史志，2006 年第 2 期。
6. 西夏文物「敕燃馬牌」躍上國家名片，孫濱、李亮，華興時報，2007 年 7 月 30 日第 1 版。
7. 甘肅武威市出土西夏銀符牌，孫壽嶺、黎大祥，考古，2002 年第 4 期。
8. 黑水城文書所見西夏銀牌——兼論西夏制度的遼金來源，馮金忠，中華文史論叢，2015 年第 3 期。
9. 河北大學博物館藏西夏文銅牌考釋，梁松濤、李文龍，文物春秋，2011 年第 6 期。

10. 頗具特色的西夏遺珍──青銅腰牌，張慧霞，文物鑑定與鑑賞，2012 年第 11 期。

11. 武威發現西夏文「地境溝證」符牌，孫壽齡、黎大祥，西夏學（第五輯）──首屆西夏學國際論壇專號（上），上海古籍出版社，2010 年。

12. 西夏第一牛──鎏金銅牛，梁應勤，文物鑑定與鑑賞，2014 年第 7 期

13. 西夏青銅鑄造藝術精品──鎏金銅牛，劉紅英，文物天地，2015 年第 9 期。

14. 武威發現的西夏銅象棋子，黎大祥，隴右文博，2008 年第 1 期。

15. 武威發現夏漢合璧銅象棋子考證，黎大祥，西夏研究，2012 年第 2 期。

16. 武威出土的西夏銅壺、銅觀音像、石磨，黨菊紅，西夏學（第七輯），上海古籍出版社，2011 年。

17. 青銅鎏銀高足杯，李進興，中國文物報，2014 年 11 月 18 日第 8 版。

18. 銀川出土佛像年代考，李進興，中國文物報，2010 年 3 月 19 日第 6 版。

19. 李進興觀點：銀川出土佛像為西夏之物，李進興，東方收藏，2010 年第 4 期。

20. 銀川市出土的銅佛像年代及偽造的西夏佛像，金申，文博，2006 年第 4 期。

21. 銀川市出土的銅佛像年代及偽造的西夏佛像，金申，西夏研究（第 3 輯‧第二屆西夏學國際學術研討會論文集），中國社會科學出版社，2006 年。

22. 金申觀點：銀川出土的銅佛像或為明初作品，金申，東方收藏，2010 年第 4 期。

23. 惠農縣發現一批西夏銅器，周興華，寧夏古蹟新探，寧夏人民出版社，2002 年。

（九）其他文物

1. 西夏文物的民族和宗教特點，史金波，中國歷史文物，2005 年第 2 期。

2. 西夏文物精粹舉隅，史金波，大夏尋蹤──西夏文物輯萃，中國社會科學出版社，2004 年。

3. 俄羅斯藏黑水城藝術珍品記，任平山，中華文化畫報，2008 年第 10 期。

4. 俄羅斯國立愛爾米塔什博物館東方部館藏黑城文物記述，（俄）吉拉‧薩瑪秋克著，崔紅芬譯，寧夏社會科學，2002 年第 6 期。

5. 日本龍谷大學圖書館藏西域文物資料考述，武宇林，圖書館理論與實踐，2014 年第 5 期。

6. 甘肅藏西夏文物述略，俄軍、趙天英，吳天墀教授百年誕辰紀念文集，四川人民出版社，2013 年。

7. 寧夏博物館藏西夏文物，陳永耘，東方博物，2007 年第 2 期。

8. 寧夏固原西夏文物析論，黃麗榮，西夏研究（第 3 輯·第二屆西夏學國際學術研討會論文集），中國社會科學出版社，2006 年。

9. 賀蘭山下的文明見證——對寧夏 6 件國寶級文物的探析，陳永耘，東方收藏，2010 年第 7 期。

10. 略論固原博物館館藏西夏文物，黃麗榮，固原師專學報，2006 年第 4 期。

11. 武威亥母洞出土的一批西夏文物，孫壽嶺，國家圖書館學刊（西夏研究專號），2002 年增刊。

12. 中衛縣四眼井出土的西夏文物，周興華，寧夏古蹟新探，寧夏人民出版社，2002 年。

13. 簡述武威西夏文物中的馬，于光建、黎大祥，隴右文博，2014 年第 2 期。

14. 黑水城文物發現 100 年，史金波，讀者欣賞，2008 年第 3 期。

15. 敦煌莫高窟北區石窟出土西夏至元代絲綢的研究，楊馨，東華大學碩士學位論文，2013 年。

16. 神秘西夏古國的「嬰戲蓮印花絹」，何新宇、董宏徵，東方收藏，2010 年第 6 期。

17. 寧夏宏佛塔所出幡帶漢文題記考釋，孫繼民，西夏研究，2010 年第 1 期。

18. 寧夏宏佛塔所出幡帶漢文題記考釋，孫繼民，中國多文字時代的歷史文獻研究，社會科學文獻出版社，2010 年。

19. 西夏繡花鞋，何淑芳，隴右文博，2004 年第 2 期。

20. 略說西夏人腰間掛件，李進興，中國文物報，2005 年 2 月 23 日第 7 版。

21. 略談西夏人腰間的掛件，李進興，寧夏史志，2006 年第 1 期。

22. 略談西夏人腰間的掛件，李進興，西夏研究（第 3 輯·第二屆西夏學國際學術研討會論文集），中國社會科學出版社，2006 年。

23. 西夏文物三題，李進興，西夏學（第一輯），寧夏人民出版社，2006 年。

24. 豐富多彩的西夏紙品，牛達生，西夏學（第七輯），上海古籍出版社，2011 年。

25. 千年奇珍——手寫西夏文草書長卷，王銀彩，文物鑒定與鑒賞，2012 年第 10 期。

26. 西夏竹筆新解，趙生泉，西夏學（第七輯），上海古籍出版社，2011 年。

27. 西夏牛頭塤盼知音，李徽、李軍、李洋，寧夏日報，2006 年 8 月 17 日第 2 版。

28. 武威石城出土西夏卜骨考證，孫壽齡、于光建，西夏學（第五輯）——首屆西夏學國際論壇專號（上），上海古籍出版社，2010 年。

29. 讓西夏文物大放異彩——走進西夏文物收藏家武裕民，楊登貴，寧夏日報，2009 年 8 月 18 日第 7 版。

30. 西夏文物奪人眼球，孟揚，西部時報，2007 年 6 月 12 日第 12 版。

31. 西夏文物上的牡丹紋飾揭謎，李進興，收藏界，2002 年第 4 期。

（十）博物館

1. 走進西夏——記武威西夏博物館，高輝、楊小喜，隴右文博，2003 年第 1 期。

2. 西夏博物館對外開放，馬順龍，甘肅日報，2002 年 5 月 13 日第 1 版。

3. 銀川應建立西夏印刷博物館，莊電一，光明日報，2007 年 6 月 28 日第 2 版。

4. 自治區政協建立「西夏印刷博物館」的建議受自治區領導關注，崔凱，華興時報，2007 年 4 月 3 日第 3 版。

5. 銀川將建西夏印刷博物館，夏蕊，印刷雜誌，2008 年第 10 期。

6. 《中國西夏王國的文字世界展》在寧夏展出，王效軍，中國博物館通訊，2001 年第 9 期。

7. 在「中國西夏王國的文字世界展」新聞發佈會上的講話，聶鴻音，友聲（109），2001 年 10 月。

8. 探索古代少數民族的文明——中國西夏王國的文字世界展，張靖，中華讀書報，2001 年 9 月 19 日第 9 版。

9. 塵封不住的西夏——從西夏文物精品巡迴展談起，陳永耘，西夏研究（第 3 輯·第二屆西夏學國際學術研討會論文集），中國社會科學出版社，2006 年。

10. 《西夏文物精品展》在深圳隆重開幕，吳翠明，中國博物館通訊，2003 年

第 4 期。

11. 大夏輔郡——武威西夏歷史文物陳列展，黎大祥、于光建，隴右文博，2011 年第 1 期。

12.《大夏尋蹤》今展國博，侯健美、童曙泉，北京日報，2004 年 12 月 20 日。

13. 大漠王朝　神秘藝術——大夏尋蹤—西夏王朝藝術鑒賞，崔之進，美術報，2005 年 3 月 26 日。

14. 百餘件文物見證「神秘王朝」——西夏文物精品展一瞥，高宏亮，太原日報，2010 年 9 月 29 日第 3 版。

15. 西夏居民發願文入藏博物館，粟丹，中國文化報，2003 年 6 月 13 日第 2 版。

16. 景泰發現西夏文文書記載西夏居民發願文，王豔明，人民日報海外版，2003 年 4 月 15 日。

17. 國家圖書館展示「神秘的西夏王國」，邢宇皓，光明日報，2002 年 8 月 2 日。

18. 國家圖書館首次展出大批西夏珍貴文物，大學圖書館學報，2002 年第 5 期。

19. 西夏文物精品明起展出——三分之一是國家一級文物，趙婷，北京日報，2003 年 11 月 14 日第版。

20. 西夏石窟壁畫首次亮相臺北，董會峰，臺聲，2012 年第 7 期。

（十一）文物保護

1. 銀川出臺加強西夏文化遺產保護工作意見，馬耀平，中國文物報，2014 年 1 月 10 日第 2 版。

2. 銀川立法保護西夏王陵，楊登保、姚巨才，中國旅遊報，2003 年 3 月 26 日。

3. 寧夏西夏陵申遺工作啟動，解明，中國文化報，2011 年 11 月 25 日第 1 版。

4. 西夏陵、賀蘭山岩畫的保護與開發，張宜，銀川晚報，2011 年 12 月 5 日第 3 版。

5. 寧夏舉行西夏王陵申報世界文化遺產暨國家考古遺址公園建設啟動儀式，中國文物報，2011 年 11 月 30 日第 1 版。

6. 我國著名專家學者獻計西夏陵申遺，鄭崢、王子璿，寧夏日報，2011 年 11 月 24 日第 1 版。

7. 寧夏西夏陵申遺工作啓動，解明，中國文化報，2011 年 11 月 25 日第 1 版。

8. 西夏陵申遺正式啓動，房名名、李東梅，寧夏日報，2011 年 11 月 24 日第 1 版。

9. 西夏王陵：從「保護」到「收益」實現文物旅遊可持續發展，張陽、丹璐，證券日報，2012 年 5 月 23 日 D02 版。

10. 西夏陵申報世界文化遺產暨國家考古遺址公園啓動，王浩，西夏研究，2012 年第 2 期。

11. 17 位專家「把脈」銀川西夏陵申遺，殷斌，銀川晚報，2012 年 8 月 23 日第 2 版。

12. 西夏王陵遺址保護問題研究與對策初探，劉翔未，城市發展研究，2014 年第 1 期。

13. 西夏王陵大遺址保護問題研究與申遺初探，齊一聰、康琪，現代城市，2012 年第 4 期。

14. JX4ADPS 數字攝影測量工作站在近景攝影測量中的應用——數字「西夏王陵」獲取及經驗，張江霞，東北測繪，2002 年第 3 期。

15. 基於文化遺產視角的陵墓遺址旅遊開發——以乾陵、西夏王陵和明十三陵爲例，張建忠、孫根年，經濟地理，2011 年第 11 期。

16. 論西夏王陵的遺產價值與申遺之路，王雲慶、唐敏，西夏研究，2013 年第 4 期。

17. 加強重點文物保護 全力推進申遺工作，張文攀，寧夏日報，2015 年 6 月 6 日第 2 版。

18. 西夏陵申遺 遺址先行，艾福梅，人民日報海外版，2015 年 5 月 29 日第 8 版。

19. 西夏陵申遺工作按計劃有序推進——領導小組會議研究部署下一步工作，姬恒飛，銀川日報，2015 年 3 月 3 日第 1 版。

20. 30 餘位專家助力西夏陵申遺，張碧遷，銀川日報，2015 年 11 月 18 日第 7 版。

21. 西夏陵申遺準備工作明年底完成，張文攀，寧夏日報，2015 年 11 月 12

日第 12 版。

22. 西夏王陵 4 號陵沖溝發育過程、特徵及其影響因素，康超、諶文武、崔凱、孫光吉、程佳，敦煌研究，2009 年第 6 期。

23. 銀川西夏陵 3 號陵、6 號陵鹽害現狀初步分析，蘭青濤、王旭東、郭青林、楊善龍、張豔傑，敦煌研究，2009 年第 6 期。

24. 以西夏陵爲例談旅遊開發中的文物保護，周偉、李曉玲，山西建築，2008 年第 8 期。

25. 帝王陵墓類旅遊產品開發研究——西夏陵旅遊規劃開發初探，李曉玲，西安建築科技大學碩士學位論文，2007 年。

26. 銀川西夏 3 號陵的現狀及保護加固研究，王旭東、張魯、李最雄、王昌豐、酈偉堂，敦煌研究，2002 年第 4 期。

27. 敦煌研究院修復西夏王陵，王朝霞，甘肅日報，2003 年 3 月 15 日。

28. 緊急保護西夏陵，羅進貴，中國民族，2001 年第 5 期。

29. 賀蘭山——西夏王陵景區保護性建設投資 2567 萬元，李曉燕，華興時報，2009 年 6 月 12 日第 2 版。

30. 西夏陵 6 號陵成爲「重病號」文物專家爲其「會診」治療，陳江濤，華興時報，2009 年 7 月 14 日第 2 版。

31. 救救西夏王陵，蒲利宏，寧夏日報，2006 年 6 月 2 日第 3 版。

32. 賀蘭山拜寺口西夏塔群遺址亟須保護，莊電一，光明日報，2015 年 3 月 19 日第 9 版。

33. 黑城遺址保護加固方案設計，李歡，西北大學碩士學位論文，2014 年。

34. 西夏亥母洞遺址開始保護性修建，孫煜東，武威日報，2006 年 8 月 15 日第 1 版。

35. 銀川市政協委員視察西夏文化遺存保護情況，任歡，華興時報，2010 年 10 月 22 日第 2 版。

36. 內蒙古西夏長城要塞遺址成爲第七批區保單位，王大方，中國文物報，2013 年 11 月 22 日第 2 版。